CHRISTEL HAFKE

VERTRAUEN UND VERSUCHUNG

ÜBER MACHTMISSBRAUCH IN DER THERAPIE

ROWOHLT

1. Auflage Januar 1998

Umschlaggestaltung Ingrid Albrecht
Satz aus der Sabon und Futura (Linotronic 500)
Gesamtherstellung Clausen & Bosse, Leck
Printed in Germany
ISBN 3 498 02945 2

INHALT

Einleitung 7

1. **KAPITEL** *Macht und Therapie* 13
Was ist Macht? 15
Was ist Therapie? 18
Machtmißbrauch in Therapien 23

2. **KAPITEL** *Die Perspektive von Patientinnen und Patienten* 29
Mißbrauch, Narzißmus und Ambivalenzen 32
Wenn therapeutische Verfahrensweisen als Mißbrauch erlebt werden 65
Kindheitskult und Nachbeelterung 83
Mißbrauch, Mode-Diagnosen oder der Streit um die Erinnerung 102

3. **KAPITEL** *Die Perspektive von Therapeuten und Therapeutinnen* 115
Gespräche über Macht und Ohnmacht 122
Die Suche nach klaren Grenzen 124
Geschlechtsspezifische Szenarios 146
Was ist Abstinenz? 159
Der Körper in der Therapie 176

4. **KAPITEL** *Therapie zwischen Erlösungswunsch und Selbstverantwortung* 183
Das Doppelgesicht der Abhängigkeit 183
Regression 189

Sexualität und Erotik in der Therapie 196
Therapie mit Mißbrauchsopfern 199
Therapeutische Paradoxien der Veränderung 208
Wie kann Therapie gelingen? 215

5. **KAPITEL** *Was heißt es, systemisch zu denken?* 221
Was folgt daraus für die Therapie? 227
Konflikte und Ambivalenzen 234
Bezogene Individuation 236
Die Machtmetapher 238

Anmerkungen 241

Literatur 248

EINLEITUNG

Mißbrauch wird umgangssprachlich mit einer auffallenden Selbstverständlichkeit und in scheinbarer Eindeutigkeit benutzt. Das hat die Diskussion um den Mißbrauch des Mißbrauchs verdeutlicht, doch ergibt sich stets ein besonderer Akzent, wenn man sich genau mit konkreten Einzelfällen beschäftigt. Die vermeintliche Gewißheit im Umgang mit dem Begriff steht im Widerspruch zum Empfinden von Individuen, in dem so verschiedene Erfahrungen mit der Vokabel Mißbrauch verknüpft sind, daß sich dies nicht auf einen gemeinsamen Nenner bringen läßt. Dafür will dieses Buch sensibilisieren.

Zunächst werden die Geschichten von Patienten und Patientinnen, Therapeutinnen und Therapeuten vorgestellt, die auf authentischen Geschehnissen basieren und die verschiedene individuelle Standpunkte dokumentieren. Anhand dieser Beispiele werden die allgemeinen, über den Einzelfall hinausreichenden Facetten des Problems aufgezeigt. Es geht mir gleichermaßen um die genaue Beschreibung der subjektiven Erlebnisweisen wie darum, die Spezifik einer Geschichte auch in einem größeren thematischen Zusammenhang zu sehen. Um einen differenzierten Blick auf das Problem des Mißbrauchs in der Therapie zu gewinnen, sollen sowohl Patientinnen und Patienten, Therapeutinnen und Therapeuten als auch Therapeuten verschiedener Therapierichtungen zu Wort kommen.

Der Begriff, im vermeintlichen Konsens über seine Bedeutung benutzt, eignet sich für moralische Auf- und Abwertungen und für Powerplays, die die zugrundeliegenden Sachverhalte oft eher verdecken als erhellen. Da die Mißbrauchsdebatte von Moralisierungen durchzogen ist, werden zentrale Fragen nach Machtstrukturen oft gar nicht erst thematisiert. Ich möchte jenseits von Schuldzuweisungen die grundlegenden Mechanismen polarer Aufspaltungen und wechselseitiger Funktionalisierungen ansprechen. Die Machtfrage ist ein elementares ethisches Thema, und die damit verbundenen Probleme lassen sich nicht per Beschluß oder Willensakt aus der Welt schaffen, vielleicht aber durch Bewußtheit verändern. Gewiß kommt hierbei ein Dilemma zum Tragen, das weit über therapeutische Belange hinausreicht: der Umgang mit Ambivalenzen und den durch ihre Abspaltung erzeugten Feindbildern im Innen und Außen.

Therapie gilt als der Ort, an dem etwas heilen soll. Doch sind die heute an Therapien und Therapeuten gerichteten Erwartungen enorm hoch und zu Recht mit Erlösungserwartungen verglichen worden. Diese Vorstellungen spiegeln sich, wie dieses Buch zeigen will, auch in den entsetzten Reaktionen auf Szenen und Vorfälle, die mit dem Begriff Mißbrauch verbunden werden. Daß so etwas passieren kann, paßt gar nicht zu den hehren Vorstellungen – auch wenn es bekanntlich Mißbrauch und sexuelle Grenzüberschreitungen in Therapien immer gegeben hat.

Hier werden die problematischen Seiten von Therapien zur Sprache kommen. Doch es geht mir nicht um Therapieschelte oder darum, eine prinzipielle Skepsis gegenüber Therapien zu bestärken. Im Gegenteil, ich verstehe Therapie als ein Privileg und eine große Bereicherung – wenn sie gelingt.

Der Schwerpunkt dieses Buches liegt gerade nicht auf spektakulären sexuellen Übergriffen, wie es in den Medien und in der Presse häufig geschieht. Vielmehr möchte ich das Augenmerk der Leserinnen und Leser auf die kleinen und zunächst unscheinbar anmutenden Erlebnisse und Geschehnisse lenken, die mit dem Begriff Mißbrauch belegt werden. Anders formuliert: Es geht um die Gefühlsebene der Befragten. Dies sehe ich als Weg, um zu einem differenzierteren Verständnis der Beziehungsdynamik zu gelangen. Die plakative Präsentation von «Skandalgeschichten» hingegen würde moralisierende Verurteilungen und Spaltungsmechanismen fördern.

Ich möchte kein neues Ideal von richtig und falsch aufstellen, sondern eine Perspektive aufzeigen, sich aus moralischen Kategorien zu lösen. Dabei zeichnet sich eine Ethik ab, die eine radikale Verantwortungsübernahme für das eigene Denken, Handeln und Fühlen erfordert – dies gilt für beide: Therapeuten und Klienten. Wenn wir darauf verzichten, die Welt in Kategorien richtig/falsch oder gut/böse zu ordnen, entsteht Raum für eine differenzierende Wahrnehmung. Aus der Notwendigkeit zur Verständigung und aus der Bereitschaft, der eigenen Fehlbarkeit und Begrenztheit ins Auge zu schauen, ergeben sich Wege, die aus polaren Beziehungsstrukturen herausführen.

Auch wenn hier typische Gefährdungsmomente des therapeutischen Geschehens aufgezeigt werden, liegt mein individueller Blick der Auswahl, der Art meiner Aufmerksamkeit in der Erzählsituation und in der Kommentierung, zugrunde. Kennzeichen systemischen Denkens ist, daß die Perspektive des Beobachters zum Bestandteil des Forschungs- oder Beobachtungsprozesses wird; alles Gesagte wird von jemandem gesagt. Dieses Buch will nicht letzte «Wahrheiten» vermitteln, sondern Diskussionsanstöße geben. Insofern ist dieses Buch kein Ratgeber. Ich hoffe jedoch, daß die vielfältigen Perspektiven zum Nachdenken anregen und dabei behilflich sind, den eigenen Standpunkt zu finden und eigene Lösungen zu entwickeln.

Aus meinen eigenen Erfahrungen als Therapeutin weiß ich, wie schwer es ist, scheinbar selbstverständliche Gewißheiten immer wieder neu zu reflektieren und nicht der Versuchung zu erliegen, es als Therapeutin «besser» zu wissen. Aus meiner eigenen Therapieerfahrung weiß ich auch, daß es für Patienten Zeiten eingeschränkter Selbstverantwortlichkeit gibt, gerade wenn kardinale Verwundungen berührt werden. In diesen Zeiten muß ich meinem Gegenüber vertrauen können, daß er oder sie meine Schwäche, Hilflosigkeit oder Abhängigkeit nicht ausnutzt für eigene Zwecke. Hier eine Balance zwischen Nähe und Distanz zu finden gehört sicher zu den schwierigsten Aufgaben therapeutischen Handelns.

Ganz wichtig ist mir dennoch, zu realisieren, daß auch in schwierigen oder entglittenen therapeutischen Situationen diese Wirklichkeit *gemeinsam* hergestellt wird, daß *beide* Partner beteiligt sind und den Status quo durch wechselseitige Manipulation, Schweigen u. a. aufrechterhalten. Wenn etwas als Mißbrauch erlebt wird, geht es stets um ein Beziehungserleben und nicht eine Tat oder Handlung als solche. Gelingende therapeutische Beziehungen zeichnet die Bereitschaft aus, miteinander aufrichtig zu kommunizieren. Doch diese Kommunikation unterscheidet sich von einer Dienstleistungs- ebenso wie von einer Freundschaftsbeziehung.

Mich leiten Grundprämissen systemischen Denkens: Das, was uns als Objektivität oder die Wirklichkeit erscheint, ist nicht eine von außen vorgegebene feststehende Tatsache, sondern wird von uns gemeinsam kommunikativ hergestellt. Unsere Wahrnehmung ist von inneren Voraussetzungen bestimmt, und wir sind von außen nicht steuerbar oder ursächlich beeinflußbar. Wenn es keine allgemeinverbindliche Objektivität gibt, wird es für unsere Verständigung wichtig, daß wir Standpunkte markieren, von denen wir Aussagen machen. Systemisch zu denken heißt, die eigenen Annahmen als relativ zu betrachten, und erfordert eine Bereitschaft, den eigenen Standpunkt immer wieder in Frage stellen zu lassen. Systemisches Denken ist eine Art des Denkens, eine Metaebene, die für unser Denken und Handeln vielschichtige Konsequenzen hat – gerade hinsichtlich einer Neuorientierung in der Täter-Opfer-Perspektive. Den systemischen Zugang (gemeint ist nicht die gleichnamige Therapierichtung) erläutere ich für interessierte Leser etwas ausführlicher am Ende dieses Buches.

Einige Bemerkungen noch zu Sprachregelungen und Begriffen: Ich verwende Therapie als übergeordnete Bezeichnung für ein professionelles Hilfsangebot. Wenn es notwendig ist, werde ich im Text genauere Differenzierungen vornehmen.

Auch wenn die Begriffe Patient und Klient in den einzelnen Therapierichtungen unterschiedlich benutzt werden – Patient in der Psychoanalyse, Klient im humanistischen Verfahren, wie z. B. der Gestalttherapie –, verstehe ich diese beiden Begriffe als gleichberechtigt. Klient heißt in etwa «derjenige, der Anlehnung gefunden hat», Patient heißt von der Ursprungsbedeutung her (er)duldend, leidend. Für mich gehören beide Bedeutungsinhalte zusammen. Ablehnen möchte ich die vom Familientherapeuten inzwischen auch verwendete Bezeichnung «Kunde». Psychotherapie als heilsame neue Erfahrung in einer nichtmanipulativen Beziehung kann man nicht kaufen.

Auch wenn mir die Geschlechtsspezifik von Sprachregelungen bewußt ist, halte ich dennoch aus Gründen der Vereinfachung die traditionelle Form bei. Doch wo Phänomene und Zusammenhänge in einer geschlechtsspezifischen Ausprägung beschrieben werden, ist dies auch sprachlich berücksichtigt.

Zur empirischen Grundlage des Buches: Ich habe die Beispielgeschichten für dieses Buch aus zahlreichen Gesprächen ausgewählt, die ich im Rahmen einer größeren Forschungsarbeit mit Patientinnen und Patienten, Therapeutinnen und Therapeuten geführt habe. In meinem Dissertationsprojekt[2], das sich mit derselben Thematik wie das vorliegende Buch befaßt, habe ich mehrere der Therapeutengespräche wissenschaftlich ausgewertet. Infolge der Auseinandersetzung mit der Macht-Ohnmacht-Thematik schien es mir zunehmend dringlich, auch den Mißbrauchbegriff als solchen einer kritischen Reflexion zu unterziehen. Zum Schutz der betroffenen Personen habe ich die Geschichten anonymisiert und teilweise verfremdet; daher handelt es sich vielfach um in signifikanten Eigenschaften zusammengesetzte Personen. Auch möchte ich betonen, daß Deutungen grundsätzlich – und so auch meine Interpretationen – stets spekulativen Charakter haben, besonders, wenn nur die eine Seite der Interaktion zu Wort kommt. Die Beispiele und meine Interpretationen sind entsprechend immer cum grano salis zu lesen.

Nicht zuletzt möchte ich mich auch an dieser Stelle bei allen

Gesprächspartnerinnen und -partnern ganz herzlich dafür bedanken, daß sie mit ihrer Darstellung eigener Erfahrungen geholfen haben, ein strukturell und ethisch schwieriges Thema zu beleuchten.

1. KAPITEL

MACHT UND THERAPIE

Die psychotherapeutische Versorgung gestaltet sich heterogen, unübersichtlich und verwirrend. Derzeit gibt es rund 700 verschiedene Analyse- und Therapieverfahren, rund 9000 ausgebildete Therapeuten allein in den alten Bundesländern, Tausende von selbsternannten Heilern und über 7000 Plätze für stationäre psychotherapeutische Behandlung.[1]

Die postmoderne Perspektivenvielfalt bleibt nicht ohne Konsequenzen: Ein expandierender Therapiesektor produziert immer mehr Leidende, Hilfesuchende, Therapieanbietende und unterschiedliche therapeutische Verfahren. «Der Spiegel» spricht von massenweiser Übertherapeutisierung vor allem der wohlhabenderen Schichten.[2] Auch der Therapiebegriff erfuhr eine Inflationierung; er wird für so unterschiedliche Bereiche wie Psychoanalyse und Bachblüten- oder Aromatherapie verwendet. Da die Berufsbezeichnung noch nicht geschützt ist, darf sich jeder Therapeut nennen.

Postmoderner Sinnzerfall und das Ende der großen Sinnentwürfe (z.B. Marxismus, Christentum) führen zu Orientierungslosigkeit und einer wachsenden Überforderung für den einzelnen, dem eigenen Leben Gestalt zu geben. Die Tendenz westlicher Gesellschaften zur Vereinzelung schafft als neues Leitbild das selbstbestimmte, autonome Individuum – manche sprechen von einem «zunehmenden Individualisierungsdruck»[3]. Auf der Rückseite entstehen Einsamkeit, Sinnleere, Unsicherheit über die eigene Identität und eine extreme Verletzlichkeit im Kontakt mit anderen. Sprachlosigkeit und Beziehungsverweigerung sind die Folgen. Im Zeitalter des Narzißmus und des Ego-Kults wird einer zum Rohstoff des anderen und zur Plombe für ein leeres Selbst. Die Sehnsucht nach erfüllenden Beziehungen verschwindet hinter einer Fassade der Angepaßtheit und des Funktionierenmüssens in der Hochleistungsgesellschaft.

Es mangelt heute an identitätsstiftenden, verbindlichen Zugehörigkeiten, denn die großen sinnstiftenden Institutionen (Familie, Kirche) haben ihre Bedeutung verloren. In diesem Vakuum wirkt Therapie sinnstiftend; sie hilft zu Entwürfen für ein humanes und besseres Leben, unterstützt und fördert die Suche nach Identität, Orientierung in der eigenen Geschichte und Zugehörigkeit. Dies sind soziale Themen, für die im Therapiebereich allerdings nach individuellen Lösungsmöglichkeiten gesucht wird. In unserer säkularisierten Gesellschaft bekommen Therapeuten manchmal eine den Priestern ähnliche Funktion zugeschrieben, nämlich Erlösung aus dem alltäglichen Leid zu bringen, Orientierung und Sinn zu stiften.

Hohe Erwartungen der Individuen, der Krankenkassen und der Gesellschaft richten sich an Therapien – es geht um Symptombeseitigung und Wiederherstellung der Funktionsfähigkeit. Die funktionalen Hoffnungen bergen die Gefahr des Scheiterns, der Ohnmacht und des Mißbrauchs in sich, denn Therapie – auch wenn sie individuell orientiert ist – hat stets politische Konsequenzen; hier werden soziale Abweichungen kontrolliert und zu korrigieren versucht. Was als Indikation für Therapie gilt, ist von der Zeitqualität und vorherrschenden gesellschaftlichen Normen und Werten abhängig. «Therapie, Strafe und Erziehung waren – und sind manchmal auch heute – nicht oder nur schwer zu unterscheiden.»[4]

WAS IST MACHT?

Etymologisch bedeutet das altgermanische Wort ‹maht› zunächst «können, vermögen» und verweist auf «Möglichkeit», also eine Kraft. Doch ist Macht kein Tatbestand an sich, nicht die Eigenschaft eines Menschen, sondern abhängig von sozialen Situationen und Zuschreibungen.[5]

Ein systemisches Machtverständnis (Bateson, Maturana) sieht Macht und Ohnmacht als ein Beziehungsgeschehen, eine Beziehungsform, eine wechselseitige Bestätigung in komplementären Rollen. Machtstrukturen funktionieren nicht nach Regeln der Mechanik und deren Ursache-Wirkungs-Prinzipien, sie bedingen sich zirkulär wechselseitig. Macht und Ohnmacht sind zwei Seiten eines Phänomens und werden im Erleben auf die Beziehungspartner aufgeteilt. Wenn der Gegenpol (Ohnmacht) fehlt, wird Macht bedeutungslos. «Der Herr ist nur so ein Herr, wie der Knecht es ihn sein läßt», formuliert Brecht, und Maturana behauptet: «Gehorsam gewährt Macht.» Das zeigt die in der Ohnmacht verschlüsselte Macht und verdeutlicht, daß ein Ohnmachtserleben Machtstrukturen bestätigt.

So scheint die Bereitschaft zur Ohnmacht und zur Unterwerfung das eigentliche Problem in der Machtbeziehung zu sein. Ein Machtanspruch läuft ins Leere, wenn nicht auf der anderen Seite die Bereitschaft zur Unterwerfung und eine Verlustangst vorhanden sind. Entscheidend sind der soziale Kontext, der Grad der Abhängigkeit und die Frage, ob und wie weit sich die Schuldgefühle des Gegenübers manipulieren lassen: Gewählte Ohnmacht kann ein sehr wirkungsvolles Machtmittel sein. Doch jemand, der völlig entmachtet ist, kann niemand anderen in seiner Macht bestätigen, es bedarf zu dieser Bestätigung einer gewissen Macht.

Macht hat immer der, der den Kontext und damit den Wert oder Unwert von Verhaltensweisen definiert. Wichtig ist: *wer* entscheidet, wer *entscheidet*? Das beobachtbare Verhalten ist oft irreführrend. Das Paradox, daß Macht – Ohnmacht und Herrschaft –, Unterwerfung einverständlich akzeptiert werden, charakterisiert viele asymmetrische Beziehungen, wo auf ausdrückliche Gewaltanwendung verzichtet wird. Auch in sadomasochistischen Herrschafts-Unterwerfungs-Beziehungen ist dieses Moment von Freiwilligkeit enthalten.

Machtstrukturen schaffen eine scheinbare Eindeutigkeit und Ordnung. Doch klare Erlebensweisen gleichen einem Kipp-Phänomen, das Blatt kann sich wenden, weil wir beide Pole in uns haben, sie sind keine Lösung – auch wenn das zunächst so scheint.

Wenn man von einer Entsprechung zwischen äußeren und inneren Machtstrukturen ausgeht, bedeutet das, daß kein Mensch einen anderen unterdrückt oder ausbeutet, ohne sich selbst Gewalt anzutun, daß keiner sich äußerlich unterwirft, ohne innerlich abhängig zu sein.

Wir bekämpfen in Machtbeziehungen das, was wir anderen selbst zugeschrieben haben. Jeder äußere Machtkampf resultiert aus einem inneren Konflikt. Zwischen All- und Ohnmacht besteht ein direkter Zusammenhang: Illusionäre narzißtische Allmachtsphantasien sollen die Angst vor eigener Abhängigkeit und Ohnmacht kompensieren. Machtstrukturen sind nur dann aufzulösen, wenn der zugrundeliegende eigene innere Konflikt und die dahinterliegende Angst (die Basis für Macht und Ohnmacht) gespürt werden.

Es ist also von einer Symmetrie der Unterdrückung auszugehen – auch wenn die Rollenaufteilung im therapeutischen Raum etwas anderes nahelegt. In der Therapie gilt gewöhnlich, daß das Setting und die Prämissen der Begegnung durch den Therapeuten festgelegt werden – eine von Beginn an unsymmetrische Situation. Bei gleichberechtigten Partnern werden die Diskussionsgrundlagen von beiden ausgehandelt und anerkannt. Wenn jedoch einer alleine die Regeln der Kommunikation bestimmt, so verdeutlicht das ein Machtgefälle.

Die Grundlage jeder therapeutischen Beziehung ist die Anerkennung des Therapeuten als Experten, von dem man Hilfe erwartet; darin liegen eine Zuweisung von Macht und ein Unterschied der Perspektiven. Eine Unterscheidung zwischen Subjekt und Objekt der Behandlung hat weitreichende Konsequenzen hinsichtlich der Aufteilung von Verantwortung, Schuld und Macht. Simon, ein Vertreter der systemischen Therapie, nennt – wohl etwas polemisch – als grundlegende Spielregeln innerhalb eines solchen komplementären Gefälles: «Ich sehe was, was du nicht siehst!, und: Ich tu etwas, was du nicht kannst!»[6] In der Psychotherapie wird Machtgebrauch (und -mißbrauch) oft als professionelle Intervention begründet: «Weil ich weiß, was richtig und gut ist, möchte ich dich befreien, ändern, retten», oder: «Ich tue es, weil der Patient es braucht.»

Wechselseitige Manipulation und Entfremdung kennzeichnen grundsätzlich unsere Kultur – und auch den therapeutischen Mißbrauch von Macht. Die Dynamik der Macht in einer therapeutischen Beziehung spiegelt Szenarien und Situationen, wie sie auch sonst in der Gesellschaft vorkommen, nur erscheinen sie hier wie unter einem Vergrößerungsglas.

Die Angst, etwas zu verlieren oder nicht zu bekommen, bildet einen Ansatzpunkt für unsere Manipulierbarkeit. In Therapien kann der Wunsch, in einer bestimmten Rolle vom anderen anerkannt zu werden, der Auslöser für Selbst- und Fremdmanipulationen werden. So möchte vielleicht der Therapeut als kompetent und erfolgreich, der Patient als liebenswürdig oder armes Opfer bestätigt werden. Die Voraussetzung für ein Machtspiel ist, daß jemand sich die Bedürftigkeit, Angst und einen schwachen Punkt des anderen zunutze machen kann. Bestimmte szenische Arrangements – z. B. ungleichgewichtige Sitzanordnungen – können Einschüchterungsmanöver erleichtern. Die Angst ist vermutlich auf beiden Seiten vorhanden, wird oft aber nur von einem Beziehungspartner gespürt.

Angst ist die Basis von Machtstrukturen und Kontrolle das Hauptinstrument von Macht- und Herrschaftsansprüchen. Ein Verhalten, das steuern, kontrollieren, beherrschen, im Griff haben will, läßt sich gegen die eigene und andere Personen einsetzen.

In der Frage nach Macht und Ohnmacht zeigt sich ein grundlegendes ethisches Thema, das die Menschheitsgeschichte seit langem begleitet. Macht-Ohnmacht-Konstellationen ziehen sich durch alle gesellschaftlichen Bereiche und bestimmen die Geschlechterthematik.

WAS IST THERAPIE?

Diese Frage hat verschiedene Ausrichtungen: Zum einen betrifft sie die Psychotherapie im gesellschaftlichen Zusammenhang, d. h. auch im Gesundheitssystem, zum anderen das Therapieverständnis der Anbieter und zum dritten die Motivation der Therapiesuchenden. Es kann durchaus als ein Politikum angesehen werden, daß die Krankenkassen – also die Solidargemeinschaft – einen großen Teil der Kosten für psychotherapeutische Behandlung übernehmen. Die etwa seit 1914 institutionalisierte Psychoanalyse erreichte in der Weimarer Republik eine zunehmende Bedeutung. 1925 wurde die psychoanalytische Behandlung in die preußische Gebührenordnung für Ärzte (ADGO) aufgenommen. Und bis heute ist die Psychoanalyse das von den Krankenkassen privilegierte Verfahren. Es ist anzunehmen, daß die staatliche Kontrolle nicht ohne Auswirkungen auf das therapeutische Geschehen bleibt und die als notwendig erachteten Gutachten und Diagnosestellungen auch zu einer Bürokratisierung der therapeutischen Interaktion beitragen können.

Die Beziehung zwischen Staat, Berufsverbänden der Therapeuten und den Klienten ist ein konfliktreiches Machtdreieck[7], wobei sich die Interessen des Staates und der Therapeutenverbände meist durchsetzen, obwohl beide Entscheidungen vorgeblich stets dem Wohl der Patienten dienen.

Der Staat möchte eine möglichst effiziente, d. h. kostengünstige und übersichtliche Sicherung der Gesundheitsversorgung, damit die Arbeitskraft der Bevölkerung aufrechterhalten und die Normalität des Alltags nicht zu sehr gestört wird. Der Staat muß deshalb die berufsrechtliche Anerkennung regeln und die Preise kontrollieren.

Die Therapeuten mit Kassenzulassung haben selbstverständlich aus materiellen Gründen ein Interesse, das Therapieangebot zu limitieren und die Preise staatlich abzusichern. Außenstehenden Beurteilern – also auch Klienten – wird die Kompetenz zur Beurteilung der Berufsspezifik abgesprochen, sie werden in den Laienstatus verwiesen. Die enge Verschränkung zwischen Medizin und Therapie schafft zudem im Klienten den «regressiven Wunsch nach magischer Befreiung von Symptomen … und die Helfer tragen fleißig dazu bei, daß die Hilfesuchenden auch Hilfsbedürftige bleiben»[8].

Das legitime Interesse der Klienten, aus einem möglichst reichhaltigen und transparenten Therapieangebot auswählen zu können, wird also erheblich eingeschränkt, und die staatliche Kontrolle scheint nicht immer ein wirksamer Schutz vor psychischer, sexueller und emotionaler Ausbeutung und Entgleisung zu sein.

Inzwischen stehen den etablierten Verfahren vielfältige therapeutische Angebote gegenüber. Doch die Vielzahl der Verfahren heute gebiert ebenso viele Ansichten und Ideen darüber, was Therapie ist. Alle gehen davon aus, therapeutisch hilfreich und wirksam zu sein. Eine umfassende, einheitliche oder eindeutige Definition gibt es nicht. Es zeigen sich Unterschiede in der Vorgehensweise (z. B. körperliche Berührung, Einsatz künstlerischer Medien oder nur Sprache) und in einem breiten Spektrum an Meinungen, was die Therapiedauer und Anzahl der Sitzungen anbetrifft. Die Vorstellungen orientieren sich nicht nur an verschiedenen Menschenbildern und an unterschiedlichen Vorstellungen über Krankheit und Gesundheit. Auch Kriterien der Nützlichkeit und Therapieerfolge, therapeutischer Ziele und Bewertungen unterliegen einem Individualisierungsprozeß: Ein verschwundenes Symptom kann für den einen

Therapeuten oder Klienten erfolgreiche Heilung darstellen, für den anderen ist es eine «Flucht in die Gesundheit», um sich tieferen Problemen nicht zu stellen.[9] Zentral bleibt jedoch die therapeutische Beziehung als Bezugsrahmen in fast allen therapeutischen Verfahren, auch wenn dies nicht ausdrücklich betont wird.

Therapie als Selbsterfahrung hat heute einen hohen Freizeit- und Unterhaltungswert. Seit Beginn der siebziger Jahre hält die «Psychoszene» eine bunte Vielfalt von Angeboten bereit, die sich neben den etablierten Therapierichtungen zwischen esoterischen Glaubensangeboten und körperlich-geistigem Fitnessprogramm bewegen. Die verschwimmenden Grenzen oder fließenden Übergänge zwischen Psychotherapie und «psycho-szenisch organisierter Freizeitindustrie» [10] verstärken die Unsicherheit darüber, was Therapie ist, und bereiten einen Boden für manipulative Inszenierungen, die als Mißbrauch erlebt werden. Wenn Therapie bedeutet, daß in unserer «kühlen Single-Gesellschaft» ein Freund und Tröster gemietet werden kann [11], wird sie zur Ersatzwelt und verliert ihr kritisches, aufdeckendes und Veränderung schaffendes Potential.

Da eine Therapie tendenziell in einem «prothetischen» Verhältnis zum Leben steht, gerät leicht aus dem Blick, daß Veränderungen nur passieren können, wenn jemand innerlich bereit ist, etwas oder sich zu ändern. Eingriffe von außen, z. B. Therapeuteninterventionen, haben ansonsten keine Chance. Wie oft kommt jemand mit dem Wunsch zur Therapie, vom Leid befreit zu werden – möglichst ohne große Anstrengung –, aber ansonsten alles beim alten zu lassen. Ein mechanisches Therapieverständnis provoziert die Gefahr, sich unrealistischen Heilungsversprechen, therapeutischer Manipulation und Instanttherapien (Alles-wird-neu-Versprechungen) auszuliefern.

Eine Therapie ist unter Umständen ein langwieriger, mühseliger und schmerzhafter Prozeß, der viel Einsatz, Bereitschaft und Kraft erfordert, nämlich sich aus alten Gewohnheiten und Sicherheiten zu lösen, Symptome aufzugeben, die bis dahin möglicherweise einen funktionalen Aspekt hatten. Symptome sind immer individuelle Bewältigungsstrategien und Problemlösungsversuche, die eine gewisse Stabilität ermöglichen.[12] Das sah auch Freud so, er wollte die in den hysterischen Symptomen gebundene Energie befreien, verfügbar machen durch Erinnern, Wiederholen, Durcharbeiten.

WAS PASSIERT IN THERAPIEN UND WAS KANN MAN ERWARTEN?

Viele Menschen haben das Gefühl, nicht mehr alleine mit ihren Arbeits- und Beziehungsproblemen, ihrer Einsamkeit und mit ihren Süchten klarzukommen und professionelle Hilfe zu brauchen. Unsicherheitsgefühle, Unausgeglichenheit, diffuse Angstzustände und Sinnlosigkeitsgefühle sind die heute vorrangigen Probleme. 70 Prozent aller Klienten suchen Hilfe wegen gestört empfundener Beziehungen. «Der Spiegel» bezieht sich auf repräsentative Studien, wenn dort steht, daß jeder zweite Bundesbürger einmal im Leben psychisch krank wird und jeder vierte über Störungen klagt, die behandlungsbedürftig seien.[13]

Was heilt und was hilft, wird je nach Standpunkt unterschiedlich beantwortet. Die Einstellungen von Therapiesuchenden bewegen sich zwischen einem Interesse an Selbsterkundung und verschiedenen Formen der (Selbst-)Diskriminierung. Man will sich in der Therapie selbst kennenlernen oder so versuchen, die gesellschaftlichen Anpassungsleistungen zu bewältigen. Wenn Therapie als Reparatur für kranke Seelen, für «Verrücktes», gesehen wird, ist sie kränkend und ausgrenzend: Mit dir stimmt etwas nicht! Du hast es nötig! Wenn soziale Probleme individualisiert und psychologisiert werden, besteht die Gefahr, daß reale äußere Konflikte verharmlost oder umgangen werden.

Sinn und Nutzen von Psychotherapie waren auch unter Professionellen von Anbeginn heftig umstritten. Auf der einen Seite entstand durch die quasimedizinische Orientierung an Symptombeseitigung ein Dienstleistungssektor, der Funktionsfähigkeit und soziale Anpassung wiederherzustellen sucht. Auf der anderen Seite liegt der Fokus auf einer neuen Beziehungserfahrung, in der das bislang Abgespaltene erlebbar und integrierbar wird. Radikale Kritiker lehnen ebendiese therapeutische Beziehung als falsch und destruktiv ab und plädieren für die Abschaffung der Psychotherapie schlechthin.[14]

Sicherlich zeigt sich in dieser polarisierenden Einschätzung ein für die Psychotherapie charakteristisches «Paradox, daß an einem gesellschaftlichen Ort, der von struktureller Inauthentizität geprägt ist, Authentizität erfahrbar werden soll».[15] Versteht sich Psychotherapie als Reparaturbetrieb für seelische Defekte, die die Normalität stören, liegt die Gefahr nahe, daß sie von der politischen und gesellschaftlichen Macht vereinnahmt wird.

Viele Klienten kommen in dem Glauben in die Therapie, daß der Therapeut die Macht habe, ihre Probleme zu lösen. Damit schreiben sie dem Therapeuten eine Machtposition zu. Und natürlich glauben auch Therapeuten gerne, daß sie die Macht haben, zu heilen und zu bewirken, und auch die Methoden suggerieren, daß man vieles machen kann. Denn wenn ich als Therapeut nicht strategisch und planvoll, zielgerichtet arbeite, wie lassen sich dann Fachautorität und Bezahlung rechtfertigen? Schon in dieser Frage steckt die irrtümliche Annahme, daß der Therapeut *entweder* Veränderungen bewirken *oder* gar nichts tun kann. Die Debatte um das Psychotherapeutengesetz verstärkt derartige Einstellungen. «Wenn Veränderung nicht zielgerichtet *befohlen* werden kann, dann geht es darum, nach Bedingungen zu suchen, wie sie zugelassen werden kann, ... das heißt einen Kontext zu entwickeln, in dem Veränderung möglich wird.»[16]

Geht man nicht von einem funktionalen, sondern einem ganzheitlichen Menschenbild aus, daß nämlich jeder Mensch auf seine Art vollkommen und mit allem ausgestattet ist, was er/sie braucht, um das eigene Leben und Schicksal zu meistern, bekommen Krankheiten, Andersartigkeiten und Abweichungen von der Normalität einen anderen Sinn. Es gilt in einer Therapie, das ganze Potential der eigenen Möglichkeiten (zurück-) zu gewinnen, das Verschüttete, aus dem Fühlen und Erleben Ausgeklammerte mit schützender Begleitung (neu) zu entdecken und abgespaltene Tabus, die viel Kraft absorbieren, anzuschauen und zu integrieren.

Eine so ausgerichtete Therapie wird den Fokus anders setzen als Therapeuten, die durch ihr bewußtes Eingreifen etwas bewirken und verändern wollen. Nicht Symptom- und Störungsbeseitigung stehen dann im Vordergrund des therapeutischen Geschehens, sondern das bewußte Erleben und lebendige Spüren des Beziehungsgeschehens. Dieses Vorgehen orientiert sich an einem tiefen Vertrauen in die Selbstheilungskräfte jedes Menschen und in die reinigende Wirkung einer aufrichtigen, aufdeckenden Begegnung. Das Nicht-eingreifen-Wollen heißt durchaus nicht, untätig zu sein! Im Gegenteil, es erfordert ein viel höheres Maß an Achtsamkeit und Präsenz als der mechanische Einsatz von Technik oder Methoden.

Pathologisierende Sichtweisen haben eine gewisse Nähe zu Schuldzuweisungen oder zur Entmündigung – wenn der Krankheit die Schuld für eine bestimmte Handlungsweise zugeschrieben wird. In der Regel können wir nicht wählen, was uns geschieht, die äußeren Verhältnisse und unsere biographischen Umstände sind weitgehend vorgegeben. Doch wie wir damit umgehen, ob wir uns unterwerfen und uns als Opfer der Verhältnisse sehen oder diese als Herausforderung zur Entwicklung eigener Kräfte, Möglichkeiten, Wertungen, darin sind wir frei. Und diesen Weg zur Selbstverantwortung kann Therapie hilfreich unterstützen.

MACHTMISSBRAUCH IN THERAPIEN

Die Leiden und Symptome heutiger Patienten unterscheiden sich von denen zu Freuds Zeiten. In der Anfangszeit der Psychoanalyse ging es vorwiegend um hysterische Symptome, heute stehen dagegen eher Selbstwertproblematik, sogenannte frühe Störungen und narzißtische Probleme im Zentrum der Aufmerksamkeit. Dennoch konzentriert sich die Debatte um Mißbrauch in Therapien auf sexuelle Übergriffe.

Warum? Das Thema ist alt: Seit Beginn der Psychoanalyse gibt es sexuelle Entgleisungen in Therapien. Die Geschehnisse um Freuds Schüler[17] veranlaßten ihn, die Begriffe Übertragung, Gegenübertragung und Abstinenz in die psychoanalytische Theorie einzuführen.

In der Auseinandersetzung mit diesen Themen spielen heute so unterschiedliche Faktoren wie der zunehmende Einfluß von Körpertherapien, der Wandel der Geschlechtsrollen und der Sexualmoral eine Rolle. Die Auseinandersetzung gestaltet sich wie ein Kampf um die Wahrheit, ein Powerplay, ein Spiel mit der Wahrheit. Die Vehemenz, mit der diskutiert wird, läßt vermuten, daß hier Machtkämpfe (wer hat recht?) um «die Wahrheit» ausgetragen werden. Der erbitterte Streit um die Wahrheit unserer Erinnerungen im Zusammenhang mit sexuellem Kindesmißbrauch und der Streit um die Traumatheorie sind Inszenierungen der Machtthematik.

In den letzten Jahren hat das Thema sexueller Mißbrauch in Therapien für spektakuläre Schlagzeilen gesorgt: «Sex macht die Couch zum Lotterbett», «Verführung auf der Couch» usw. Auch Gerichte und Parlamente mußten sich inzwischen mehrfach mit dieser Thematik befassen.

Die Debatten um sexuellen Kindesmißbrauch und (sexuellen) Mißbrauch in der Therapie hängen zusammen, oftmals sind die gleichen Personen betroffen. In beiden Diskussionen spielt von Beginn an eine massive Ideologisierung mit der Aufspaltung komplexer Zusammenhänge in gut-böse, Täter-Opfer, Schuld und Unschuld eine Rolle. Das Mitgefühl mit dem individuellen Opfer verschwindet leicht hinter einer generalisierenden ideologischen Entscheidung mit den daraus resultierenden Denk- und Redeverboten und einem Betroffenheitszwang.

Im Zusammenhang mit sexuellem Kindesmißbrauch wurde teilweise mit missionarischem Eifer Parteinahme für die Mißbrauchsopfer gefordert. Doch auch die Kritiker der «Mißbrauchsepidemie» bleiben mit bissigen Verketzerungen gegen die «Mißbrauchsspezialisten» in einer Spaltung und Feindbildorientierung.[18]

Unter Gesichtspunkten von Schuldzuweisungen und Moral verbietet sich eine Betrachtung der Gesamtszene ohne Vorverurteilungen, vielmehr wird das Bemühen um ein Verständnis der Gesamtsituation leicht als Parteinahme für den Täter ausgelegt. Verstehen, ohne in Schuldzuweisungen und Spaltungen zu verfallen, scheint kaum möglich. Die Täter-Opfer-Dialektik spricht nicht nur die Täter schuldig, sondern verurteilt auch die Opfer moralisch, nämlich sich der Verführung gebeugt zu haben: Mißbrauchsopfer sind stigmatisiert.

In der Gleichsetzung Mann=Macht und Sex=Täter und Frau=unschuldig=gut=Opfer verstecken sich Rache und Triumph, die ihre Wurzeln in Geschlechterkrieg, Sexualfeindschaft und Schulenstreitigkeiten haben. Wird das Problem ideologisch reduziert, ist die Gefahr meist draußen beim anderen, bei den anderen Richtungen, den minder qualifizierten Therapeuten oder den Zu-fest-im-Sattel-Sitzenden. Das Thema bekommt eine Eigendynamik, die hervorragend für das Austragen anderer Interessenkonflikte geeignet erscheint. Die Art, *wie* über Mißbrauch gesprochen wird, enthält eine implizite Ethik: Kann ich nur mit dem Finger auf andere zeigen, bekommt meine Haltung etwas Pharisäerhaftes. Verkannt wird das eigene Gefährdungspotential. Schuldzuschreibungen dienen der eigenen Entlastung, helfen aber nicht, das Problem zu verstehen.

Die Diskussion um den Mißbrauch des Mißbrauchs belegt die gute Verwertbarkeit dieser Thematik in den Medien, aber auch die Problematik mancher Folgetherapien, in denen Therapeuten sich zum Anwalt des Opfers machen und den Opferstatus selbst nicht hinterfragen. Das Wort Mißbrauch wirkt wie ein Magnet. Die Medien verlieren allerdings schnell das Interesse, wenn nicht spektakuläre sexuelle Details geboten werden. Sex and crime erregen die Aufmerksamkeit und sind geeignet, eine generelle Empörung und eine Art Betroffenheitszwang auszulösen. Daß diese Art der Anteilnahme den wirklich betroffenen Personen nicht gerecht wird, ja eher schadet, liegt auf der Hand.

Es gibt wesentlich subtilere als die bislang diskutierten Formen des Mißbrauchs. In einer therapeutischen Situation entsteht sehr schnell eine Erotisierung und Sexualisierung der Beziehung, doch geht es meist um etwas anderes, die Sexualisierung maskiert tieferliegende Wünsche und Gefühle der Patientin oder des Patienten. Es ist wichtig, dieses sexualisierte Szenario zu durchschauen und die dahinterliegenden Schichten des Leidens aufzudecken. Der sexuelle Mißbrauch ist nur eine besonders drastische Form des emotionalen, narzißtischen Mißbrauchs und geht meist mit verheerenden Folgen einher. Viele subtile Grenzüberschreitungen und Verletzungen passieren jedoch, ohne daß sie nach außen hin sichtbar würden. Ein narzißtischer Mißbrauch vollzieht sich schleichend und ist viel schwieriger zu fassen, er liegt allerdings jedem sexuellen Übergriff zugrunde. Das zentrale Problem ist nicht der *sexuelle* Mißbrauch, auch wenn dies besonders gravierend und verletzend ist. Sexualität und Macht gehen ein kulturspezifisches Bündnis ein – die Verwechslung von Macht- mit Liebesbeziehungen hat bei uns eine lange Tradition.[19]

Wer den Begriff *Miß*brauch für selbstverständlich hält, verbindet damit automatisch Normen von einem richtigen *Ge*brauch – fragt sich allerdings wovon. Es ist notwendig, diesen Begriff zu hinterfragen, denn hinter seiner vermeintlichen Eindeutigkeit verbergen sich sehr verschiedene Auffassungen.

Mißbrauch ist ein schillernder Begriff, es gibt keine allgemeine eindeutige Beschreibung. Macht und Mißbrauch treten weder ausschließlich bei bestimmten Therapieschulen auf, noch sind sie abhängig vom Ausbildungsgrad der Therapeuten; allerdings enthält jedes therapeutische Verfahren seine eigenen Mißbrauchsmöglichkeiten. Es handelt sich um eine Grenzproblematik, bei der Unterschiede verleugnet und Konfrontationen vermieden werden. Unklare Grenzen führen zur Rollendiffusion für beide Beteiligten. Sowohl das Leugnen ungleicher Positionen sowie Mißbrauchsempfindungen und -vorwürfe verweisen immer auf ein spezifisches Beziehungsleben, das stets von der Persönlichkeit der Beteiligten geprägt wird. Vergleichbare therapeutische Situationen und Verhaltensweisen von Therapeuten werden unterschiedlich erlebt. Wenn eine Patientin oder ein Klient Gefühle des Unwohlseins spürt, sie im Kontakt benennen kann und dies vom Therapeuten gehört wird, wird kaum das Wort Mißbrauch fallen. Diese Vokabel verweist darauf, daß etwas der Verständigungsmöglichkeit zwischen Therapeut und Patient entglitten ist.

Die Unfreiheit manipulativer Beziehung zeigt sich nach Thea Bauriedl in der Gleichsetzung von Verstehen und «tun-was-der-andere-will», d. h. «sich-verwenden-zu-lassen» und entsprechend das Gegenüber für die eigenen Wünsche zu funktionalisieren.[20] Helm Stierlin bezeichnet eine solche «Pseudo-Gegenseitigkeit» als ein «Aushandeln beiderseitiger Dissoziation»[21]. Einem solchen Verständnis zufolge ließe sich heutzutage in fast allen Beziehungen etwas Mißbräuchliches vermuten. So wichtig es ist, für derartige Mechanismen, vor allem in Therapien, zu sensibilisieren, besteht auch die Gefahr, daß sich mit dem inflationären Gebrauch des Begriffs höchst fragwürdige Begleiterscheinungen verbinden: Es werden neue Identitäten oder Opfer bzw. Täter konstruiert und normative Vorstellungen von richtigem und falschem Verhalten entworfen. Im Vorwurf des Mißbrauchs verbirgt sich allzuoft der Anspruch, nicht nur das eigene Erleben, sondern die Gesamtsituation verbindlich beurteilen zu können, also eigentlich die Wahrheit zu wissen.

Wenn man demgegenüber die Wechselseitigkeit von Macht in Beziehungen betont, ist das keinesfalls gleichbedeutend mit einer Leugnung der Unterschiede im Gefälle und in der Verantwortlichkeit. Im Umgang mit Macht gibt es zwei extreme Möglichkeiten: Machtunterschiede nicht wahrzunehmen heißt Verschleierung. Ihre unhinterfragte Akzeptanz bedeutet die Fortsetzung von

Machtritualen und damit Unterwerfung. Es gibt einen psychodynamischen Aspekt des Machtgeschehens, oder anders formuliert: Wir sind innerlich bereit, uns in Macht-Ohnmacht-Strukturen zu orientieren und zu bestätigen. Dieses Dilemma ist in der Therapiesituation grundsätzlich angelegt. Nur ein verantwortungsvoller Umgang und die genaue Kenntnis der eigenen Werte, Wünsche und Grenzen wird den Therapeuten davor schützen, dieses Gefälle zu seinen Gunsten auszunutzen.

Der entscheidende Punkt ist, ob es zu einer wechselseitigen Verständigung zwischen Therapeut und Klient kommt. Hierin besteht die ethische Verantwortung des Therapeuten – er kann Absichten offenlegen und seinen Standpunkt relativieren. Er kann nicht die Verantwortung für den anderen übernehmen, wohl aber für sein eigenes Fühlen und Verhalten in der jeweiligen Situation.

2. KAPITEL

DIE PERSPEKTIVE VON PATIENTINNEN UND PATIENTEN

Was empfinden Patientinnen und Patienten als Mißbrauch? Obwohl der Begriff scheinbar allgemeinverständlich ist und so mittlerweile auch in der Alltagssprache benutzt wird, ist auffällig, daß sehr verschiedene Empfindungen mit diesem Begriff belegt werden. Dies verdeutlicht, wie schwer es im Blick auf den Einzelfall ist, das Phänomen genau zu fassen. Fast alle der Personen, die ich für meine Studie befragte, reagierten auf – vor allem in der Universität und verschiedenen sozialen Institutionen plazierte – Aushänge mit folgendem Wortlaut: «Suche für eine wissenschaftliche Untersuchung PatientInnen/KlientInnen, die bereit sind, über ihre Mißbrauchserfahrungen in der Therapie zu berichten.» Andere Personen wandten sich nach Vorträgen an mich, nachdem sie über Dritte von meiner Arbeit gehört hatten.

Die Patientinnen und Patienten, deren Erfahrungen in diesem Kapitel dokumentiert werden, haben also ihre Geschichten selbst dem Thema Mißbrauch zugeordnet, interessanterweise aber fällt in ihren Erzählungen der Begriff kaum, manche benutzen ihn überhaupt nicht. In ihrer Unterschiedlichkeit zeigen diese Geschichten spezifische Momente des individuellen Erlebens, dennoch verweisen sie auf typische verbindende Erlebensmuster und berühren gleiche Themen, wodurch die von mir für dieses Buch getroffene Auswahl strukturiert wird.

Meist beginnen die Therapien mit sehr hohen Erwartungen, in dieser konkreten Begegnung alle Schwierigkeiten lösen zu können.

Viele Patienten hoffen, daß der Therapeut einem Magier gleich all ihre Probleme aus der Welt schaffen möge. Gerade Patientinnen und Patienten mit manchmal unrealistisch anmutenden Erwartungen an die Therapie entwickeln leicht den Verdacht, einer mißbräuchlichen Situation ausgesetzt zu sein. Sie sprechen von einem Gefühl oder einer Ahnung, daß etwas nicht stimmt, daß sie durch den Therapeuten funktionalisiert oder in einer bestimmten Weise gebraucht werden. Auch in den später vorgestellten Fällen ist es in der Außensicht unverkennbar, daß verschiedene Ebenen durcheinandergeraten, professionelle und private Kontakte sich vermischen und es manchmal gar zu einer Art Rollentausch kommt: Hilfesuchende werden zu Zuhörern und Tröstern. Patientinnen und Patienten sind an solchen Konstellationen nicht unbeteiligt. Es sind alte Erfahrungsmuster, die ihr Beziehungsangebot unbewußt strukturieren. Diese alten Muster müssen sich in einer Therapie neu inszenieren dürfen, und es kann kaum erwartet werden, daß Patientinnen und Patienten ihre unbewußt manipulativen Kontaktangebote (in der Fachsprache Übertragung genannt) durchschauen.

Nicht alle Befragten sehen sich als Opfer, manchmal artikulieren sie ein schwer benennbares Unbehagen, über das sie in der Therapie nicht sprechen konnten, ein Gefühl «Da stimmt was nicht». Es gibt kein Geschehen in der Therapie, das sich sozusagen «an sich» als Mißbrauchsgeschehen definieren ließe. Der konkrete Kristallisationspunkt ist das Beziehungsgeschehen zwischen Therapeuten und Patienten: Wie gehen sie mit der gegebenen Situation und dem darin angelegten Gefälle um? Gibt es eine Begegnung zwischen zwei Subjekten? Fällt etwas aus dieser intersubjektiven Verständigung heraus?

Selbst beim sexuellen Mißbrauch ist es weniger der sexuelle Akt selbst als vielmehr das Benutzen von Sexualität für eine gestörte Beziehung. In allen Geschichten geht es um Kommunikationsunterbrechungen, an denen beide, Patient und Therapeut, beteiligt sind. Gemeinsam ist den Beispielen, daß sich bestimmte Themen meist blind inszenieren, über die es keine Verständigung gibt.

In mehreren Beispielen erleben sich die Patientinnen und Patienten am Therapiebeginn depressiv, verunsichert und hilflos und haben entsprechend hohe Erwartungen an das therapeutische Geschehen. Reparatur-, Heilungs- oder Erlösungswünsche färben die anfängliche Situation. Oftmals versäumen es die Patienten zu prüfen, ob der Boden wirklich tragfähig ist, ob ihre Wünsche der Situation angemessen sind und diese ihrer Wünsche würdig ist. Sowohl durch eine überhöhte Erwartungshaltung wie auch in einem regressiven Zustand ist eine kritische Wahrnehmung eingeschränkt. In einigen Therapierichtungen, z. B. der Psychoanalyse, wird die Bereitschaft und Fähigkeit zur Regression als wichtig und dem therapeutischen Prozeß förderlich angesehen. In einem solchen Zustand ist es jedoch schwer, Rollendiffusionen und Grenzverwischungen durch den Therapeuten wahrzunehmen – in einem Zustand akuter Not ist dies auch ganz sicher nicht zu leisten.

Therapeuten haben eine berufsethische Verantwortung für die Situation und müssen in bestimmten Therapiephasen davon ausgehen, daß Patienten der Zugang zu ihrer Eigenverantwortung verstellt ist. Doch auch Patienten tragen Verantwortung, nämlich sich Klarheit zu verschaffen über Art und Möglichkeiten des gewählten Therapieverfahrens und über die Arbeitsweise des Therapeuten. In den Fallgeschichten dieses Kapitels akzeptieren viele Patienten unklare Situationen und Vorstellungen, die sich möglicherweise durch präzise Fragen erhellen ließen. Doch setzt die Fähigkeit, Fragen zu stellen oder ein Unwohlsein zu benennen, bereits eine gewisse Souveränität voraus, um eine gewisse Distanz zur Situation einnehmen zu können. Wer es nicht gewohnt ist, Fragen zu stellen, zumal wenn er einer Fachautorität gegenübersitzt und eventuell froh ist, daß ihm jemand zuhört, wird möglicherweise nicht auf diese Idee kommen. In seriösen Therapien lädt deshalb der Therapeut dazu ein, auch ungute Gefühle und Eindrücke zu äußern.

Manche der Einschätzungen und Darstellungen, die hier Patienten vortragen, werden in bestimmten Therapieformen als Widerstand[1] oder Abwehr klassifiziert. Doch um das Beziehungsgeschehen betrachten zu können, halte ich diese Klassifizierung für wenig hilfreich und in gewisser Weise für problematisch, denn darin steckt auch die Abwehr bestimmter Themen und Erlebensweisen. Die subjektiven Wahrnehmungen und Erfahrungen des Therapeuten/der Therapeutin definieren weitgehend die Bedeutung, die ein Ereignis für ihn oder sie hat. Klassifizierungen und hypothetische Annahmen sind im aufrichtigen Kontakt überprüfbar und veränderbar. In therapeutischen Beziehungen, in denen einer intersubjektiven Überprüfbarkeit stattgegeben wird, Kritik und Fragen erwünscht sind, bekommen Erlebens- und Handlungsweisen einen neuen Horizont. Es gibt kein absolutes Richtig oder Falsch, wenn die gegenseitige Relativierung wichtiger Bestandteil der Selbst- und Interaktionserfahrung wird.

Im Zentrum der Auseinandersetzung mit dem Phänomen Mißbrauch steht also nicht ein Geschehen an sich oder die Frage, ob jemand etwas tut oder unterläßt, sondern das Erleben des Übergriffs, der Grenzaufweichung, die Verwirrung und Irritation, meist wohl bei beiden Beteiligten.

MISSBRAUCH, NARZISSMUS UND AMBIVALENZEN

In allen Beispielen werden symptomatischerweise zwei Themen immer wieder auftauchen: Narzißmus und Ambivalenzen. Mehrere Patienten und Patientinnen delegieren Stärke und Kompetenz an den Therapeuten und stellen sich als sehr abhängig und bedürftig dar. Doch zugleich erleben diese Personen es fast ausnahmslos als Mißbrauch, wenn sie in dieser Rolle festgeschrieben werden.

Im Alltag bezeichnet der Begriff Narzißmus Formen der Selbstliebe oder Selbstzuwendung, polemisch oft Eitelkeit genannt. Wir alle brauchen eine gute Portion Selbstzuwendung, um uns als identisch mit uns selbst, als stimmig und von anderen abgegrenztes Wesen zu erleben – wir lassen uns auf eine Art individueller Homöostase ein. Man spricht von einer narzißtischen Störung, wenn eine massive oder zentrale Beeinträchtigung des Selbstwertgefühls gegeben ist, die sich als ein gebrochenes oder überhöhtes Erleben unserer Einzigartigkeit äußert. Dieses kann sich in zwei Erscheinungsformen zeigen: Der sogenannte Narzißt erlebt sich selbst als grandios und seine Umwelt wie einen Spiegel, in deren Sympathie und Bewunderung er sich anschauen kann. Seine Mitmenschen erlebt er wie ein Doppel, sich sehr ähnlich oder gleich; sie werden verschmelzend in sein eigenes Selbst einverleibt und zum erweiterten Selbst («expanded self» [2]). Das Größenselbst ist geleitet von der grandiosen Vorstellung «Ich bin vollkommen». Der sogenannte Komplementärnarzißt erlebt sich als so unvollkommen und mangelhaft, daß er alles Gute und Großartige nur im anderen anschauen kann. Die Suche nach Vollkommenheit gebietet den mächtigen Wunsch, zu einem mächtigen, guten Objekt, zu idealen Menschen oder Verhältnissen dazuzugehören. Dem bewunderten idealisierten Selbst-Objekt wird bedeutet: «Du bist vollkommen, aber ich bin ein Teil von dir.» [3]

Die interpersonale Aufspaltung polarisierender Erlebensweisen gehört zur strukturellen Problematik im Verhältnis zwischen Patient und Therapeut. In mehreren Fallgeschichten geht es deshalb um das Angeschautwerden, um die Qualität des Blickes und die Suche nach «guten» Blicken oder ein «Schön-geguckt-Werden». Kohut hat dies als Suche nach dem Glanz im Auge der Mutter bezeichnet. Vermutlich suchen gerade Frauen mit einem verletzten Selbstwertgefühl nach Ausgleich oder Heilung, indem sie die idealen Anteile im Therapeuten unterbringen und dort bewundern.

Narzißtische Verwundungen gelten als sehr frühe Störungen, die heutzutage einen großen Teil der psychischen Probleme ausmachen. Sie bedeuten immer ein «Problem der Idealität» oder der «Störung des Ichideals» [4]. Aspekte der Einzigartigkeit und Besonderheit werden so überhöht, daß das Gewöhnliche, Reale eines Menschen aus dem Blick verschwindet. Es ist eine Suche nach idealen Menschen und Verhältnissen, die absolute Geborgenheit und Heilung zu geben vermögen, eigentlich die Suche nach einem paradiesischen Zustand und gleichzeitig nach sich selbst. Das bedeutet ein Leben in Extremen, eine verzweifelte Suche nach Grenzenlosigkeit und nach Selbstbegrenzung. Perfektionismus und Idealisierung sind im Grunde nur wenig stabile Krücken, die jedoch Beziehungen sehr komplizieren, wenn nicht verhindern.

Der Versuch, durch Verschmelzung mit einem idealen anderen die eigene, nicht gelebte Seite und so die eigene Ganzheit wiederzufinden, verdeutlicht auch die enorme seelische Kraft, die im Narzißmus steckt. So können sich durchaus kreative und produktive Aspekte verschlüsseln, die heilsame und bereichernde Erfahrungen ermöglichen.

Ein Hauptmotiv, das sich durch alle Fallgeschichten zieht, ist der Umgang mit Ambivalenzen. Da widersprüchliche Impulse und Gefühle in der eigenen Person schwer auszuhalten sind, erscheinen komplementäre Beziehungsarrangements oft zunächst als Lösungen. Etwa wenn der Therapeut als stark, gesund und wissend erscheint, fühlt sich die Patientin als sehr schwach, hilfsbedürftig und ratlos angenommen. Alle Interviewpartner und -partnerinnen durchlebten sehr unterschiedliche Gefühle zwischen göttlicher Idealisierung, Verliebtheit bis zu mörderischer Wut und Haß. Bei einigen Patienten ist zu beobachten, daß eine ungute Ahnung und Mißbrauchsvermutung dann entstehen, wenn der Therapeut nur nach ihrer «positiven», angepaßten, verliebten, idealisierenden Seite schaut, und Gefühle wie Wut und Haß in die Vergangenheit und auf außenstehende Dritte geschoben bzw. als Übertragungsgefühle abgetan werden.

Ambivalenzen lassen sich nicht durch Parteinahme gegen den Therapeuten als Täter oder für die Patientin als Opfer lösen. So verfestigt sich die Spaltung von zusammengehörenden Seiten, und so werden Patienten geradezu automatisch zur Lösung der Ambivalenzen nach weiteren Inszenierungen suchen. Es ist wichtig, die Ambivalenz in narzißtischen Beziehungskonstellationen wahrzunehmen und Verschmelzungen wieder auflösen zu können, um die Entwicklung suchtartiger Abhängigkeiten zu verhindern.

Mehrere der hier dokumentierten Fälle, in denen Patienten von einer Mißbrauchserfahrung berichten, sind von einer narzißtischen Beziehungsdynamik geprägt, die sich zwischen Idealisierung und Entwertung bewegt: Der negative Gegenpol erst ermöglicht die positive Idealisierung. Das Ideal bleibt im Fiktiven, ist nicht real einlösbar. Wenn alle Beziehungsenergie auf das Ideal ausgerichtet und von der Realität und Gewöhnlichkeit abgespalten ist, können die Partner sich in ihrer wirklichen Verschiedenheit nicht wahrnehmen. Die innerpsychische Spaltung zwischen ideal und hilfsbedürftig inszeniert sich zwischen Personen.

Bei diesen Geschichten ist fast regelmäßig eine Beobachtung zu machen: Beide Beziehungspartner manipulieren sich unbewußt in einem heimlichen Einverständnis, die Grundlage sind ein *gemeinsames* Normsystem und eine *gemeinsame* Angstabwehr. Es ist ein wechselseitiger und kein einseitiger Prozeß, wie es oft scheinen mag, und gilt für therapeutische ebenso wie für alltägliche Beziehungen. Wenn der Therapeut selbst sehr bestätigungsbedürftig ist und eine ähnliche Wunde in sich spürt wie die Patientin, kann sich die therapeutische Beziehung als ein unbewußtes Arrangement zwischen einem bewunderten und einem bewundernden Partner gestalten. Jürg Willi hat für ein derartiges Zusammenspiel in Beziehungen den Begriff Kollusion geprägt. Ein gemeinsamer «Grundkonflikt wird in verschiedenen Rollen ausgetragen, was den Eindruck entstehen läßt, der eine Partner sei geradezu das Gegenteil des anderen. Es handelt sich dabei aber lediglich um polarisierte Varianten des gleichen.»[5] Beide Partner benutzen sich wechselseitig und den jeweils anderen, um die eigene innere Leere nicht zu spüren. Im Beziehungsideal von vollständiger Harmonie sind sich beide Partner einig, daß der Komplementärnarzißt sich für den Narzißten aufgibt, letzterer aber die Idealerwartungen des Komplementärnarzißten zu erfüllen habe. Die Verhaltensweisen der Partner beziehen sich regelkreisartig aufeinander und bilden als ein ineinandergreifendes System eine Ganzheit.

Schon die therapeutische Situation an sich ist hochgradig narzißtisch aufgeladen durch das strukturelle Gefälle zwischen Patient und Therapeut – nur einer sucht Hilfe. Diese ungleiche Situation kann und sollte Schutz bedeuten, sie kann aber auch durch den Therapeuten funktionalisiert werden, wenn er die Idealisierungsbedürfnisse von Klienten zur Regulierung seines eigenen Selbstwertes einsetzt.

Dieses Arrangement muß verstanden und aufgelöst werden – zunächst vom Therapeuten, doch letztendlich von beiden. Andernfalls wirkt das Bemühen, in der eigenen Person oder im anderen die verlorene Ganzheit zu restituieren, zerstörerisch nach innen und außen. So entstehen Beziehungsstrukturen, die Patienten leicht als mißbräuchlich erleben können, Beziehungen, in denen der andere als Ersatzselbst benutzt wird. Michael Lukas Moeller nennt diese wechselseitige Vereinnahmung «Kolonialisierung»[6]. Ein hervorstechendes Merkmal vieler Fallgeschichten ist die von Patienten geäußerte Hoffnung, daß der Therapeut die ihm zugeschriebenen idealen Anteile verkörpern und erfüllen möge. Darüber hinaus läßt sich ein weiteres durchlaufendes Motiv erkennen: die Not, die sich hinter einer Idealisierung versteckt. Denn es geht um den Wunsch, selbst als wertvoll und groß anerkannt und im eigenen Wert bestätigt zu werden.

RETTER- UND ERLÖSERPHANTASIEN

Retter- und Erlöserphantasien stehen für das Fortleben einer kindlichen Sehnsucht, für ein uneingelöstes Grundbedürfnis, als eigenständige und besondere Person erkannt und bestätigt zu werden. Es ist die Suche nach Wertschätzung und nach guten, liebenden Blikken von jemandem, der unabhängig und mächtig genug ist, eine solche Anerkennung zu gewähren.

Tatsächlich kann unter bestimmten Voraussetzungen eine narzißtische Teilhabe an der dem Therapeuten zugeschriebenen Grandiosität die Wahrnehmungs- und Erlebnismöglichkeiten von Patienten erweitern. Die narzißtische Teilhabe ist dann eine Brücke zur Veränderung und bildet eine Vorstufe zu gleichberechtigten Beziehungsformen, in denen die Idealisierung allmählich zurückgenommen und aufgelöst werden kann. Dann geht es darum, Einsicht in die Unvollkommenheit des Therapeuten zu gewinnen, die Paradiessehnsüchte und Erlösungserwartung zu relativieren und die Spannung zwischen Idealität und Realität zu vermindern.

Wenn jedoch jemand mit einem starken Idealisierungsbedürfnis auf einen Therapeuten trifft, der sich seines Selbstwertes nicht sicher ist und zu seiner Stabilität diese Idealisierung braucht, ist gerade diese Relativierung schwerlich zu leisten. Ein solcher Therapeut braucht Klienten, um als der Gesunde, Starke, Kompetente bestätigt zu werden. In diesen Konstellationen haben Patient und Therapeut ein *gemeinsames* Problem: das Gefühl der Wertlosigkeit und die Angst vor Entwertung, was jeder auf seine Weise zu kompensieren sucht. Beide Beteiligten machen sich gegenseitig zu Objekten.

In einer solchen Konstellation wird sich ein Patient kaum in seinen eigenen Werten bzw. als eigenständige Person wahrgenommen fühlen. Nun haben Therapeuten permanent mit Problemen von Wertung und Entwertung zu tun. So «liegt in dem Angebot der Idealisierung seitens der Klienten eine beständige Verführung für den Therapeuten, sich unbewußt mit einem idealisierten Selbstbild zu identifizieren und dadurch die Wahrnehmung eigener Widersprüche, Konflikte und Ängste zu vernachlässigen»[7]. Therapeuten können ein defizitäres Selbstbild kompensieren, wenn die Klienten ihnen das Gefühl geben, großartig und etwas Besonderes zu sein. Das kann geradewegs in eine narzißtische Verstrickung und zu katastrophalen Mißverständnissen führen. Wahrscheinlich werden die Klienten schmerzliche Erfahrungen wiederholen, nämlich nicht um ihrer selbst willen geliebt zu werden, sondern in ihrer Funktion, jemand anderen zu bestätigen.

In einer überwiegend an männlichen Werten orientierten Kultur bekommt die narzißtische Beziehungsdynamik eine geschlechtsspezifische Färbung: Geprägt durch Sozialisationsbedingungen und Rollenerwartungen, übernimmt der Mann in der Regel den narzißtischen, die Frau den komplementärnarzißtischen Part. Phantasien der Grandiosität sind kulturspezifische männliche Formen der Selbstwertregulierung. Weiblicher Narzißmus zeigt sich eher in Gefühlen der Minderwertigkeit, Hilflosigkeit und Schwäche. Beide Ausdrucksformen sind aufeinander bezogen und bestätigen sich wechselseitig.

Die narzißtische Wunde, dieses sengende Gefühl des Liebesunwerts, das vermutlich in einem Mangel an mütterlichem Gespiegeltwerden gründet, wird inzwischen in der Forschung auch als Resultat einer mißlungenen oder verletzten Vaterbeziehung gesehen. Die fehlende Bestätigung durch den seltsam abwesenden Vater kann zu erheblichen Selbstwertzweifeln und Identitätsproblemen führen.[8] Eine lebenslange Abhängigkeit vom Vater, Identifizierung mit männlichen Idealen, ein Verharren im Mädchenstatus als unselbständige Tochter werden als mögliche Folgen beschrieben, die einhergehen mit niedriger Selbstachtung, Trennungsschwierigkeiten, Hilflosigkeit und Passivität.

Frauen mit einer Vater-Tochter-Wunde werden in der Therapie vermutlich das ganze Spektrum ihrer maskierten und bislang gescheiterten Wünsche erneut in Szene setzen und dies auch tun müssen. Häufig treten diese Wünsche als erotische auf, das verweist auf den darunterliegenden Wunsch nach grundsätzlicher Anerkennung und Akzeptanz. Die bei Frauen so oft zu beobachtende Anbetung männlicher Macht bezeichnet die Psychoanalytikerin Jessica Benjamin als einen Versuch, über die Identifikation mit einem als mächtig und autonom erlebten Subjekt die eigene Autonomie leben zu können, so zu werden wie das Ideal. Es ist der Versuch, die eigene zu enge Grenze an einem idealisierten anderen zu erweitern und den selbst erlebten Mangel durch Verschmelzung mit dem Ideal zu beheben. Gesucht wird die haltende Umgebung, die gegen Verschmelzung und Trennung gleichermaßen schützt, wo Verschmelzung nicht verschlingend wird, ein Gegenüber, das klar abgrenzt und unabhängig ist. In der aufeinander eingespielten Inszenierung zwischen den Geschlechtern folgt daraus zwangsläufig eine Abwertung von Weiblichkeit: der Mann verleugnet die Subjektivität seines Gegenübers, die Frau verleugnet sich selbst in «ihrer Bereitschaft, Anerkennung zu gewähren oder Anerkennung zu erwarten»[9].

Wenn diese Thematik erkannt und benannt wird, kann eine Therapie durchaus neue Grenzerfahrungen ermöglichen. Wenn jedoch unbewußt komplementäre Beziehungsphantasien ineinandergreifen, werden sich wahrscheinlich schmerzliche Erfahrungen erneut inszenieren. Gewisse Verhaltensweisen, um die es in den drei folgenden Geschichten geht, sind für den Außenstehenden und aus der Distanz vielleicht schwer nachzuvollziehen. Kluge, gestandene, erfolgreiche Frauen bringen ihre besten Gefühle und idealen Anteile im jeweiligen Therapeuten unter und bewundern sie in diesem. Daß diese Idealisierungen ein – wenn auch unbewußt arrangiertes – manipulatives Beziehungsangebot darstellen, zeigt sich beim Kippen des Arrangements. Die Frauen fühlen sich enteignet, funktionalisiert und in ihrer Idealisierung mißbraucht. Es lassen sich bestimmte Kennzeichen narzißtischer Verstrickungen benennen:

- Bedürfnisse nach paradiesischer, absoluter Harmonie, Abspaltung störender, ambivalenter Gefühle,
- Schwierigkeiten mit Begrenzungen (Bezahlung, Stunden- und Therapieende), der Beendigung der Therapie und
- Sehnsucht nach nichtsprachlichen Verschmelzungssituationen.

Bedürfnisse nach absoluter Harmonie

In mehreren Therapieberichten wird zumindest anfangs mit aller Kraft eine Atmosphäre herzustellen gesucht, die Ruhe, Frieden und Harmonie garantiert. Wut, Haß und Angriffe scheint es nicht zu geben, Auseinandersetzungen oder Konfliktaustragung sind nicht nötig, weil man sich so gut versteht.

Einige Patientinnen und Patienten berichten eindrucksvoll, wie sie diesen heiklen Bereich des Trennenden immer wieder gekonnt umschiffen, obwohl sie deutlich Widersprüchliches und Konflikthaftes wahrnehmen. Sie setzen viel ein, um die vermeintliche Harmonie zu retten und zu kontrollieren, um die Beziehung zu erhalten. Sie vermeiden unliebsame Themen, unterdrücken Gefühle der Wut oder akzeptieren die ihnen zugewiesene Abhängigkeit oder Kindrolle.

Doch wenn unterschiedliche Erlebensweisen zwischen Therapeut und Patient geleugnet werden, verwischen sich die Grenzen. Grenzenloses Einfühlen in den anderen verunmöglicht es, zu unterscheiden zwischen sich und dem anderen. Nein-Sagen- und Trennen-Können sind aber für die Abgrenzung zwischen Personen bedeutsam. Manipulation und Unterwerfung unter ein vermeintliches Ideal von Harmonie und Beziehung dienen eher der Kontaktvermeidung.

Oft basiert eine scheinbar gut verlaufende harmonische Therapie darauf, daß der Patient die Sprache und Weltsicht des Therapeuten seismographisch erspürt und gelernt hat. Mehrere Patientinnen und Patienten berichten, sehr schnell ein Gefühl dafür zu entwickeln, welche Themen und Dinge vom Therapeuten gern gehört und gewünscht waren, welche eher zu vermeiden waren.

Der Versuch eines Therapeuten, sich dem Patienten immer als liebenswert und bewunderungswürdig anzubieten, kann als Verführung zur Idealisierung angesehen werden. Gefühle wie Haß und Verachtung werden kaum zu bearbeiten sein, wenn die entsprechenden Anknüpfungspunkte entzogen scheinen. Leicht kann sich ergeben, daß die Feinde als Dritte draußen bleiben und als die bösen Eltern oder Partner die therapeutische Symbiose stabilisieren.

Schwierigkeiten mit Begrenzungen

Alles Trennende hat in einer narzißtischen Kollusion keinen Platz, und Abhängigkeit ist das Merkmal kollusiver Beziehungen. Daher werden nicht nur das Ende der Stunden und formale Begrenzungen als schrecklich erlebt, sondern auch persönliche Grenzziehungen nicht akzeptiert. In keinem der hier vorgestellten Beispiele wird von einem klaren Therapieende berichtet.

Mehrere Patientinnen und Patienten brechen die Therapie ab, d. h., die Therapie wird nicht im Kontakt und einvernehmlich beendet. Es ist kein Zufall, daß die Motive für den Abbruch der Therapie identisch sind mit den von den Patienten vorgebrachten Vorwürfen des Mißbrauchs.

In diesen Fällen sind bereits lange vor dem Therapieabbruch Momente der Unstimmigkeit, des Zweifelns und des manipulativen Aushandelns von Dissoziationen herauszuhören, werden zum Teil auch deutlich benannt. Der Anlaß für den Abbruch ist also keine Ursache, sondern so zieht ein Patient einen Schlußstrich im Prozeß, der schon zuvor nicht kommunizierbar schien oder war. Doch produziert eine abgebrochene Therapie oft mehr neue Schwierigkeiten, als daß eine Thematik wirklich gelöst würde. Auch diese Enttäuschung wird von mehreren Patienten explizit angesprochen. Vermutlich zeigt sich im Abbruch als Kehrseite der vorweg beschworenen Harmonie eine lange zurückgehaltene Aggression oder Rache. Gerade wenn ein Therapeut eine Patientin zum Ausbalancieren seines eigenen narzißtischen Gleichgewichts brauchte, bedeutet das Therapieende – besonders ein Abbruch – für ihn eine narzißtische Kränkung, die möglichst vermieden wird. Und so wird der Abbruch einer Therapie zum letzten Triumph der Patientin.

Sehnsucht nach nichtsprachlichen Verschmelzungssituationen

Einige Patientinnen äußern den Wunsch, möglichst auf Worte ganz zu verzichten. Sie halten das Atmosphärische, die Blicke, Gerüche, Stimmungen, für wesentlich bedeutsamer. Dennoch wird gerade in diesen Therapien sehr viel erzählt, gleichsam als ob die nichtsprachlichen Bedürfnisse verdeckt und versteckt werden müssen. Sie werden von den Patienten als zu fordernd, unverschämt, beschämend empfunden und die eine verletzende Zurückweisung befürchtet – oder erfahren. Sprache dient hier offensichtlich nicht der Klärung und Verständigung, sondern einer Maskierung der eigenen Bedürftigkeit. Dies ist nur zu verständlich, wenn ein starker Wunsch nach Abhängigkeit häufig frustriert worden ist.

Die nonverbale Kommunikation und das Verständnis präverbaler Inszenierungen sind im therapeutischen Prozeß (gerade bei sogenannten Frühstörungen) ausgesprochen wichtig und notwendig. Es gibt jedoch Situationen, in denen der Verzicht auf Sprache äußerst irreführend, manipulativ und verwirrend wirkt und einem Verzicht auf Verstehenwollen gleichkommt. Bei körpertherapeutischen Ansätzen etwa mögen Berührungen als Sexualisierung empfunden werden, wenn die Vermischung von ambivalenten Empfindungen und Verschmelzungswünschen ungeklärt bleibt. Oder um ein Beispiel von dem anderen Ende des therapeutischen Spektrums zu wählen: Lange Schweigephasen von Analytikern können magische Allmachtsbedürfnisse und die Illusion großartigen Allverstehens und Einsseins nähren – wenn eben eine korrigierende Erfahrung im Dialog ausbleibt.

Wenn nicht mehr das Verstehenwollen im Vordergrund steht, können vor allem therapeutische Settings, die den Körperkontakt ausdrücklich einbeziehen, ein verwirrendes Agieren auslösen.

Patientinnen, die ihre eigenen körperlichen Grenzen nie richtig haben kennenlernen können oder in diesen nicht geachtet worden sind, werden Irritationen weder ansprechen noch beenden können. Ein Agieren des Therapeuten aus Unsicherheit und Unbewußtsein kann hier leicht alte Erfahrungen, für die Bedürfnisse anderer funktionalisiert zu werden, wiederholen.

Manche Therapeuten empfehlen, über das therapeutische Geschehen nicht mit Außenstehenden zu sprechen, und sicher ist es sinnvoll, das Erleben nicht in alltäglichen Gesprächen zu zerreden. Doch wenn sich ein zunächst diffuses Unbehagen längere Zeit hält und sich der Eindruck festsetzt, daß etwas nicht stimmt und dieses in der Therapie nicht zu besprechen oder zu klären ist, kann ein Gespräch mit unbefangenen Dritten (möglicherweise auch mit anderen Therapeuten) hilfreich und notwendig sein. Wenn sich eine problematische Beziehungsstruktur chronifiziert, wird eine Klärung immer schwieriger, manchmal bleibt dann nur noch ein Therapieabbruch als Lösung. In der Regel bleibt aber, wie gesagt, viel Ungeklärtes zurück und macht vermutlich eine Folgetherapie notwendig.

LAURAS GESCHICHTE: «MISSBRAUCHTE IDEALISIERUNGS- UND LIEBESGEFÜHLE»

Laura ist 38 Jahre alt und im Wissenschaftsbereich tätig. Aus ihrer Familiengeschichte hebt sie hervor, daß der Vater viel abwesend war, sie sich dennoch sehr geliebt gefühlt hat. Die Mutter beschreibt sie als schwach, unscheinbar und sehr rigide.

Die von ihr geschilderte Therapie liegt zum Zeitpunkt des Interviews etwa fünf Jahre zurück. Sie hatte damals bereits verschiedene Vorerfahrungen mit Gesprächs- und psychoanalytischer Therapie. Bei einem gestalttherapeutischen Fortbildungsseminar kam es für sie zu einem so aufrüttelnden Schlüsselerlebnis, daß sie sich entschloß, bei dem Kursleiter eine Einzeltherapie zu machen, obwohl er fast 400 km von ihrem Heimatort entfernt wohnt. Sie lebte seit längerem ohne intime Beziehung, wußte eigentlich nicht warum, spürte aber diffuse Ängste und Abwehr, wenn ein Kontakt enger wurde. Damals hoffte sie, mit diesem Therapeuten (Wolfgang – sie nennt ihn mit Vornamen) ihr Problem lösen zu können.

«Es hat wie ein Blitz eingeschlagen, seit diesem Seminar kreisten alle Gefühle und Gedanken nur um Wolfgang. Ich fühlte mich innerlich licht und leicht, voller Liebe und Bewunderung für diesen Mann, der nicht nur klug und wortgewandt, sondern auch ästhetisch, körperlich und spirituell war – also eine enorme Ausstrahlung hatte, trotz seiner starken Erkältung während des Seminars.

Zuerst war er gar nicht so angetan von meiner Idee, bei ihm Therapie zu machen, sagte, er sei genauso schizoid wie ich und könne mir nicht helfen. Aber ich war so sicher, daß er es könne, und ließ nicht locker, obwohl er so viele Kilometer entfernt wohnte, das schien mir unbedeutend. Wir vereinbarten kurz vor seinem Urlaub eine erste Stunde, in der ich ihm meine heftigen Gefühle zeigte und verdeutlichen wollte, wie wichtig er für mich war und wie große Hoffnungen ich in ihn setzte. Seelisch habe ich ihn wohl erreicht. Ich fühlte mich geehrt, daß er trotz seines vollen Terminkalenders bereit war, mit mir zu arbeiten, als ob ich ihn für eine Beziehung gewonnen hätte. Eigentlich hätte er erst im Herbst Zeit gehabt, doch mein Drängen ermöglichte den sofortigen Beginn.

Er schickte mir dann aus dem Urlaub eine Postkarte, über die ich einerseits hoch erfreut war (er liebt mich!), andererseits über den Text etwas befremdet («es geht uns wunderbar»). Ich grübelte darüber, warum er sich mir gegenüber als Paar darstellt, ich kam doch zu ihm als Einzelperson! Brauchte er diese Abgrenzung? Waren meine Gefühle zu heftig? Mir so eine Karte zu schicken, wo er doch von meinen Dreiecksgeschichten wußte, die für mich mit soviel Schmerz, Abgewertet- und Verlassenwerden verbunden waren.

Doch wir konnten darüber reden. Der alte Zauber war wiederhergestellt. Es waren Stunden wie im Rausch. Ich fuhr einmal wöchentlich nach B., alle Aufmerksamkeit im Alltag rankte sich um diese Stunden von zauberhafter Harmonie und Stimmigkeit.

Meine anderen Alltagskontakte kamen in unseren Gesprächen nicht besonders gut weg und wurden von ihm als schizoide Beziehungen (ab)gewertet. Dort würde ich nie bekommen, was ich brauchte, ich sei zu einfühlsam und besonders. Er fragte mich minutiös über meine anderen Beziehungen aus und fand alle Männer unpassend und unmöglich für mich. Es kam mir zeitweilig so vor, als ob wir uns gegen die blöden anderen verbündeten. Das tat mir einerseits gut, ich fühlte mich im Recht, denn ich hatte ja viel Beziehungsclinch, andererseits machte es alles natürlich noch schwieriger.

Eher unterschwellig registrierte ich, daß ich dann seine volle Zuwendung und Aufmerksamkeit bekam, wenn ich über meine heftigen Gefühle zu ihm, meine Bewunderung für ihn sprach, und die war ja auch real da. Am Stundenende gab es meist eine innige Umarmung mit viel Herzenswärme und innerer Berührung, und ich genoß den ganzen Tag den Geruch seines Rasierwassers, das dann an mir duftete.

Ich war eine Weile sehr glücklich in dieser aufwendigen Beziehung. Mein Leben hatte ein neues Zentrum bekommen, und ich war richtig euphorisch. Wolfgang schien mir klar und abgegrenzt und trotzdem so offen und unkonventionell, witzig und voller Tiefgang und existentieller Zuwendung. Er stellte gleich zu Beginn klar, daß er nie mit mir vögeln werde. Als wir uns später im Fortbildungsinstitut einmal zufällig wiedertrafen, sagte er, daß er es mit mir immer gefährlich gefunden habe, obwohl er nicht genau sagen könne was, irgendwie existentiell, keine Spur langweilig.

Vielleicht ist das der Grund, daß wir so viel redeten. Dabei war mir klar, daß ich gar nicht das Gespräch mit ihm wollte, vielmehr seinen Blick, seine Hände, seine Berührungen, so wie ich dies im ersten Seminar erfahren hatte. Ich wollte ihn spüren, mehr das Taktile, diese tiefe Sehnsucht, seine Stimme zu hören, seine Atmosphäre zu erleben. Und gleichzeitig diese Angst, mir real etwas zu nehmen, Angst, abgewiesen zu werden, als unersättlich und klammerig zu gelten. Meine Schwierigkeit im Alltag war ja, daß ich nicht mein Maß leben konnte, sondern immer ängstlich das der anderen erspürte. Hier konnte ich zunehmend meine ganze Bedürftigkeit zeigen, aber auch meine Erotik, meine Schamhaftigkeit.

Es waren also mächtige Sehnsuchts- und Liebesgefühle, die in mir rumschwirrten und gleichzeitig immer diese Wahnsinnsangst, daß ich nur abstürzen kann und fallengelassen werde, wenn ich diese Gefühle lebe. Das Reden schafft Abstand, führt in den Kopf. Doch es kommt wohl darauf an, was und wie geredet wird. Ich war schon sehr bemüht, sein Interesse zu erhalten und meine Kritik an ihm, die dann irgendwann auch aufkam, möglichst vorsichtig zu zeigen. Doch die Kluft zwischen meinen Liebesgefühlen und der heruntergeschluckten Wut wurde immer größer. Ich wollte ihn auf keinen Fall verlieren, und es gab ja auch immer wieder kostbare Momente des Angenommen- und Gehaltenseins.

Nach einem Jahr hatte ich große Zweifel, ob wirklich etwas heilen kann. Im realen Leben veränderte sich nichts, ich wurde immer einsamer und wieder zunehmend depressiv und fragte mich, ob diese aufwendige Therapie, die zeitlich und auch finanziell eigentlich über meinen Möglichkeiten lag, nicht Humbug sei. Ich suchte offenbar einen Papi, einen Erlöser, jemand, zu dem ich mit Vertrauen aufschauen kann, der mich erträgt und schönguckt. Aber sollte gekaufte Liebe ein verletztes Selbstwertgefühl reparieren können? Ich hatte noch immer viele Hoffnungen, aber inzwischen auch massive Zweifel.

Je länger der Kontakt dauerte, desto schwieriger wurde es. Immer häufiger kamen Deutungen, die das Geschehen zwischen uns als Übertragungsgeschehen abtaten, oder Bemerkungen, die ich befremdet wie ein Weggeschobenwerden erlebte: Bist du denn überhaupt fähig zur Objektkonstanz?

Der anfangs so liebevolle, anteilnehmende Blick verwandelte sich in ein starrendes, kontrollierendes Angeschautwerden. Ich fühlte mich von den Blicken durchschaut, durchlöchert, peinlich und unangenehm berührt und verunsichert. Diese Art des Begucktwerdens lähmte und beschämte mich, weil er soviel von meinen intimsten Geheimnissen wußte. Ich kam mir sehr klein vor.

Als ich mein Berührungsdefizit und unseren Redekontakt ansprach, kam ein schroffes ‹Da kann ich dir auch nicht helfen›. Ich war peinlich berührt von dieser Antwort, empfand das als Abwehr, ich hatte ihn ja nicht verführen wollen. Faktisch war es so, daß ich mich immer weniger leiden konnte, daß ich scheinbar nur geliebt wurde, wenn ich voller Liebe für ihn war, und daß er mit dieser elenden, geschundenen, selbstwertverletzten Frau nichts anzufangen wußte im Zweierkontakt. Doch ich spürte auch sein Bemühen und die Besorgnis, möglichst weiterhin alles richtig zu machen, daß nichts entgleite.

Als sehr verletzend, als Beziehungsbruch und als Verrat empfand ich dann eine schriftliche formelle Mitteilung per Post, in der er höhere Honorarsätze forderte. Warum konnte er mir das nicht selbst mitteilen, ich war doch am Tag vorher bei ihm gewesen. Ich bin dann nicht mehr hingefahren.»

Diese Geschichte beschreibt die mächtigen Sehnsuchts- und Liebesgefühle einer Frau nach einem idealen, charismatischen, besonderen Menschen. Laura sagt nicht direkt, was sie als Mißbrauch empfindet, sie benutzt das Wort nicht ein einziges Mal. Das idealisierte Beziehungserlebnis kippt um in Wut, Enttäuschung, Beschämung und Peinlichkeit, und dabei erst wird ihr deutlich, daß sie sich nicht verstanden fühlt. Resignativ sieht sie sich letztendlich in einer alten Erfahrung bestätigt. Daß sie sich nur für ihre Idealisierung geliebt und nicht als ganze Person angenommen fühlt, verstärkt ihre Selbstzweifel, und es bleiben Gefühle der Enteignung und Leere zurück.

Doch sie ist es, die ihn bewundert und idealisiert. Ihre unbewußte Hoffnung ist vermutlich, diese Gefühle als eigene behalten oder zurückgewinnen zu können. Laura hat ihren Therapeuten für die Verkörperung ihrer idealen Liebesgefühle funktionalisiert, nun fühlt sie sich funktionalisiert, auf diese Rolle festgelegt, und spürt, daß er ihre Idealisierung braucht. Eine Weile genießt sie die Reaktionen ihres Therapeuten, seine Zuwendung und Umarmung, doch wollte sie keineswegs ein funktionales Bestätigungsobjekt werden. Sie wollte «schön-geguckt werden», d. h. in ihren idealen Anteilen gesehen werden. Ihr bleibt ein schales Gefühl, nicht als Subjekt bestätigt, sondern als Objekt in ihrer Idealisierungsbereitschaft mißbraucht worden zu sein.

Bei der ersten Begegnung schlagen die heftigen Gefühle wie ein Blitz ein, und Laura ist erfüllt von der idealisierenden Liebe und Bewunderung, die dieser Mann in ihr auslöst. Im Licht dieser Begegnung treten ihre Alltagsprobleme in den Hintergrund, und sie empfindet große Hoffnung: Er soll ihre Probleme lösen! Vermutlich möchte sie ihr als brüchig erlebtes Selbstwertgefühl durch bewundernde Teilhabe stabilisieren. Der Therapeut soll etwas verkörpern, das sie in sich selbst nicht findet oder spüren kann.

Möglicherweise sind der Schutzraum der Gruppenatmosphäre (auf einem Fortbildungsseminar), sein anfängliches Zögern und die Entfernung von vielen hundert Kilometern genau das, was es ihr ermöglicht, bedingungslos ja zu sagen und für ihr Ideal zu kämpfen. Ihr Alltagsproblem besteht gerade darin, daß sie in engeren Kontakten mit Abwehr und Ängsten reagiert und hier die Grenzen gesichert scheinen.

In der Zweierbegegnung empfindet sie jedoch rasch etwas Störendes und Ambivalentes: Der Urlaubsgruß des Therapeuten betont seine private Gebundenheit. Sie empfindet die Karte als zweideutig, als erfreuliche persönliche Geste und als befremdliche Grenzziehung. Diese kleine Geste läßt die Ambivalenz der weiteren Geschichte erahnen. Doch ihre Irritation löst sich im Gespräch auf und scheint angesichts der heftigen Gefühle Lauras zunächst keine weitere Bedeutung zu haben.

Laura erlebt ihren Therapeuten als charismatische Persönlichkeit mit einer besonderen Ausstrahlung, sie bewundert ihn außerordentlich und verleiht ihm ein Gefühl von Besonderheit. Er ist von ihr auserwählt, und sie nimmt viel auf sich, um seine Klientin sein zu dürfen und an seinem Charisma teilzuhaben.

Eher unterschwellig registriert sie, daß seine Aufmerksamkeit und Zuwendung an ihre Liebe und Bewunderung für ihn gekoppelt scheinen. Ihre Fähigkeit, ihn zu erreichen und sich gewogen zu machen, stimmt sie eine Zeitlang euphorisch und glücklich. Gleichzeitig absolviert sie einen heiklen Balanceakt, mit ihren Idealisierungen seine Zuwendung zu kontrollieren und ihren Hunger, ihre Sehnsucht nach Berührung und Verschmelzung nicht übermächtig werden zu lassen.

Sie sagt zwar, daß sie in dieser Beziehung ihre ganze Bedürftigkeit zeigen könne, doch wächst die Angst, als unersättlich zu gelten und deshalb fallengelassen zu werden. Hinter jeder Idealisierung steckt eine vergleichbare Angst vor Entwertung und Vernichtung. Solange Verständigung zwischen beiden Partnern möglich ist, erlebt Laura die Stunden wie einen Rausch. In ihrer Sehnsucht nach einer Atmosphäre präverbaler Harmonie wirkt für sie das viele Reden störend. In der Gestalttherapie gilt Sprache auch nicht als das Hauptmedium, da sie allzu leicht das Erleben und die Gefühle verstellt. Perls spricht abfällig von «mindfucking». In diesem Fall empfindet die Klientin das Reden als Abwehr, sie hofft in liebevollen (mütterlichen?) Blicken ihres Therapeuten heilen zu können. In ihrer Schilderung wird aber auch die Beschämung spürbar über diese Wünsche bzw. das Empfinden der Maßlosigkeit, das im Alltag jede Nähe bedrohlich erscheinen läßt. Wenn diese Wünsche abgewehrt und abgewertet werden, wird sie kaum «ihr Maß», also angemessene Grenzen, finden können.

Nicht sie, sondern ihr Therapeut ist das Zentrum der Therapie und ihres Lebens geworden. Nicht ihr eigenes, als minderwertig und mangelhaft erlebtes Selbst ist Bezugspunkt, sondern das idealisierte, großartige Selbst des Therapeuten. Ihre nicht gelebten Anteile werden an das Gegenüber delegiert und dort kompensatorisch untergebracht. Und wie man ein Bild nicht ohne Nagel an die Wand hängen kann, so braucht auch jede Projektion als Aufhänger ein geeignetes Gegenüber. Laura bewundert *ihre* Vorstellungen von Größe, Glanz und Macht in ihrem Therapeuten. Möglicherweise ist es *sein* Thema, sich als liebenswert und bewunderungswürdig anbieten zu müssen, also zur Idealisierung zu verführen und diese zu brauchen, die Klientin registriert jedenfalls genau seine positiven Reaktionen auf die Äußerungen ihrer Bewunderung.

Zunächst fühlt Laura sich selbst aufgewertet in ihrer Bewunderung für den Therapeuten. Die vielen Qualitäten, die sie in ihm entdeckt, stellen sich ihr in dem Moment allerdings verändert dar, als Gefühle der Wut und Trennung auftauchen. Da diese Klientin all ihre idealen Aspekte ausgelagert hat und nur im Therapeuten sehen kann, wundert es nicht, daß sie Enttäuschung empfindet, zunehmend depressiv und im realen Leben einsam wird. Denn sowohl Entwertung als auch Idealisierung schaffen eine isolierende Distanz und lassen den Kontakt zum anderen unwirklich und bildhaft erscheinen.

Das Gefühl absoluter Harmonie und die Vermeidung von Konflikten können als wesentliche Kennzeichen für narzißtische Kollusionen angesehen werden. Vollkommene Harmonie und Stimmigkeit lassen alles Trennende störend wirken. Wut und Zweifel bekommen für Laura einen bedrohlichen Charakter, der alle Erlösungshoffnungen zu vernichten droht, und sie erlebt die vom Therapeuten gezogenen Grenzen als Weggeschobenwerden, Abwertung und Abwehr. Nun nimmt sie seine Blicke als starr, kontrollierend, durchlöchernd und unangenehm wahr, sie fühlt sich beschämt und in ihren intimen Mitteilungen preisgegeben. Auch empfindet sie seine Deutungen als befremdlich, sie vermutet darin einen Selbstschutz für den Therapeuten. Die indirekte Art des Therapeuten, Forderungen zu stellen, ist für sie ein Verrat und Beziehungsbruch.

Manipulative Funktionalisierung ist nie einseitig. In dieser Fallgeschichte schimmert ein gemeinsames Thema von Klientin und Therapeuten durch: die Angst vor Entwertung und das Bemühen, alles gut und richtig zu machen. Eine Weile wird die Beziehung gegen die Entwertung gemeinsam durch eine Grenze nach außen durch Dritte (Ehefrau) oder gegenüber Dritten (Lauras Freunden) geschützt. Solange der Feind draußen ist, bei den abgewerteten anderen, bleibt die therapeutische Symbiose stabil. Doch sind gerade die trennenden Gefühle und Konflikte wichtige Prüfsteine für die Belastungsfähigkeit einer Beziehung. Die Solidarität gegenüber Dritten, die wie Kumpanei anmutet, vergrößert Lauras Schwierigkeiten im realen Leben und vereitelt die Chance einer geschützten Konfliktaustragung.

Die zu Beginn der Therapie so überbordende Idealisierung meint nicht die konkrete Person des Therapeuten, sondern ist eine Verkörperung der Ideale und Vollkommenheits-Phantasien Lauras. Später erfährt sie sich selbst als funktionales Bestätigungsobjekt und fühlt sich in ihren problematischen ebensowenig wie in ihren idealen Seiten angenommen.

Vermutlich läge für eine Klientin wie Laura eine Lösung darin, sich die Idealisierung, die sie anscheinend nur in der Projektion auf den Therapeuten erleben kann, als ihre eigene Größe und Strahlkraft langsam anzueignen. Sie würde dann frei, ihre Zuneigung wirklich schenken zu können, und wäre nicht so suchtartig darauf angewiesen, daß ein Außenstehender diese verkörpert. Doch braucht es für einen solchen Schritt der Wiederaneignung ihrer delegierten Qualitäten ein klar getrenntes, nicht verwickeltes Gegenüber.

Von außen betrachtet wirkt die Idealisierung, die Laura ihrem Therapeuten entgegenbringt, wie eine existentielle Fragestellung: Werde ich auch als eigenständige Person geliebt, wenn ich ihn nicht mit meiner ganzen emotionalen Kraft bestätige? Das heißt: Gibt es eine Bestätigung ihrer ganzen Person durch den von ihr idealisierten Menschen, ist er unabhängig von ihrer Idealisierung? Das Umkippen der Idealisierung ist im Grunde nicht überraschend, denn die nur im Außen gesuchte Lösung eines inneren Beziehungsdilemmas zwischen Abwertung und idealisierender Überwertigkeit kann auf die Dauer nur mißlingen.

Es ist auch für einen Therapeuten eine äußerst schwierige Situation, derartig mit Erlösungsphantasien und Hingabewünschen überschüttet zu werden, zumal wenn auf seiner Seite auch Gefühle der Sympathie und Anziehung vorhanden sind. Möglicherweise hat der Therapeut bis zum Schluß das, was er ihr gegenüber als gefährlich benennt, zu bannen gesucht – durch Reden, Deutungen und andere Grenzziehungen. Lauras Eindruck ist, daß er alles «richtig» zu machen versucht. Sie spürt den schwierigen Balanceakt zwischen Professionalität und realer Zuneigung. Doch ihre Enttäuschung zeigt, wie verletzbar die hier entbrannten Gefühle sind.

Die Gestalttherapie ist eine humanistische Therapie und Authentizität eine der Grundforderungen, d. h., daß der Mensch im Therapeuten erkennbar ist und dieser nicht nur eine Rolle spielt. Dies bedeutet jedoch eine heikle Gratwanderung und keinesfalls, daß der Therapeut zum Zentrum der Therapie wird.

ANNAS GESCHICHTE: EINE VATER-TOCHTER-WUNDE

Anna ist ca. 45 Jahre alt und arbeitet als Tagesmutter. Früher war sie Wissenschaftliche Mitarbeiterin. Sie hat wegen ihrer Selbstwertzweifel und Beziehungsprobleme eine psychoanalytische Therapie gesucht.

«Meine augenblicklichen Gefühle sind Haß und Rache, und ich habe mich entschlossen, gegen meinen früheren Therapeuten zu klagen. Ich habe lange gehofft, daß alles noch zum guten Ende führt. Zuerst waren nach dem Bruch Zeiten großer innerer Unruhe, wo ich ständig auf ein Zeichen wartete, bei jedem Telefonläuten zusammenzuckte und nachts vom scheinbar klingelnden Telefon aufwachte. Das Telefon spielte in unserer Beziehung eine besondere Rolle, denn er hat mich sehr oft angerufen. Schon nach unserem ersten Termin, bei dem ich kein klares Gefühl für ihn hatte und mir Bedenkzeit ausbat, rief er mich nach einer Woche an und sagte, daß ich mich entscheiden müßte, weil er andernfalls den Termin an jemand anderen gäbe. Ich konnte schwer ‹nein› sagen, das will ich oder nicht, ich hatte Angst, wenn ich nicht sofort zusage, ist der Platz weg, und ich stehe wieder ganz ohne Hilfe da.

Als nach einer sehr dramatischen Stunde an einem Freitag, wo ich völlig aufgelöst gegangen war, am Samstag abend das Telefon klingelte, war ich mehr als überrascht, aber auch erfreut und verwirrt, daß dies mein Analytiker war, der sich nach meinem Befinden erkundigte. Die Situation war auch irgendwie peinlich, weil ich am Samstag abend zu Hause war. Es waren diese Fragen nach meiner Befindlichkeit, die einen offiziellen Anschein erweckten. Später fühlte ich mich regelrecht kontrolliert, zumal er nicht wollte, daß ich anrufe, auch nicht in der Praxis.

Ich war sehr angetan von seiner Klugheit und davon, wie er Zusammenhänge herstellen konnte zwischen kompliziertesten Sachverhalten, das hat mich sehr angesprochen. Später gab er mir dann Fachzeitschriften und Texte – auch Artikel von sich –, die ich lesen sollte und die er mit mir besprechen wollte. Ich fühlte mich natürlich sehr geehrt und aufgewertet und genoß eine Zeitlang unsere Fachgespräche, die klar abgetrennt nach Stundenende, zunächst meist am Freitagabend, stattfanden. Später erfuhr ich von anderen, daß er so seine Fortbildungsseminare vorbereitete.

Ich war auf eigenartige Weise berührt von dieser merkwürdigen Ausstrahlung, dieser Gleichzeitigkeit von Herrschergeste, Hilflosigkeit und Charme. Zum Beispiel traf ich ihn einmal im Supermarkt, als ich vor meiner Therapiestunde noch Wasser holte. Er war ohne Geld losgegangen und bat mich, seine Schokolade mit zu bezahlen, was ich natürlich gerne tat. Er hat mir das Geld nie zurückgegeben.

Ich hatte damals sehr wenig Vertrauen in mich und meine Fähigkeiten und wurde in der Regel gleich skeptisch, wenn mich jemand bestätigte, dachte, da stimmt doch was nicht. Ich glaubte eher Leuten und zog wohl auch solche an, die mich schwierig und kompliziert fanden. Und irgendwie paßt das natürlich ins Bild: Ich war Dozentin und sehr belesen, aber mit diesem schlechten Selbstgefühl. Ich fühlte mich durch sein Interesse an meiner Meinung aufgewertet, auch wenn ich diese Gleichzeitigkeit mit der Therapie manchmal schwierig fand. Zumal er auch in den Therapiestunden immer häufiger von seinen eigenen Erfahrungen oder Problemen erzählte. Er brauchte mich, meine Sensibilität und Klugheit für seine Anerkennung. Gleichzeitig gab er mir durchweg zu verstehen, daß er den Durchblick hat, daß ich ja zu ihm um Hilfe gekommen sei, daß es um meine Therapie gehe.

Als ich ihm von meinen sexuellen Schwierigkeiten erzählte, meinte er, daß man Orgasmusfähigkeit lernen könne. Wir hatten anfangs das Setting besprochen, und er hatte betont, daß er stets sehr bemüht sei, möglichst nicht unbewußt zu agieren. Das tat er ja auch nicht, seine Angebote waren alle ganz klar und bewußt gemacht, um mir zu helfen, und ich hätte ja auch nein sagen können. Aber genau das konnte ich irgendwie nicht. Ich war abhängig von der Art seiner Bestätigung und trotz aller Scham und Unsicherheit komischerweise voller Vertrauen, daß er weiß, was er tut. Irgendwie kam es mir sogar progressiv vor. Obwohl ich auch von Anfang an das Gefühl hatte, hier findet etwas Merkwürdiges statt, ging es mir die ganze Zeit über relativ gut. Unsere Termine waren das Zentrum meiner Gefühle, Gedanken, Aktivitäten. Ich las für ihn, träumte für ihn und erfüllte meine Aufgaben nach besten Möglichkeiten. Alles strukturierte sich auf diese Stunden hin.

Ich ging zweimal die Woche zu ihm und hatte jeweils die letzte Stunde. Wir haben dann zwei Jahre lang eine Mischung aus Arbeits-, Therapie- und Intimbeziehung gelebt, fein säuberlich getrennt in verschiedenen Räumen und jeweils auf zwei Stunden beschränkt. Nein, es war absolut nicht gleichberechtigt, er bestimmte den Rahmen, die Zeit und die Inhalte unserer Treffen. Daß ich bezahlte, empfand ich fast wie eine Entlastung, um mir die formale Berechtigung zu erhalten. Ich sprach auch mit niemandem darüber, ich war unfähig dazu und auch viel zu verunsichert, denn ich vermutete, andere hätten die Hände über dem Kopf zusammengeschlagen. Mein übriges Leben war relativ bedeutungslos geworden. Ich hatte kaum noch andere Kontakte und war absolut fixiert auf diese Begegnung. Wenn jemand anders anrief, hatte ich das Gefühl, das Gespräch kommt von einem anderen Planeten, alle waren mir sehr fremd geworden, schrecklich normal und langweilig. Alles andere interessierte mich kaum noch. Und dann erfuhr ich, daß ich offensichtlich nicht die einzige war. Das, was meinem Leben Sinn gegeben hatte, war offensichtlich ein mehr oder weniger geübtes Therapie-Muster!

Ich bin in ein furchtbares Verrats- und Einsamkeitsloch gefallen, hatte tagelang nur das Bedürfnis, im Bett zu bleiben und nicht aufzustehen, kam mir irgendwie verloren vor, von der Welt vergessen und verraten. Ich konnte mich kaum bewegen, hatte Gefühle, am lebendigen Leib tot zu sein, gelähmt, beraubt, ausgebeutet, in meinem Vertrauen zutiefst enttäuscht.»

Auch Anna spricht nicht direkt von Mißbrauch, sondern von Verrat, Rache, Haß, enttäuschtem Vertrauen, Beraubt- und Ausgebeutetwerden. Obwohl sie in diesem bizarren Szenario – von dem sie wahrscheinlich zu Recht vermutet, daß Außenstehende die Hände über dem Kopf zusammenschlagen würden – offenbar bis zum Schluß bewußt und wissend mitspielt, erwägt sie eine Klage gegen den Therapeuten. Sie hat alle Merkwürdigkeiten dieser Therapie mitgemacht und umgedeutet – wohl aus dem Wunsch heraus, daß darin sich die Besonderheit der Beziehung und etwas Eigenes, Individuelles, Besonderes ausdrücken. In diesem Wunsch, den sie möglicherweise nicht einmal explizit geäußert hat, fühlt sie sich nun mißbraucht und schrecklich hinters Licht geführt.

Es wirkt auf den ersten Blick völlig unverständlich, daß eine kluge Frau sich in dieser Weise vereinnahmen läßt und unterwirft. Auch ist dieses Beispiel in jeglicher Hinsicht als untypisch für eine psychoanalytische Therapie anzusehen. Von der fast kurios anmutenden Supermarktszene, wo sie ihm Schokolade kauft (dies ist wohl auch für den analytisch nicht geschulten Leser voller Symbolik!), bis hin zum Lernprogramm für Orgasmusfähigkeit widerspricht fast alles in der Erzählung Annas dem, was unter einer psychoanalytisch orientierten Therapie zu verstehen ist. Handelt es sich überhaupt um ein solches Verfahren? In der Psychoanalyse geht es darum, Erleben und Verhaltensweisen des Patienten aus seinen unbewußten Impulsen heraus und in der konkreten Situation zu verstehen, keineswegs darum, Bedürfnisse zu befriedigen oder Konversation zu betreiben, wo der Analytiker von sich plaudert.

Die Geschichte beginnt bereits mit zwei unüblichen Situationen. Anna hatte sich im Erstgespräch eine Bedenkzeit ausgebeten. Üblich wäre die Vereinbarung einer bestimmten Entscheidungsfrist, die sie und ihr Therapeut offensichtlich nicht getroffen haben. Der private Anruf gleicht einem Überrumpelungsmanöver, und die Angst, den möglichen Therapieplatz nicht zu bekommen, verunsichert Anna. Sie entscheidet sich dennoch für die Therapie.

Auch daß ihr Therapeut sie am Samstag abend anruft, weil die vorangegangene Stunde so dramatisch verlief, ist unüblich. Der Analytiker dringt so in ihre Privatsphäre ein und überschreitet trotz vermeintlich therapeutischen Interesses den gesetzten therapeutischen Rahmen. Anna reagiert auf diese Grenzaufweichung überrascht, peinlich und verwirrt, sie fühlt sich kontrolliert und ist beschämt, daß sie zu Hause erreichbar ist. Sie deutet an, auch etwas Zweideutiges in dem offiziellen Anschein seiner Fragen wahrgenommen zu haben.

Merkwürdigerweise gibt es hier einen Bruch in der Erzählung Annas: Ihre Zweifel und die von ihr registrierten Zweideutigkeiten sind schnell vom Tisch, statt dessen spricht sie nun von seiner Klugheit, seinen Fähigkeiten und davon, daß sie sich durch die Fachgespräche aufgewertet erlebt. Möglicherweise fühlt sich Anna gerade von den Widersprüchlichkeiten des Therapeuten angezogen, denn wenig später beschreibt sie, wie diese Gleichzeitigkeit von Herrschergeste und Hilflosigkeit sie berührt. Fast scheint es so, als ob sie ihre eigenen Ambivalenzen und Widersprüche entlastend in ihm gespiegelt sieht.

Trotz ihres beruflichen Erfolgs hat sie ein ausgesprochen geringes Selbstwertgefühl und wenig Vertrauen in ihre Fähigkeiten, sie ist eher skeptisch, wenn jemand sie bestätigt. Da sie ihre eigenen Qualitäten nicht annehmen kann, fühlt sie sich von der Klugheit ihres Therapeuten angetan, durch seine Gesprächsangebote aufgewertet. Dieser Therapeut muß etwas ausgestrahlt haben, das ihre Sehnsucht nach Außergewöhnlichkeit anspricht und ihr einen Aufhänger für Idealisierung und Unterwerfung bietet.

Sie bleibt in der Therapie, obwohl sie den Rollentausch registriert, bemerkt, daß er zunehmend von sich erzählt und er sie, ihre Sensibilität und ihre Klugheit für seine Anerkennung braucht. Aufgrund ihrer geringen Selbstachtung fühlt sie sich durch diese Funktion, ihn zu bestätigen, aufgewertet und anerkannt. Und natürlich liegt darin in gewisser Weise ihre Macht, selbst wenn er seinen Experten- und Machtanspruch dagegenstellt und sie offiziell in die Rolle der Hilfesuchenden und Zahlenden verweist.

Es ist offensichtlich ein ähnliches Thema wie bei Laura, das sich hier auf merkwürdig verschlungenen Pfaden inszeniert. Anna unterwirft sich dem vom Therapeuten bestimmten Setting, einer arrangierten Mischung aus Arbeits-, Therapie- und Intimbeziehung, für die es aus der Frühzeit der Psychoanalyse ein bekanntes Beispiel gibt: die Beziehung zwischen C. G. Jung und Sabina Spielrein. Anna findet diese Art der Grenzüberschreitung sogar progressiv. Besonders merkwürdig wirkt in diesem aufgeweichten Kontext die rigide Festlegung von Zeit und Ort der Treffen. Anna erzählt sehr nüchtern, daß die den therapeutischen Rahmen überschreitenden Handlungen bewußt geplant sind – was in einem eigenartigen Kontrast zu der phantasierten Besonderheit der Beziehung steht. Obwohl sie die ganze Inszenierung durchschaut und sich als abhängig erlebt, geht es ihr gut, und sie macht diese Beziehung zum Zentrum ihres Lebens.

Was in dieser Geschichte extrem anmutet, ist durchaus gesellschaftlich akzeptiert. Vatertöchter bleiben selbst als erfolgreiche Frauen in töchterlicher Anspruchslosigkeit an frühe Beziehungsmuster gebunden. Doch es besteht ein Zusammenhang zwischen Selbstverkleinerung und geheimen Größenphantasien. Mit den eigenen Leistungen und Fähigkeiten im Hintergrund zu bleiben bietet quasi einen Schonraum, um in der Phantasie an den unbegrenzten Möglichkeiten festzuhalten oder diese identifikatorisch im Mann auszuleben. Die eigenen Grenzen als innere und äußere bewußt zu erleben paßt nicht in die tradierte Vorstellung von Weiblichkeit, nämlich für andere dazusein und im Hintergrund emotional und unterstützend zu wirken.

Worum geht es bei diesen Inszenierungen? Das Alltagsleben von Anna erscheint ihr bedeutungslos und langweilig geworden, das reale Leben ausgetrocknet und sinnentleert. Die privaten Anrufe des Therapeuten, die Supermarktszene, das Orgasmusprogramm, das Aufweichen des Settings und der Rollentausch – also alles, was als problematisch empfunden werden oder bedenklich stimmen könnte, wird von ihr dem Besonderen, Außergewöhnlichen zugeordnet. Ihre Isolation und der Geheimnischarakter des Geschehens – sie spricht mit niemandem darüber – verstärken diese Wertung, aber auch ihre Abhängigkeit.

Diese Situation muß in irgendeiner Form ein inneres Bild bestätigen, für das sie viel zu zahlen bereit ist, und zwar nicht nur das Honorar, sondern auch mit ihrer Zuarbeit und mit ihrer sozialen Isolation. Bezeichnenderweise löst nicht die völlig entfremdete Therapiesituation ihren Zusammenbruch aus, sondern die Tatsache, daß sie nicht die einzige ist, mit der der Therapeut so verfährt. Die phantasierte Einzigartigkeit bricht zusammen, das Besondere wird plötzlich das Gewöhnliche. Die Illusion zerplatzt wie eine Seifenblase. Ihr Glaube, daß sie erwählt und gemeint sei, wird erschüttert und damit der Allmachtsglaube, etwas Besonderes zu sein. Diese Sehnsucht nach dem Außergewöhnlichen ist therapeutisch nicht bearbeitet, sondern durch die Inszenierung mit ihrem Einverständnis verschlimmert worden. Es bleibt ein seelischer Scherbenhaufen.

Das Umkippen von Idealen in ihr Gegenteil, in die Entwertung, ist in polaren Beziehungsstrukturen angelegt. Anna hat die Grenzziehung an den Therapeuten abgegeben und fühlt sich trotz aller Doppelbödigkeit der Inszenierungen dem tristen Alltag enthoben. Ihre Unfähigkeit, sich selbst in der Situation abzugrenzen und nein zu sagen – was in therapeutischen Situationen geübt werden könnte –, wird nun zu einem generellen Nein, zu Lebensverweigerung, Haß und Rache. Zurück bleibt eine Frau, die ihrer Ideale beraubt und in ihrem Selbstwertgefühl abermals verletzt wurde.

Daß es Anna trotz ihrer zunehmenden Realitätsentfremdung zunächst besser geht, mag auf den ersten Blick wie ein Erfolg aussehen. Vermutlich zeigt sich hier eine tiefe Vater-Tochter-Wunde, die die Therapie zu lösen scheint. Doch stellt sich so eine paradoxe, chronifizierende Wirkung ein, die Suchtstrukturen schafft und den Alltag unverändert läßt. Eine Therapie kann auf Dauer keine Oase sein, die vor der schlechten, konflikthaften Welt da draußen schützt.

VERAS GESCHICHTE: WOMIT ZAHLT MAN, WENN MAN NICHT ZAHLT?

Veras Geschichte berührt eine ähnliche Thematik wie die Annas:

«Ich war damals Anfang 20 und Studentin. Ich habe Therapie nicht gesucht, es hat sich einfach so ergeben durch eine bestimmte Konstellation. Dieser Psychologe – ein Freund meiner Eltern – kennt mich, seit ich auf der Welt bin. Er war ca. 50 Jahre alt, gehörte also zur Generation meiner Eltern, wirkte aber jünger – wie die meisten Psychologen.

Er war schon immer eine zentrale Persönlichkeit, so wie ein Beichtvater. Wir hatten Gespräche, die für mich total zentral waren, einfach die Tatsache, daß er da ist, war für mich zentral. Und so hat sich dann alles verflochten zu einem näheren Kontakt, den man als therapeutischen Kontakt bezeichnen könnte. Mit meinen Eltern gab's viel Krach zu Hause, und es war eine Selbstverständlichkeit, daß ich zu ihm kommen kann. Da war totales Vertrauen, was mich so hingezogen hat, also mehr als zu irgendeinem anderen Menschen.

Ja, bis zum Schluß hatte ich noch dieses Gefühl, scheinbar akzeptiert oder respektiert zu sein, was ich jetzt irgendwie als einen Betrug empfinde, also wie einen Scheinhandel, weil er sich in dem Moment, wo es brenzlig wurde, einfach aus der Affäre gezogen hat. Nach meinem Abitur hatten wir so eineinhalb Jahre gar keinen Kontakt. Das war dann auch die Zeit, wo es eben so kompliziert wurde, also wo ich mich verliebt habe, wenn ich's nicht schon vorher war. Ich habe ihm gesagt, ich bin verliebt und habe Ansprüche angemeldet, also sagen wir besser, ich hab das Verliebtsein zur Konfrontation gebracht, weil es für mich nicht mehr tragbar war, und das war natürlich ein Anspruch an ihn. Na ja, was heißt Forderungen gestellt? Ich denke, er hat es als Forderung empfunden in dem Moment. Wenn ich sage, ich bin verliebt, muß er eine Verantwortung übernehmen, die er vorher nicht übernehmen mußte. Er konnte einfach sagen, die bewundert mich und bestätigt mir, wie toll ich bin. Mein sonstiger frustrierender Alltag ist eh

Scheiße. Es ist ganz klar: Da hat er mich gebraucht oder benutzt, ja ausgenutzt in gewisser Weise.

Vorher habe ich ihn einfach bewundert und ihm auch zur Genüge gesagt, daß er der beste Psychologe der Welt sei und so fort, ich war da nicht sehr sparsam. Ich bin sonst eigentlich immer sehr sparsam mit Komplimenten. Ich habe das nicht bewußt gemacht, aber ich hatte ein Gespür dafür, wie ich ihn halten kann, und er hat das gebraucht, sagt er selbst auch im nachhinein.

Unser letztes Gespräch zog sich über Stunden hin. Er hatte auch sonst keine Grenzen gesetzt, er hatte mich immer kommen und gehen lassen bis zu diesem Punkt, als es eben zuviel wurde. Da kam die Grenze sehr abrupt, und er hat mich im Grunde vor die Tür gesetzt.

Ich habe nie damit gerechnet, daß er den Kontakt abbricht bzw. mir das nahelegt. So war es dann letztlich. Das kam für mich aus heiterem Himmel. Für mich war irgendwie klar, daß er sich weiter darum kümmert.

Wenn mir der Kontakt nicht guttue, dann müsse ich ihn abbrechen, sagte er, und ich fand es fast bewundernswert, daß er sich immer noch um mich Gedanken machte! Also, im nachhinein kommt es mir völlig absurd vor, daß er sagte, es sei natürlich das beste für *mich*.

Zwar habe ich auch jetzt noch das Gefühl, daß ich meinen Teil dazu beigetragen hab, ich hab die Situation wirklich bewußt provoziert und wollte das auf die Spitze treiben. Das einzige, was ich halt nicht mit einberechnet hatte, war, daß er sagen könnte: Ich kümmere mich nicht mehr um dich, das ist nicht mein Verantwortungsbereich. In dieser Geschichte geht es um ein zentrales Lebensthema von mir, es betrifft alle meine Beziehungen und sogar auch die Geschichte meiner Mutter. Da ging es auch jahrelang um eine ‹Beziehung› zu einem Priester, so eine Art Vater-Tochter-Beziehung, vielleicht auch ein Abhängigkeitsverhältnis, in jedem Fall Verliebtsein ohne Sex. Ich habe das erst sehr spät erfahren. Als ich mir einmal zufällig ein Buch kaufte: ‹Unheilige Ehen› von Uta Ranke-Heinemann, war meine Mutter ganz erschreckt. Ich wußte selber nicht, warum ich das tat, sonst habe ich nie Bücher gekauft. Erst sehr viel später hat sie mir erzählt, wieso sie so erschrokken ist, als die Geschichte mit ‹meinem› Psychologen längst lief. Da hatte ich plötzlich das Gefühl, daß ich die Geschichte meiner Mutter nachspiele.

Also das ist einfach so eine Dummheit, psychologisch so wahnwitzig, daß er nicht mal auf die Idee kam, ich könnte mich verlieben. Er hat später gesagt, daß er sich nie darüber Gedanken gemacht hat, weil es für ihn ein Vater-Tochter-Verhältnis war und er mich so lange kannte. Doch auch Töchter verlieben sich in ihre Väter, das ist überhaupt kein Grund. Es ist mir unbegreiflich. Jeder Psychologe, der mit einer Klientin zu tun hat, muß doch damit rechnen, das weiß doch jeder! Eigentlich hätte ich nicht mit so einer Selbstverständlichkeit annehmen sollen, daß es eine Therapie ist, ich hab ihm kein Geld gegeben, es war ja völlig unklar und unberechenbar.

Die zentrale Frage hat sehr viel mit totalem Vertrauen zu tun, was dann einfach fallengelassen wird. Daß jemand so eine Verantwortung übernimmt oder ein Versprechen macht, dieses aber nicht einlöst. Er nimmt die Verantwortung nur so lange, wie es für ihn bequem ist, wie er was davon hat. Ich glaube übrigens, daß er mich sehr attraktiv fand, daß die sexuelle Anziehung nicht nur von meiner Seite da war.

Ich wußte eben nicht, was ich eigentlich wiederholte. Wie ein Verrat kam es mir vor, daß sich jemand in dem Moment zurückzieht, wo ich ihn brauche. Ich bin davon ausgegangen, daß er mit mir darüber arbeiten würde, also diese Abhängigkeit bearbeiten, denn ich hab es als Abhängigkeit empfunden und sie als ungeheuer belastend erlebt. Ich wußte, daß dieses nur eine Übergangsphase sein könne, wie sie in jeder Therapie eben möglicherweise zum Vorschein kommt. Dadurch, daß sich der Therapeut zurückzieht, kann man solche Abhängigkeit nicht bearbeiten.

Dadurch hat er eine totale Abhängigkeit erst geschaffen, im nachhinein sogar noch durch seine Abwesenheit. Ich glaube, daß unklare Situationen abhängig machen, weil noch irgendwas zu klären wäre, weil dir jemand nahekommt und sich wieder entzieht, also das macht einen Suchtcharakter. Das gibt es in vielen Beziehungen. Also, ich habe viele solcher Beziehungen gehabt, wo man sich vertraut, entzieht, vertraut, entzieht.

Meine Eltern wußten davon gar nichts – also von den Gesprächen schon. Er ist ein Freund meines Vaters, letzten Endes mußte er sich deshalb auch mit meinem Vater solidarisieren. Sie sind sich so unglaublich ähnlich.»

Die Art, in der Vera erzählt, ist von Verletztheit, Fassungslosigkeit und Empörung geprägt. Der Mensch, den sie lange Jahre als zentral für ihr Leben empfunden hat, zieht sich in dem Moment zurück, in dem sie ihn mit einer Liebeserklärung konfrontiert. Sie hat plötzlich das Gefühl von Scheinhandel und Betrug, sie fühlt sich von ihm gebraucht und benutzt, in gewisser Weise ausgenutzt.

Auch hier fällt das Wort Mißbrauch nicht, statt dessen spricht Vera von Verrat und nicht eingelösten Versprechungen. Mit Mißbrauch assoziiert sie eine von ihr als suchtartig beschriebene Bindung an den Psychologen bzw. den Umstand, daß dieser so lange «mitspielt», wie es für ihn bequem ist und sie ihn als idealen Psychologen verehrt. Sie fühlt sich in dieser Rolle funktionalisiert, da er sich in dem Moment zurückzieht, als sie ihn mit Liebesgefühlen und Forderungen konfrontiert und die nun als belastend empfundene Abhängigkeit thematisieren und bearbeiten möchte. Sie meint, daß der Psychologe gerade durch seinen Rückzug ihre Abhängigkeit noch verstärkt hat.

Ihre Beschreibung zeigt von Anbeginn an konfliktträchtige Vermischungen von Ebenen und Beziehungen. Der Therapeut ist ein Freund ihrer Eltern. Von daher war der Kontakt zwischen Vera und ihm nicht auf eine Therapiebeziehung hin angelegt. Sie sagt, daß sich die Situation dahin entwickelt habe. Auch schildert sie ihren Eindruck, in dieser Konstellation eine familiäre Mitgift neu zu inszenieren und eine ungelöste Geschichte ihrer Mutter fortzusetzen.

Für Vera ist der Psychologe die wichtigste Person in ihrem Leben, an den sie sich mit ihren Nöten und familiären Konflikten wenden kann. Offenbar fühlt sie sich sehr angenommen von ihm. Ihre Ge-

genleistungen für seine grenzenlose Verfügbarkeit bestehen in superlativen Komplimenten und der Bestätigung seiner Person.

In Veras Wahrnehmung hat der Psychologe ihre Bewunderung gebraucht und benutzt, um sein Selbstwertgefühl zu stabilisieren und seinen grauen Alltag aufzuhellen. Vera hat dieses (von ihr ‹unbewußt› genannte) Arrangement klar durchschaut. Sie war sich ihrer Macht durchaus bewußt und hatte ein Gespür dafür, wie sie ihn halten kann. Daß er die Beziehung abbricht, macht sie fassungslos. Diese Reaktion kommt für sie so unerwartet, daß sie sich durch seinen Rückzug um so stärker gebunden fühlt – trotz oder gerade wegen seiner Abwesenheit.

Meist werden in narzißtischen Beziehungskonstellationen die Wut und das Trennende zum Problem. Hier scheint es zunächst anders: Der Beziehungsabbruch passiert in dem Moment, in dem sie ihn mit ihrer Verliebtheit konfrontiert, Verantwortung fordert, Ansprüche anmeldet. Ihre Wortwahl verrät allerdings einen aggressiven Unterton und daß es um noch etwas anderes geht als um Verliebtheit oder Gefühlsduselei. Sie fordert eine Stellungnahme, ein Gegenüber, sie möchte Klarheit über diese für sie so wichtige Beziehung. In einem Atemzug zu sagen «Ich habe mich verliebt und ihn konfrontiert» klingt wie eine Kampfansage, eine Herausforderung. Es ist, als ob sie eine Grenzziehung sucht.

Sie versucht es mit Verliebtheit und mit Herausforderung, doch ihr Gegenüber zieht sich zurück. Sie findet es wahnwitzig, daß er als Psychologe nicht einmal auf die Idee kam, daß sie sich in ihn verlieben könnte. Man mag sich fragen, warum Vera es auf Konfrontation anlegt, warum sie diese Situation provoziert und es auf die Spitze treiben will? Wenn ihre zentrale Lebensfrage die nach Vertrauen und Gehaltenwerden ist, scheint es verständlich, daß sie die Tragfähigkeit dieser bedeutsamen Beziehung testen will. Zumal sie befürchtet, auf ein altes Muster zu treffen, das Pendeln zwischen Vertrauen und Rückzug. Sie legt es trotz ihrer Verliebtheit offenbar nicht auf eine Liebesbeziehung zu ihm an, sondern will ihre Abhängigkeit therapeutisch mit ihm bearbeiten. Der Umweg über die

Konfrontation hat etwas Verwirrendes und scheint zunächst unverständlich. Warum fragt sie nicht direkt nach einem therapeutischen Rahmen und klaren Bedingungen, die ihr Sicherheit geben könnten? Eine Absprache über ein therapeutisches Arbeitsbündnis, über Zeiten, Ziele oder Wünsche, Honorar und gegenseitige Erwartungen gäbe beiden Seiten Sicherheit. Doch sind so viel organisatorische Überlegung und sachliche Distanz wohl kaum von einer zwanzigjährigen Frau in einer derart verwickelten Abhängigkeitssituation zu erwarten. Wenn sie ihn bislang mit Komplimenten an sich binden konnte, ist ihre Erwartung nachvollziehbar, ihn mit Verliebtheitsgefühlen zu einer konfrontativen therapeutischen Arbeit gewinnen zu können.

Die ambivalente Inszenierung von Nähewünschen (Verliebtheit) und Ansprüchen auf Grenzziehung («da muß er Verantwortung übernehmen» – wofür eigentlich genau?) ist Ausdruck einer unklaren, von Vera als unberechenbar empfundenen Situation. Die Verknüpfung von Therapie mit der eigenen Familiengeschichte schafft weitere Konfusionen und Loyalitätskonflikte. Solange sie kein Honorar zahlt und jederzeit kommen kann, kann sie auch jederzeit fallengelassen werden. Vera sagt selbst, sie hätte nicht mit so großer Selbstverständlichkeit davon ausgehen können, daß es sich um eine Therapie handelt.

Im Laufe von Veras Erzählung definiert sie die anfängliche Beichtvaterbeziehung insgeheim zu einer therapeutischen Beziehung um und schließlich zu einer väterlichen Übertragungs-Liebesbeziehung. Dazwischen aber gibt es einen erheblichen Unterschied, und der wird hier zum Konflikt.

WENN THERAPEUTISCHE VERFAHRENSWEISEN ALS MISSBRAUCH ERLEBT WERDEN

Es ist wichtig, sich von der Vorstellung zu verabschieden, daß sich allgemeingültig definieren läßt, was Mißbrauch in Therapien ist. Ferner scheint mir unzulässig, Mißbrauch nur mit einigen, sozusagen prädisponierten Verfahren in Verbindung zu bringen. Stets ist die konkrete Beziehungserfahrung entscheidend dafür, ob etwas als Mißbrauch erlebt wird. Mißbrauch stellt sich in der Interaktion zwischen Personen her und kann subtile Formen annehmen. So etwas kann in einem ungeklärten Setting strukturell angelegt sein oder sich als Definitionsanmaßung in pathologisierenden Diagnosestellungen äußern. Berührungen in Therapien können sehr verschiedene Qualitäten haben und vor dem Hintergrund verschiedener Biographien unterschiedlich erlebt werden. Unsicherheiten, Zweideutigkeiten und Peinlichkeiten im Beziehungserleben, die nicht thematisiert werden, können Gefühle des Funktionalisiertseins auslösen. Das gilt auch, wenn trennende oder unliebsame Gefühle vermieden oder «weggedeutet» werden bzw. wenn Zustände von großer Harmonie und Verschmelzung zur Tagesordnung gehören. Doch es ist nicht so, daß eine Äußerung oder eine Verhaltensweise für sich genommen konstitutiv ist für die Erfahrung von Mißbrauch. Wenn eine ehrliche Verständigung möglich ist, können auch «Fehler» und Ungereimtheiten zu konstruktiven Einsichten führen. Entsteht jedoch ein starkes Gefühl der Funktionalisierung und des Mißbrauchtwerdens, sind diese Verständigungsmöglichkeiten nicht oder nicht mehr gegeben. Der Vorwurf des Mißbrauchs steht oftmals für einen früh enttäuschten, entglittenen oder beendeten Dialog.

MARIAS GESCHICHTE: SEXUALISIERENDE BERÜHRUNGEN

Maria ist 36 Jahre alt und hat seit einiger Zeit ihr Medizinstudium abgeschlossen. In dem hier erzählten Beispiel beschreibt sie eine Mischung von Analytischer Therapie und spirituell ausgerichteter Körpertherapie.

«Ich hatte gerade eine psychoanalytische Therapie beendet, eher abgebrochen, weil ich das Gefühl hatte, das bringt überhaupt nichts, ich fall nur in noch tiefere Abgründe. Ich war damals in einer völligen Verzweiflung, weinte den ganzen Tag, mein Leben bestand nur aus Tränen und Trauer und Schwere und immer depressiveren Gedanken. Eine Freundin empfahl mir, mich an Johannes zu wenden (dies ist der Therapeut, um den es in diesem Fall geht). Er würde so anders arbeiten und hätte schon vielen Frauen aus tiefen Krisen geholfen. Dieser Therapeut sagte mir dann, er wolle nicht meine Regression und mich nicht ans Händchen nehmen. Er wolle sich nicht von mir einwickeln lassen und müsse alle Kraft einsetzen, um für sich klarzubleiben, er empfände mich als sehr mächtig. In mir löste das sehr widersprüchliche Gefühle aus: Ich darf nicht so sein, wie ich bin, also was soll's? Ich bin mächtig? Lächerlich! Gleichzeitig aber auch: Er bietet mir Widerstand, durchschaut, daß die Verzweiflung nur eine Seite ist. Das war es wohl: klein sein dürfen, ohne darauf festgenagelt zu werden und Stärke zu provozieren, denn in jeder negativen Energie steckt ja ein Umkehrpotential. Ich wollte so sein dürfen mit meinem inneren Chaos, meinem Haß, meiner Liebe, Angst und Verzweiflung und wünschte mir, daß jemand das aushält.

Er sagte, meine weibliche Seite sei seit langem zu kurz gekommen und ich hätte mich wohl zu lange über den Kopf definiert. Ich solle mir ganz bewußt Schwangere anschauen, welche Ausstrahlung und Weiblichkeit von denen ausgehe!

Er meinte dann mit Blick auf meine hochgezogenen Schultern, ich sei in meinem Becken gar nicht zu Hause, und ich solle doch den Kopf auf den Tisch legen und die Beine fest am Boden halten. Er nahm mein Becken in seine Hände, und ich sollte in seine Hände hineinatmen. Dies tat ich eine lange Zeit und empfand wirklich so etwas wie Geborgenheit, Sicherheit, Zuwendung. Als seine Hand langsam Richtung Busen wanderte, entstand in mir Verwirrung und starke sexuelle Erregung. Was sollte ich tun, wenn er meine Brust berührt? Gehört das zur Therapie? Darf ich dies erlauben? Aber auch: Hoffentlich tut er es! Und gleichzeitig spürte ich in mir so ein trauriges Ergriffensein von so viel Zuwendung und Zärtlichkeit. Je näher seine Hand meinem Busen kam, desto stärker spürte ich meinen Wunsch nach Berührung und gleichzeitig die Angst: Wie komme ich aus dieser Situation mit offenen Augen wieder heraus? Der Übergang war dann zwar etwas merkwürdig, wie eine geheime Übereinkunft, das, was gewesen war, nicht als solches zu sehen. Aber in mir nagte fortan ein suchtartiges Verlangen nach diesen Berührungen.

Verzweiflung war hier nicht gewünscht. Also brachte ich mich vor jeder Stunde in Höchstform, um alle derartigen Gefühle zu zerstreuen. Ich ging schwimmen, tanzte stundenlang und hatte dennoch vor jeder Stunde Angst, daß ich zuwenig Strahlendes hätte, ihn nicht fesseln können würde, seinen Blicken nicht genüge. Angst auch, daß ich mir dann seinen Blick zu sehr zu eigen mache und mich selbst abwerte. Ich sah mich förmlich nur noch mit seinen Augen. Wenn meine dunkle Seite in Träumen oder auch in der Stunde hochkam, sagte er, daß meine negative Mutter noch viel Macht über mich hätte. Meine Ängste vor neuen Situationen, vor Entscheidungen, vor Brüchen wären die Ängste meiner Mutter, die ich nur austrage und entsprechend abgeben könne.

Wenn er mein Becken hielt und in mich hineinhorchte, sagte er mehrfach, daß mit meinem Becken etwas gewesen sein muß, daß er mich da als ganz taub erlebe, und fragte, ob ich als Kind sexuell mißbraucht worden sei. Er insistierte immer wieder, daß da etwas gewesen sein müsse, er würde es über seine Hände spüren. Ich sollte mich auf mein Becken konzentrieren und mich zu erinnern versuchen. Ich konnte nichts Derartiges entdecken, suchte aber in meinen Erinnerungen nach

Spuren, die dahin führen könnten. Ich hatte auch gelesen, daß Mißbrauchsopfer häufig nichts erinnern. Es war in der Zeit, als alle irgendwie über sexuellen Mißbrauch nachdachten, und ich hatte etliche Schwierigkeiten, die man für typisch hielt.

Jedenfalls sollte mein Becken heilen, und er sagte, was immer mein Geheimnis wäre, ich solle es schützen und nur dem Eingeweihten preisgeben. Das klang wie Balsam in meinen Ohren. Auch sollte ich endgültig Schluß machen mit meinen lockeren Männergeschichten, nur dann könne der Richtige für mich kommen. Teils belustigt, teils berührt, nahm ich doch jedes seiner Worte als sehr bedeutsam.

Zwischendurch hatte ich Angst, daß ich mir mit meinen Wünschen nach therapeutischer Arbeit bei ihm etwas vormache, daß ich diese Person verkläre. Alle Gedanken drehten sich um ihn. Ich hatte in den Stunden das Gefühl, daß er mir zunehmend weniger zuhören konnte, daß es primär um ihn und meine Wahrnehmung von ihm ging, die dann je nach Situation von ihm für mich gedeutet wurde. Trotzdem klammerte ich mich suchtartig an seine Aussagen über mich und an die realen Berührungen, denn diese hatten letztendlich für mich einen viel größeren Stellenwert. Dieses Berührtwerden war immer zweierlei, zwischen Halten und Erregen, vor allem, wenn seine Hände langsam an meinem Becken hinuntertasteten. Es war so eine Art wortloses Verstehen und gleichzeitig wie ein wortloses Versprechen, das irgendwann eingelöst werden würde.

Als ich in der Stunde ansprach, daß ich befürchte, gar nicht lieben zu können, weil immer wieder diese Gefühle der Leere, Wut und Haß hochkämen, bot er mir an, mein Herzchakra zu öffnen. Ich willigte ein und erlebte wieder diese verwirrende Zweigeteiltheit: intensivste Gefühle des inneren und äußeren Berührtseins, der überströmenden Liebe. Gleichzeitig war da wieder etwas anderes, das sich sehr verstärkte, als er begann, meinen Busen mit wilden Streichbewegungen zu massieren. Wieder dieses Gefühlschaos: Wie soll ich gucken, wenn ich die Augen aufmache? Was passiert hier eigentlich? Gehört das dazu? Will ich dies so eigentlich? Und der heftige Wunsch, daß es weitergehen möge.

Ich hatte allmählich so ein dumpfes Gefühl, daß er die therapeutischen Begegnungen als Beziehungsersatz benutzt, wo er in der ‹glücklichen› Position ist, mit den Rollen spielen zu können, um sich, wenn es zu brenzlig ist, Distanz zu schaffen. Mir kam manchmal ein Vergleich in den Sinn, ich dachte, wie Feuerwehrleute, die selbst Brände legen, um endlich wieder löschen zu können. Diese Mischung aus Heilendem und Zerstörerischem war von Anfang an da.

Johannes hatte anfangs darauf hingewiesen, daß es nicht gut sei, mit Außenstehenden über den therapeutischen Prozeß zu sprechen: So würden nur ungute Vermischungen produziert und der therapeutische Prozeß blockiert. Doch Verwirrung war auch so in mir! Als ich dann doch einmal ganz vorsichtig ein Gespräch begann mit einer seiner anderen Klientinnen, sagte diese, daß sie zweimal einen Prozeß mit ihm abgebrochen hätte, es sei ihr zu weit gegangen, da wäre etwas anderes drin gewesen. Ich hörte das mit Staunen. Die Möglichkeit, nein oder stop zu sagen, war mir bis dahin überhaupt nicht präsent. Aber ich wurde hellhörig: Das, was für mich manchmal so schwer einzuordnen war, machte er also auch mit anderen.»

Maria beschreibt einen äußerst problematischen Umgang mit Ambivalenzen. Sie erlebt sich selbst am Therapiebeginn als tief depressiv und verzweifelt. Ihr Therapeut hat wohl richtig erkannt, daß dies nur eine Seite von ihr ist. Durch seine Konfrontation gelingt es Maria wieder, mit ihrer nicht gespürten Kraft und ihrer strahlenden Seite in Kontakt zu kommen. Daß er nicht auf ihren depressiven Zustand «hereinfällt», empfindet sie positiv als Widerstand, der es ihr ermöglicht, ihre nicht gelebten Ressourcen zu aktivieren. Möglicherweise ist seine anfänglich geäußerte Ablehnung, er wolle nicht ihre Regression, ein für sie wichtiger Hinweis, der zur Bedingung dafür wird, daß sie sich bedingungslos in die Regression fallen- und auf die therapeutischen Interventionen einlassen kann. Sie überläßt sich den Setzungen des Therapeuten scheinbar vorbehaltlos: sie macht sich zu eigen, was er sehen will und was nicht, welche Gefühle zu ihr gehören, welche nicht. Sie läßt ihn die therapeutischen

Spielregeln und den Ablauf unwidersprochen bestimmen. Er darf ihr sagen, wie sie ihre Weiblichkeit zu finden habe. Sie ist belustigt und berührt über seine Verhaltensanweisungen.

Unter so viel Fremdbestimmung und Behandlung werden ihre eigenen Gefühle unbedeutend. Es bleibt bei der Spaltung ihrer ambivalenten Empfindungen, eine Integration findet nicht statt. Vielmehr dominiert eine zuvor nicht gelebte andere Seite: Ängste und Verzweiflung werden als nicht zu ihr gehörig weggedeutet und nicht als ihre Realität, sondern als dunkle Seite ihrer Mutter hingestellt. Sie bringt ihre Gefühle und ihren Körper vor den Stunden in Höchstform und versucht seinem Wunschbild von ihr zu entsprechen. Daß sie sich nur noch mit seinen Augen sieht, ihn fesseln möchte, Angst vor seinen abwertenden Blicken hat, verdeutlicht, daß sich innere und äußere Manipulation entsprechen. In der Weise, wie sie die äußere Situation manipulieren will, muß sie sich selbst auch innerlich manipulieren.

Thea Bauriedl bezeichnet das Sich-verwenden-lassen-und-den-anderen-Verwenden als Hauptmerkmal gestörter manipulativer Kontakte.[10] Sie entstehen dort, wo nicht das ganze Gefühlsspektrum erlaubt ist, sondern ein Pol ängstlich vermieden und abgewehrt wird. Sowohl Maria als auch ihr Therapeut benutzen deutliche Bewertungen: Ängste gehören zur negativen Mutter, Verzweiflung ist negative Energie. Es wundert nicht, daß die abgespaltenen Gefühle (Haß, Leere, Wut) trotz aller Mühen sich wieder melden, von Maria als Liebesunfähigkeit maskiert. Die Chance, diese Gefühle im therapeutischen Kontakt zu erfahren und in ihn zu integrieren, ist vergebens, statt dessen wird versucht, sie mit einer Körperintervention (Herzchakra öffnen) wegzumanipulieren.

Körpertherapeutische Verfahren stehen im Verdacht, daß es hier schnell zu Sexualisierung und Mißbrauch kommt. Doch müssen Berührungen nicht zwangsläufig sexualisierend wirken. Selbst wenn dies der Fall ist, wird es wichtig, über die Empfindung zu sprechen und das nonverbale Erleben transparent werden zu lassen. Gerade wenn tiefe Verschmelzungssehnsüchte ausgelöst werden, sind klare Grenzen durch sprachliche Verständigung unabdingbar. Zwischen Maria und ihrem Therapeuten findet ein derartiger Austausch nicht statt, und auch die Patientin spricht ihre ambivalenten Empfindungen nicht an.

Ihr Vorwurf besteht im wesentlichen darin, daß der Therapeut die therapeutische Begegnung als Beziehungsersatz mißbrauche. Er spiele aus einer sicheren Position heraus mit Nähe-/Distanzproblemen und Sexualisierungen und habe ihre sexuelle Erregung bewußt inszeniert. Maria hat offensichtlich nicht genau gewußt, auf was für eine Therapie sie sich einläßt. Sie hat sich darüber auch nicht genau informiert. Davon zeugen die vielen Irritationen und Unsicherheiten bei den körpertherapeutischen Aktionen. Die Berührungen des Therapeuten haben für sie eine große Bedeutung und einen höheren Stellenwert als das Reden. Zum einen lösen die Berührungen des Therapeuten in ihr tiefe Gefühle der Geborgenheit, Ergriffenheit und Zuwendung aus, zum anderen fühlt sie sich sexuell stimuliert. Sie erlebt die Berührungen als zweideutig, verschafft sich allerdings auch keine Eindeutigkeit durch Fragen oder Einsprüche. Obwohl Maria einen doppelten Boden spürt, läßt sie alles geschehen und beschreibt sich als unfähig, selbst eine Grenze zu ziehen. Ihr ist nicht klar, was sein soll, was sein darf, und möglicherweise liegt in dieser Unklarheit, die sie als wortloses Versprechen bezeichnet, eine besondere Sogwirkung.

In der regressiven Rolle erlebt Maria eine Gefühls- und Rollendiffusion, die sie nicht durchschauen und auflösen kann – sie will es aber wohl auch nicht. Vielmehr nimmt sie an, daß dies zur Therapie gehört, und erklärt das emotionale Chaos zum eigenen Problem. Später entwickelt sie daraus die dumpfe Ahnung, daß der Therapeut etwas manipulativ inszeniert, um heilend intervenieren zu können.

Die Kunst einer therapeutischen Beziehung besteht in einer achtsamen Verbindung von Intimität und Abstinenz. Nicht Berührungen an sich sind mißbräuchlich, entscheidend sind die begleitenden Gefühle, die Haltung, aus der heraus jemand etwas tut oder läßt.

Berührungen können – wie anfangs auch von Maria beschrieben – durchaus schützende und haltende Qualität haben. Hier lösen die Berührungen bei Maria auch Scham aus. Die Beweggründe des Therapeuten werden ebensowenig zum Thema wie die durch ihn ausgelösten Gefühle. Das Heikle bei diesen sexuell aufgeladenen Interventionen wird in heimlicher Übereinkunft zwischen beiden tabuisiert und therapeutisch zum «Beckenheilen» und «Herzchakra-Öffnen» stilisiert.

Das suchtartige Verlangen nach Fortsetzung der Berührungen und nach Einlösung der geweckten Wünsche scheint verständlich. Doch eine Erfüllung dieser Bedürfnisse der Patientin bedeutet die Verlängerung einer problematischen Konstellation. Die Befriedigung von Patientenbedürfnissen in der Therapie verunmöglicht eine Klärung, denn Therapie hat nicht das Leben zu ersetzen. Nonverbale Kommunikation und das Verständnis präverbaler Inszenierungen können gerade bei der Arbeit mit sogenannten frühen Verwundungen notwendig sein. Doch es gibt Situationen, in denen der Verzicht auf Sprache äußerst irreführend und manipulativ wirkt und einem Verzicht auf das Verstehenwollen gleichkommt. In der Geschichte von Maria schafft symbiotische Sprachlosigkeit Verwirrung, Sucht und beiderseitige Verstrickung.

Bei der Körperarbeit äußert der Therapeut die Vermutung, daß seine Patientin mißbraucht worden sei. Obwohl er insistiert, läßt sich Maria davon nicht sonderlich berühren, und beide können diese Thematik wieder loslassen. Als der Therapeut seiner Vermutung aber den Rang eines Geheimnisses gibt, das sie nur dem Eingeweihten preisgeben solle, empfindet Maria diesen Akt der Mystifizierung wie Balsam.

Im Vorfeld hatte Maria über ihren Therapeuten gehört, daß er vor allem Frauen helfen könne – ihm eilte ein Ruf des Besonderen voraus. Nur allmählich entwickelt sie ein Gefühl, daß er seine Rolle mißbraucht und als Beziehungsersatz benutzt, und sie findet klare Bilder für sein Verhalten. Doch bleibt die Frage unbeantwortet, warum sie so lange mitspielt und ihm soviel Macht zugesteht. Zwar fragt sie sich immer wieder, was hier eigentlich passiert, ob das dazugehört und ob sie das will. Die konkrete Möglichkeit, nein zu sagen, entdeckt sie offenbar erst im Gespräch mit einer anderen Patientin. Solange sie alles mit sich machen läßt und keine Grenze zieht, bleibt sie freiwillig das Opfer und Objekt der therapeutischen Anwendung.

KURTS GESCHICHTE: DER ANALYTIKER ALS SCHWEIGENDE ATTRAPPE

Kurt begann mit 35 eine Psychoanalyse.

«Anfangs war ich sehr froh, so schnell diesen Psychoanalyseplatz zu bekommen, weil ich wußte, daß dies sehr schwierig war. Ich habe am Anfang deutlich gesagt, daß ich vor allem wegen zweier Probleme gekommen bin: Das eine ist die Arbeitsproblematik, daß ich in Prüfungssituationen immer alle Arbeit bis zum Schluß aufschiebe und erst im allerletzten Augenblick arbeiten kann, was mit unheimlich viel Kraft verbunden ist. Zum anderen waren da meine Beziehungsprobleme mit Frauen, diese allzu große Distanz. Ich wollte den Streß, den ich mit meiner Arbeitsproblematik im 1. Staatsexamen hatte, nicht noch einmal erleben, das wollte ich ändern können.

Es ist dann beim 2. Staatsexamen genau das gleiche eingetreten, spezielle Hilfe hat mir die Analyse nicht gebracht, obwohl sie da schon ein Jahr lief. Die schriftliche Arbeit habe ich wieder erst angefangen, als meine Zeit eigentlich schon zu Ende war. Ich hatte anfangs konkret gefragt, ob er mir für meine Probleme Hilfe gewähren könne, er hat nie klar ja oder nein gesagt. Bei mir kam jedoch an, daß er sich für alles zuständig fühlte. In anderem Zusammenhang sagte er, daß nicht jeder für eine Analyse geeignet sei, ich aber wohl. Das hat mich beruhigt auch ohne nähere Begründung. Ich habe mich wohl in eine große Abhängigkeit dort begeben, Kritik an der Psychoanalyse war für mich kein Thema. Ich konnte z. B. das Buch von Dieter Zimmer damals nicht lesen und habe das auch meinem Analytiker gesagt, er gab mir darauf sogar eine seiner so seltenen Antworten, nämlich, daß das, was in der Analyse passiere, auch von keinem Außenstehenden beurteilt werden könne. Für das konkrete Beziehungsgeschehen würde ich ihm auch recht geben, dennoch ist es ja möglich, die Methode zu hinterfragen.

Eigentlich habe ich meine Verantwortung abgegeben, d. h., ich habe gesagt, ich hätte ganz gerne Hilfe, eher so, wie jemand zum Handwerker geht, wenn der Wasserhahn tropft, damit der wieder in Ordnung kommt. Das habe ich meinem Analytiker auch klar gesagt, ich glaube, das ist wohl auch nichts Ungewöhnliches, und viele, die therapeutische Hilfe in Anspruch nehmen, haben vermutlich so eine Einstellung. Ich habe diese Einstellung die ganze Therapie hindurch gehabt.

Wir haben am Anfang auch nicht weiter über diese Art der Therapie geredet. Zunächst haben wir uns gegenübergesessen, und mein Analytiker sagte, es läge an mir, was wir machen. Aber indirekt war deutlich, daß die Couch das Ziel war, daß ich mich hinlege. Er saß an meinem Kopfende, und ich habe ihn nur noch zur Begrüßung und zur Verabschiedung gesehen. Ich weiß nichts von ihm außer seiner Adresse und daß er einen grünen BMW fuhr, obwohl ich gern etwas mehr gewußt hätte.

Was nun der Mißbrauch ist? Für ihn war es bequem, so jemand wie mich zu haben, ich habe keine Schwierigkeiten gemacht, bin regelmäßig gekommen, habe immer pünktlich den Scheck überwiesen. Von ihm kam so gut wie nichts. Ich kann mich an zwei oder drei direkte Fragen erinnern und ganz wenige Kommentare. Z. B. hat er einen Traum von mir, in dem ich meiner Mutter einen Besenstiel überreiche, mit dem Satz gedeutet, «du hast deine Sexualität deiner Mutter geopfert». Ich konnte damit wenig anfangen, spürte aber so etwas, wie ertappt worden zu sein.

Es gab auch Stunden, in denen er ganz schwieg. Trotzdem hatte seine Gegenwart einen so starken Einfluß auf mich, daß ich anfing, an meiner Wahrnehmung zu zweifeln, wenn diese seinem Wort entgegenstand. Zum Beispiel hat er die Stunde einmal 10 Minuten zu früh beendet, stritt dies zunächst so kategorisch ab, daß ich ihm glaubte und statt dessen an meiner Wahrnehmung zweifelte. Später hat er sich korrigiert. Auch wenn er zu spät kam, ging es nur darum, wie es mir damit ginge, keine Erklärung seinerseits.

Also ich habe in der Regel erzählt, zunehmend allerdings mit einem inneren Zensor. Einige Sachen wollte ich einfach nicht erzählen, zum anderen merkte ich bei Themen, die mich ganz tief berührten, daß er die nicht aufnahm, daß die ihm unangenehm waren. Und mein Autoritätsglauben sagte, der wird schon wissen, was er macht. Über die Art unserer Kommunikation gab es keinen Austausch. Es war selbstverständlich, daß ich erzählte und er überwiegend schwieg, manchmal die ganze Stunde. Ich fühlte mich sehr alleingelassen, entblößt, klein und durchschaut, während er bedeckt blieb; ich entsinne mich noch meiner mörderischen Wut bei dem Gedanken, daß er davon irgend jemand etwas erzählen oder verraten würde. Ich hätte ihn umgebracht.

Ich habe – neben dem Honorar – mehrere tausend DM durch ihn verloren. Ich wußte nicht – und er hat es mir nicht gesagt –, daß man die Analyse vor dem Beginn beantragen muß. Als ich ihn fragte, wann eine Analyse beendet ist, sagte er, er hätte mal gelesen, wenn Analytiker und Analysand sich einig sind, daß es vorbei ist. Ich hatte den Eindruck, dieses ‹ich hatte mal gelesen› meinte er ernst, also wußte er es selbst nicht genau. In meinem Kopf war so eine Vorstellung, eine Analyse dauert vier oder fünf Jahre, und dann müßte man geheilt sein, dann müßte es vorbei sein. Also ich habe de facto keine Veränderung erfahren, ich habe mich weder besser noch schlechter gefühlt, die Probleme sind geblieben. Die Analyse hat einen großen Teil meiner Zeit und meines Geldes gekostet, ich bin viermal in der Woche über vier Jahre dort hingegangen und habe ein Drittel meines Einkommens zum Analytiker geschleppt.

Was hat mich dort so lange gehalten? Ich habe erwartet, daß ich mit der professionellen Hilfe von außen etwas an meinem Schicksal ändern kann, zumindest die Dinge, unter denen ich leide. Dafür habe ich die Verantwortung an ihn abgegeben. Die Idee, daß er vielleicht meinen Problemen nicht gewachsen ist, ist mir nicht gekommen. Und diese Gewöhnung, daß mir da viermal in der Woche jemand zuhört, gibt dem Leben eine feste Struktur. Da blieb keine Zeit für grundsätzliche Zweifel. Zwischendurch hatte ich natürlich Erkenntnisse, und Zusammenhänge wurden deutlicher, aber ich hatte keine Ideen, was das für die Praxis bedeuten könnte. An meine Eigenverantwortung bin ich nicht herangekommen. Und meine alte Problematik, die sich hier unerkannt neu inszenierte, war, daß ich für ihn interessant werden mußte, mich seiner würdig erweisen, dafür habe ich mich abgestrampelt, jedoch zunehmend mit dem Gefühl: Ich schaff das sowieso nicht.»

Lange Zeit, eigentlich bis zum Schluß, stellt Kurt nicht seinen Anspruch auf Reparatur in Frage, sondern dessen Erfüllung, d. h., in seinen Augen hat der Analytiker versagt. Das ist verwunderlich, denn als nach einem Jahr Analyse die früheren Probleme und der Therapieanlaß mit alter Heftigkeit durchbrechen, kommt es nicht zu der Überlegung, ob diese Therapie sinnvollerweise überhaupt fortgesetzt werden sollte. Kurt bleibt drei weitere Jahre mit unveränderter Erwartungshaltung. Noch in seiner Erzählung sind die Empörung und Wut über die Weigerung des Analytikers lebendig, die Dauer der Analyse zu benennen. Doch gibt es kein objektives Kriterium dafür, wann eine Therapie beendet ist. Die Idee, daß dieses Ende im Einvernehmen zwischen beiden Partnern gefunden werden könnte, hat in dem vom Reparaturgedanken bestimmten Horizont Kurts offenbar keinen Raum.

Die Frage, warum er denn so lange geblieben sei, beantwortet er mit dem Verweis auf einen Gewöhnungseffekt, die feste Struktur und die hohe Stundenfrequenz hätten ihm keine Zeit für grundsätzliche Zweifel gelassen. Gleichzeitig schildert er die Analyse als eine sehr kostspielige Angelegenheit und macht überdies dem Analytiker den Vorwurf, durch seine Unachtsamkeit noch mehr Geld verloren zu haben.

Theoretisch wird das Setting und die Zurückhaltung des Analytikers mit der neutralen Haltung und einem inzwischen sehr umstrittenen Abstinenzverständnis begründet. Daß Analytiker ganze Stunden schweigen, kommt sicher häufig vor. Dennoch wird heute vor allem bei sogenannten frühen Störungen, aber auch unter beziehungsanalytischen Gesichtspunkten das extensive Schweigen des Analytikers als problematisch angesehen. In der Alltagspraxis gehen viele Analytiker inzwischen sehr flexibel mit Verfahrensmodalitäten um.

Der Analytiker wirkt in Kurts Erzählung wie eine schweigende Attrappe, er vermittelt seinem Patienten keine ausreichende Orientierung über das praktizierte Verfahren, noch wird er für Kurt als Beziehungspartner greifbar.

Wie wichtig ist es Kurt wirklich, klare Antworten auf seine Fragen über das Verfahren oder nähere Auskünfte über die Person des Analytikers zu bekommen? Er gibt sich mit den Reaktionen bzw. Nicht-Reaktionen scheinbar zufrieden und ist beruhigt, interpretiert etwas dazu und glaubt, daß der Analytiker schon wisse, was er macht. Im krassen Widerspruch zu dieser Delegation von Verantwortung steht der mehrfach geäußerte Wunsch Kurts, an seinem Schicksal selbst etwas ändern zu können. Aber darin liegt wohl eher die Erwartung, daß der Analytiker etwas ändern möge.

Kurts Vorwurf an den Analytiker konzentriert sich auf dessen Passivität und Untätigkeit in der Analyse. Als mißbräuchlich empfindet Kurt folgende Momente: 1. der Analytiker habe wenig oder fast nichts zurückgespiegelt, 2. habe seine Wahrnehmung von Kurt in der therapeutischen Situation nicht zum Thema gemacht. Nun kann es nicht die Aufgabe eines Therapeuten sein, alle Probleme aus der Welt zu schaffen, wohl aber sollte er dem Analysanden andere Erlebenszugänge oder Verhaltensweisen bewußt werden lassen. So etwas scheint zwischen Kurt und seinem Analytiker kaum passiert zu sein.

Dennoch muß etwas in diesem Arrangement Kurt entsprochen haben. Vielleicht ist die Delegation von Verantwortung und Unterwerfung unter eine Autorität ein altes Lebensmuster des Analysanden. Ein Beziehungsangebot, das sich aus einer Ahnung speist: Ich muß mich interessant machen, mich seiner würdig erweisen. Die zunehmend resignativ werdende Haltung «Ich schaffe es sowieso nicht» zeigt ein verletztes Selbstbewußtsein, das in dieser Therapie weitere Demütigungen erfährt. Kurt fühlt sich allein gelassen, entblößt und durchschaut, was in ihm eine mörderische Wut auslöst. Ein Motiv heimlicher Rache klingt an, wenn er den Analytiker als Versager beschreibt, der seinen Problemen nicht gewachsen ist. Kurt hat sich in diesem Therapeuten nicht spiegeln können, bleibt als Patient allein mit seinen Phantasien. Dennoch ist eine mächtige schweigende Anwesenheit im Raum, die aber nicht personal wird.

Kurts enorme Folgebereitschaft, die Delegation von Verantwortung und Kompetenz an den Therapeuten, wird offensichtlich nicht thematisiert. Kurt beherrscht die Fähigkeit, ein guter Analysand zu sein, allem Anschein nach perfekt. Daraus erwachsen auch die schalen Gefühle, daß er sich materiell und emotional hat ausnehmen lassen. Verschiedentlich klingt an, daß Kurt sich den Wünschen des Analytikers angepaßt hat, sie ohne Worte erspürt hat: welches Setting gewünscht wird (Couch) und daß bestimmte Themen für den Analytiker offenbar unangenehm sind.

Ferenzci hat sehr früh darauf hingewiesen, daß trotz der Zurückhaltung des Analytikers viele Patienten minutiös deren Wünsche erspüren. Möglicherweise ist die Bravheit des Patienten Kurt auch vor diesem Hintergrund zu sehen. Daß es Tabuthemen gibt, bestimmte Themen nicht mehr berührt werden mögen, bezeichnet die psychoanalytische Literatur meist als Widerstand. Doch in der Erzählung Kurts wirken die Tabus eher wie ein Bestandteil eines heimlichen Arrangements: Wenn du mich nicht in Frage stellst, tue ich es auch nicht. Wir stören uns nicht. Damit ist die Chance einer neuen Beziehungserfahrung für den Patienten vertan. Störungen beleben die Beziehung und fordern heraus, die jeweiligen Standpunkte zu markieren oder zu verändern, sie sind geradezu Bedingung dafür, daß sich etwas verändern kann.

So gesehen stimmen Therapien, die äußerlich glatt laufen, eher skeptisch. Wenn jemand bereit ist, sich therapeutischen Maßnahmen widerspruchslos zu unterwerfen, und dies nicht zum Thema wird, kann man eine kollusive Verschwörung vermuten. Beide – Analysand und Analytiker – haben den Erlebensschwerpunkt zeitweilig in den anderen verlagert: Kurt sagt, daß er seine Verantwortung delegiert habe, aber erlebt es als unangenehm, daß auch das Zuspätkommen des Analytikers als Problem des Patienten behandelt wird.

Auch bezüglich des Arbeitsbündnisses hat es ein stilles Agreement und keine klaren Absprachen gegeben. Die Art der therapeutischen Arbeit – liegend auf der Couch oder sitzend – wird nicht klar besprochen. In der Diskussion um psychoanalytische Technik wurde immer wieder betont, wie wichtig es ist, klar über Art und Umfang der therapeutischen Beziehung zu befinden, nicht zuletzt, um in schwierigen Situationen eine gemeinsame Außenperspektive gegenüber der therapeutischen Arbeit einnehmen zu können. Ein solches Arbeitsbündnis scheint es in Kurts Fall nicht zu geben.

Was hier fehlt, sind eine korrigierende Beziehungserfahrung und ein reales Gegenüber. Und dieser Mangel ist nicht prinzipiell dem psychoanalytischen Setting zuzuschieben bzw. würde sich nicht unbedingt in einem veränderten Setting, sondern nur durch die Bereitschaft aufheben, sich als Subjekte aufeinander einzulassen. In jedem Gespräch und für jeden Verstehensprozeß gibt es Bedeutungsdiskrepanzen, die auch in Therapien zum Tragen kommen müssen. Ein Verstehensprozeß setzt dialogische Verständigung und die Fähigkeit voraus, zwischen Eigenem und Fremdem unterscheiden zu können. Deutungen wären dann das, was in der intersubjektiven Verständigung zwischen beiden Beziehungspartnern an Bedeutung und Gestalt gewinnt.[11] Andernfalls bekommen Verstehen und Einsicht leicht den Charakter von Unterwerfung unter die Definitionsmacht desjenigen, der die Macht hat bzw. dessen Wirklichkeitskonstruktion größere Geltung beansprucht. Wie tragfähig eine Begegnung ist, zeigt sich bekanntlich erst im Dissens.

IRMTRAUTS GESCHICHTE: DIAGNOSTISCHE ETIKETTEN

Irmtraut, Mitte 30, in führender Position in einer sozialen Institution. Sie spricht von ihrer Psychologin und kann nicht genau angeben, ob es eine Gesprächstherapeutin ist.

«Ich war damals am Ende meines Studiums und litt seit einiger Zeit an Panikattacken, die mich aus heiterem Himmel anfielen. Auch litt ich sehr unter extremen Stimmungsschwankungen, die sich manchmal in einem wahnsinnigen Tempo einstellten. Als dann noch ein Tinnitus hinzukam, begann ich, auf Anraten meines Arztes, eine ambulante Therapie bei einer Psychologin in der Klinik. Ich glaube, sie war Gesprächstherapeutin.

Ich fragte meine Therapeutin anfangs, ob ich denn nun normal oder krank sei und ob ich das wohl wieder loswerde. Sie äußerte sich sehr vorsichtig, eher unbestimmt, und sagte, daß das wohl etwas von einer Borderline-Symptomatik hätte. Zunächst war ich fast erleichtert, daß es für diese mich so ängstigende Erscheinung einen Namen gab, und stellte innerlich so eine Gleichung auf, daß es dann auch behandelbar sei. Ich besorgte mir allerhand Bücher und Informationen, die mir über meine Krankheit Aufschluß geben sollten. Als meine Therapeutin mein Interesse merkte, gab sie mir bereitwillig Hinweise und Informationen.

Einmal fragte sie mich, ob ich bereit wäre, über mich und meine Symptome vor einer Studentengruppe zu erzählen. Sie würde gerade ein Seminar über verschiedene psychische Krankheitsformen durchführen, und so brauchten die Studenten nicht nur aus Büchern zu lernen. Da ich nichts dagegen hatte, wurde ich den Studenten vorgestellt und erzählte auch bereitwillig von mir. Doch die Situation wurde für mich zunehmend bedrohlich, als die Studenten anfingen zu fragen. Zwischendurch stiegen in mir fürchterliche Ängste auf. Ich kriegte plötzlich das Gefühl, wie ein exotisches Tier im Zoo beguckt zu werden. Mir war, als ob die Fragen der Studenten gar nicht mich meinten, sondern als ob sie etwas wiederfinden wollten, was in den Büchern stand oder was sie gelernt hatten. Auch in der Art, wie sie fragten, fühlte ich mich nur befremdet, ja fremd. Ich war a-normal, verrückt in einer Runde von Normalen. Auch meine Therapeutin saß für mich ganz weit weg, obwohl sie neben mir saß. Ich hatte den Eindruck, sie war aufgeregt, und auch sie wurde quasi getestet, ob sie mich richtig behandelt. Das Blöde war, daß sich meine Symptome nach der Veranstaltung verschlimmerten und ich mich gleichzeitig extrem kontrollierte, um ja ‹normal› zu erscheinen, andererseits schienen mich die Fragen der Studenten zu verfolgen, ich sah und spürte plötzlich überall Symptome, die ich vorher bloß nicht wahrgenommen hatte. Alles, was die Studenten gefragt hatten, schien es an mir zu geben: Was ich vorher als normal empfunden hatte, wurde jetzt abweichend und krank. Ich fühlte mich regelrecht gezeichnet.»

Irmtraut sieht anfangs in der Diagnose eine Art der Identitätsfindung. Sie erlebt es zunächst fast erleichternd, daß die diffuse Symptomatik einen Namen bekommt und ihre ängstigenden Erlebnisse eine sprachlich greifbare Form annehmen. Diagnosen sind unterscheidende Beurteilungen. Manchmal kann eine von außen gestellte Diagnose, die vom Betroffenen geteilt wird, identitätsstiftend und entlastend sein. Dies ist etwa im Zusammenhang mit den epidemischen Mißbrauchsvermutungen anzunehmen. Irmtraut erfragt selbst die Diagnose und entwickelt ein Interesse für ihre Symptomatik, das sie mit Wißbegierde verfolgt. Wahrscheinlich teilt ihre Therapeutin, die ihr weitere Informationen anbietet, dieses Interesse. Problematisch ist dieser Ablauf, da es sich um eine Verlagerung der Aufmerksamkeit von den subjektiven Empfindungen zu einem scheinbar objektiven Krankheitsbild handelt. Dadurch kann eine therapeutische Beziehung empfindlich gestört werden.

Auch wenn es ein legitimes Bedürfnis von Therapeuten gibt, Phänomene zu ordnen und klassifizierbar zu machen, kann sich durch einen bestimmten Umgang damit die Wahrnehmung beider Beziehungspartner und der Charakter des therapeutischen Kontakts verändern. Der Blick beider richtet sich auf ein Drittes. Der Patientin in diesem Beispiel fällt zunächst gar nicht auf, daß die verdinglichte Wahrnehmung ihre Person auf quasiobjektive Merkmale reduziert, d.h., sie als Person wahrgenommen wird, die ebendiese Merkmale verkörpert. Erst in der Runde mit angehenden Experten wird für Irmtraut der diagnostische Blick von außen kränkend und verletzend. Sie spürt die ausgrenzende und pathologisierende Wertung und fühlt sich wie eine exotische Verkörperung dieser Diagnose beguckt.

In Diagnosestellungen zeigt sich therapeutische Definitionsmacht am deutlichsten. Obwohl Irmtraut mit ihrer Diagnose versöhnt ist, spürt sie in der Seminarsituation das Bedrohliche solcher Klassifizierungen. Nicht sie als ganzer Mensch mit unterschiedlichen Aspekten und Selbstheilungskräften erscheint interessant, sondern ein scheinbar objektivierbarer Makel, etwas Defizitäres, etwas Pathologisches. Hieran heftet sich der implizite Mißbrauchsvorwurf, den sie ihrer Therapeutin im nachhinein macht: als Verkörperung eines diagnostischen Erscheinungsbildes präsentiert und interessant gefunden, ja benutzt worden zu sein. Die pathologisierenden Etiketten wirken nach innen, und sie gerät in einen Zustand der Überkontrolliertheit – die unausgesprochenen und dennoch präsenten Wertungen sind ungeheuer schwer wieder loszuwerden.

Wenn Wertungen und Beurteilungen nicht der intersubjektiven Verständigung unterliegen, wird daraus ein «Spiel mit der Wahrheit», in dem der Therapeut – hier das Seminar – einen privilegierten Zugang zur Wirklichkeitskonstruktion beansprucht. Die Mischung aus der Beschreibung von Symptomen und pathologisierenden Wertungen verleiht Therapeuten einen einschüchternden Expertenstatus.

Wenn ein Therapeut seine Perspektivgebundenheit erkennt und sieht, wie die eigenen Präferenzen und Befindlichkeiten den Blick prägen oder trüben, wird er vorsichtig mit den unterschwelligen Wertungen verfahren, die in psychiatrischen Begriffen stecken.

Staemmler bezeichnet diagnostische Denkmuster als Wahngebilde, weil sie als erfahrungsentleerte Abstraktionen dennoch den Charakter von Realität zugeschrieben bekommen.[12]

KINDHEITSKULT UND NACHBEELTERUNG

Die Beschäftigung mit dem sogenannten inneren Kind und entsprechenden therapeutischen Modellen der Nachbeelterung sind Zeiterscheinungen, die unabhängig von den Schulrichtungen hoch im Kurs stehen. In mehreren Beispielen beschreiben Patientinnen und Patienten Abhängigkeitsgefühle und Verhaltensweisen, die stark an kindliche Wünsche erinnern. Wie bei den Eltern suchen sie ein wortloses Verstehen, Geliebtwerden und Bestätigung. In anderen Beispielen – wie in den folgenden – schreiben Therapeuten die Patientin in der Kindrolle fest. Da erwachsene Patienten eben erwachsen sind, liegt im Umgang mit dem inneren Kind eine Quelle für Mißverständnisse und Verletzungen, die von mehreren Patientinnen als Mißbrauch erlebt werden.

Wenn sich jemand sehr früh und weitgehend an den Wünschen und Erwartungen seiner Umgebung ausrichten mußte, wird soziale Angepaßtheit – seine Als-ob-Persönlichkeit – zum Garanten für Stabilität und Überleben. Diese angepaßte gesellschaftliche Rolle nennt Winnicott «falsches Selbst»[13]. Es ist im Gegensatz zum «wahren Selbst», das unseren «eigentlichen» Bedürfnissen und Wünschen entspricht, mit Gefühlen des Unwirklichseins oder der Nichtigkeit verknüpft. Der Begriff des «wahren Selbst» bezeichnet die Innenseite des Menschen[14], das «falsche Selbst» dagegen unsere soziale Maske. Diese Seite ist nicht im logischen Sinne falsch, sondern für das Kind in bestimmten Zeiten und Situationen wichtig und angemessen, um das Leben zu meistern. Problematisch ist dieses falsche

Selbst, wenn wir mit unserer Maske völlig identifiziert sind. Dann ist die Innenseite, die Gefühlsseite, eines Menschen verleugnet. Das sogenannte falsche Selbst war Garant dafür, daß die sozial unerwünschten Gefühle und Wünsche quasi unter der Maske versteckt überleben. Insofern ist auch das falsche Selbst durchaus authentisch, wenn jedoch Erlebens- und Verhaltensweisen, die früher einmal gepaßt haben – ungeachtet der veränderten Umweltbedingungen –, in die Gegenwart hinein tradiert werden, entstehen vermutlich Schwierigkeiten. Die verborgenen und oft verleugneten inneren Seiten eines Menschen sind mit großer Angst und Unsicherheit behaftet und zugleich auch die Quelle seiner Lebendigkeit und Kreativität.

Oft wird das wahre Selbst gleichgesetzt mit dem inneren Kind, mit den verwundeten, unterdrückten Teilen in uns, mit Unschuld und Unverfälschtheit. Leicht bekommt diese Annahme von etwas Substantiellem einen normierenden Charakter im Sinne von richtig und falsch. Manche Therapien verfolgen implizit und explizit Vorstellungen davon, wie der Mensch – hier der Patient – zu sein habe.

In mehreren Beispielen fühlen sich Patienten und Patientinnen in ihrer Bereitschaft, den Therapeuten aufzuwerten und zu idealisieren, ausgenutzt. Sie schildern, daß sie dessen eigene Bedürftigkeit spüren und sich durch die Erfüllung seiner Bedürfnisse aufgewertet fühlen. Vermutlich kommt dabei ein altes Überlebensmuster zum Tragen, für die Erfüllung der Wünsche anderer geliebt zu werden. Das «falsche Selbst» meldet sich hier, hinter dem der Wunsch spürbar wird, der Therapeut möge doch diese Maske durchschauen.

Die Bücher von Alice Miller lösten in den siebziger Jahren eine Lawine des Interesses für das innere Kind aus. Davon zeugen einschlägige Bestseller-Titel: *Was hat man dir du armes Kind getan?* (Masson), *Das Kind in uns* (Bradshaw), *Noch immer weint das Kind in mir* (Schneider), *In dir lebt das Kind, das du warst* (Missildine). Für gegenwärtige Probleme werden die vergiftete Kindheit und das verschüttete wahre Selbst verantwortlich gemacht. Die wiederentdeckte Traumatheorie trug maßgeblich zu der Auffassung bei, daß verdrängtes Kindheitsleid viele Menschen später zu einem Wiederholungszwang treibe. Die Sorge um das innere Kind wurde zum wesentlichen Antrieb, eine Therapie zu suchen, um die frühen Verletzungen im therapeutischen Prozeß aufzuarbeiten und gegenwärtige Probleme angemessen bewältigen zu können.

Ein Patient muß die Möglichkeit haben, sein wahres Selbst zu zeigen und auch seine bisherigen Überlebensmuster zu inszenieren, die gleichzeitig die Geschichte seiner Verletzungen mitteilen. Eine elementare Voraussetzung für Identität ist es, eigene Wünsche, Ängste und Bedürfnisse fühlen zu können. Problematisch ist die Annahme eines wahren Selbst, wenn sich damit eine Norm verbindet, die mit Unschuld, Reinheit und dem Anspruch auf Glück konnotiert ist. Das Selbst ist ein Prozeß, dessen Erscheinungsformen nie statisch und ultimativ zu verstehen sind, sondern als ein optimaler Kompromiß zwischen inneren Bedürfnissen und äußeren Möglichkeiten.

So sinnvoll es ist, unsere frühe Mitgift zu verstehen und einen Zugang zur eigenen Geschichte zu finden, so problematisch ist der Glaube an Kindheit als Schicksal. Er verleitet dazu, sich als Opfer der traumatisierenden Kindheit zu sehen und mit eindeutigen Schuldzuweisungen und Selbstentlastungen zu operieren. Die deterministische Fixierung auf die frühen Jahre hat in der epidemischen Vermutung sexuellen Mißbrauchs einen denkwürdigen Höhepunkt erreicht. Defizitäre Erfahrungen – zuwenig Liebe, Bindung und Halt, Mißachtung der wahren Bedürfnisse des Kindes und Vereinnahmung für die Bedürfnisse der Eltern – erzählen das Leben als Problemgeschichte, in der die anderen schuld sind. Nicht selten wird Haß und Ärger auf die Eltern zur Quelle persönlicher Macht und zur Forderung nach Wiedergutmachung. In dieser Geschichte herrscht das «Was-gewesen-wäre-Wenn»: Wenn man eine bessere Kindheit oder bessere Eltern gehabt hätte, wäre jetzt ein leidfreies, glückliches Leben möglich.

Mißbrauchsvorwürfe, die einige Patienten erheben, gehen in eine ähnliche Richtung, sie gestalten sich als Schuldvorwurf an den Therapeuten, der sich richtig und den Patientenwünschen gemäß hätte verhalten müssen.

Frühe Wunden und Traumata haben uns geprägt, und sicherlich wirken viele Kindheitsnöte in späteres Erleben hinein. Doch sind wir weder kausal determiniert noch auf einen bestimmten Umgang festgelegt. Es gibt verschiedene Möglichkeiten, unsere Geschichte zu verstehen. «Die Ideologie des ‹inneren Kindes› bringt uns dazu, ein fiktives Bild von uns an die Stelle des wirklichen Selbst zu setzen.» Im Sinne Freuds ist es wichtig, sagt der Jung-Schüler Hillmann, «wie wir uns erinnern, nicht was wirklich passiert ist ... Die frühen Verletzungen bleiben schwärende Wunden oder werden zu ausgeheilten Stärken.» Doch jeder hat die Kraft zur Bewältigung seines Schicksals in sich. So bringt Hillmann das Rätsel in der Therapie in einer prägnanten Formulierung auf den Punkt. Die Frage sei nicht: «Wie wurde ich so, wie ich bin? Sondern: Was hat das Schicksal mit mir vor?» [15]

NACHBEELTERUNG

Der therapeutische Umgang mit dem relativ hilflosen Kind im Patienten, mit sogenannten frühen Defiziten und Störungen bzw. Menschen, die auf diese frühen Bedürfnisse und Zustände fixiert sind, fordert einen besonderen Umgang. «Der Therapeut verhält sich so, daß er dem Patienten das geben kann, was ein Kind von Eltern, die es liebt, erwartet: liebevolle Präsenz, geduldiges Warten, Halten, Ruhe und Toleranz. Abstinenz und Entbehrung sind schädlich.» [16] In der Integrativen Therapie heißt dieses Konzept «Parenting und Re-Parenting», «Nachsozialisation und Nachnähren». Alexander, ein Vertreter der psychosomatischen Medizin, spricht von der «korrigierenden emotionalen Erfahrung». Die Psychoanalytiker nennen es «mütterliche Holding-Therapie» (Winnicott) oder «Haltung der primären Liebe» (Balint) [17]. Konkret ist gemeint, daß der Therapeut eine Beziehung konstelliert, wie sie für den betreffenden Menschen in der Kindheit idealerweise hätte sein sollen. Dort, wo ein labiles Selbst und mangelndes Grundvertrauen vorherrschen, soll der Therapeut einen Raum kreieren, in dem der Patient ein Bild, die Imago, eines gutartigen Gegenübers nachentwickeln und etablieren kann.

«Der Therapeut erträgt und verarbeitet das innere Chaos des Patienten ... ist bemüht, den Patienten atmosphärisch positiv ‹zu umgeben›, dunkle Grundstimmungen wie Hoffnungslosigkeit, Lebensmattigkeit oder Verlorenheit umzustimmen, Halt zu geben durch empathisches Verstehen und leiblichen Kontakt und das Selbstgefühl des Patienten zu stärken durch positive Spiegelungen ... Dem Patienten werden in der Therapie zunächst Verantwortlichkeiten abgenommen.»[18] Anregungen zur eigenen Reflexion scheinen dann eher kontraindiziert. Der Therapeut orientiert sich an Vorstellungen einer idealen Dyade und stellt sich auf das Kind im Patienten ein, das er in der Gegenübertragung wahrzunehmen scheint.

Gute Nachbeelterung heißt, daß der Patient alle Phasen seiner Kindheit noch einmal durchlaufen und dabei korrigierende emotionale Erfahrungen machen kann, die eine Nachreifung ermöglichen.[19] Das stellt einen hohen Anspruch und erfordert altersspezifische Kommunikationsangebote auf der verbalen und nonverbalen Ebene, das Einbeziehen von Spielen (Puppen und andere Übergangsobjekte) und Körperkontakt (halten, streicheln, wiegen). Sättigung, Wärme, Hautkontakt gehören elementar zum Nachnähren.

Nachbeelterung ist eine therapeutische Methode, die auf den Freudschüler Ferenczi zurückgeht. Man kann darin eine Reaktion auf eine allzu strenge Abstinenzforderung in der Psychoanalyse sehen. Ferenczi betonte, daß die Freudsche Methode mit ihrem Anspruch auf Einsicht und Durcharbeiten viele frühgestörte Patienten überfordere und daß für deren defizitäre Persönlichkeitsstruktur vor allem korrigierende emotionale Erfahrungen erforderlich seien. Dem in seinen «Kinderanalysen mit Erwachsenen» entstehenden Gefälle versucht er durch «Mutualität» zu begegnen, indem er auch von sich berichtet. Nicht Neutralität, sondern Engagement ist seine Orientierung. Dieses kann jedoch leicht zu hilflosem Helfertum und uneinlösbaren Versprechungen verführen.

Nach Balint hat der Therapeut für einen Patienten, der auf die Ebene der Grundstörung, also in den vorsprachlichen Bereich, regrediert ist, eine ruhige und harmonische Atmosphäre herzustellen, die ihm einen Neubeginn ermöglicht. Frühe Störungen gelten als besonders schwere Schädigungen, die archaische Qualität haben.

Regressionen auf frühkindliche Zustände haben einen Als-ob-Charakter – denn eine Dreißigjährige fühlt anders als eine Zweijährige. So bekommt die Nachbeelterung den Charakter eines Rollenspiels, das ohne reale Kontakterlebnisse in der Therapie einen äußerst fragwürdigen Charakter hätte. Leicht entstehen Scheinbeziehungen, die mit ihrem Als-ob-Charakter neue Verletzungen schaffen. «Regressionsarbeit ... ist eine therapeutische Technik, bei der der Klient sich verpflichtet, sich zu verhalten, als ob er jünger sei, als er in Wirklichkeit ist, und dem Therapeuten zu erlauben, ihn mit einem gesunden elterlichen Verhalten zu versorgen ... Der Therapeut verhält sich üblicherweise als wohltuender Versorger, der Unterstützung, Disziplin, Einsicht, Weisheit und Orientierung vermittelt.»[20] Hier ist zu fragen, ob das nicht geradezu zum systematischen Machtmißbrauch einlädt.

Die Bewertung der Klienten-Geschichte, die der Nachbeelterer vornehmen muß, um die jeweilige Entwicklungsstufe einzuschätzen, zeugt von Anmaßung und nicht von einer Würdigung fremden Leides. Der Therapeut nämlich entscheidet, auf welcher Entwicklungsstufe der Patient regrediert ist und wann er genug bekommen hat, wann er durch Erfüllung seiner Bedürfnisse geheilt ist. Wenn jemand auf das verletzte Kind in sich fixiert ist und sich insgesamt eher in einer regressiven Lebenshaltung befindet, kann Nachbeelterung chronifizierend wirken und eine lange Therapiekarriere eröffnen. Hierzu paßt, wenn Petzold, ein wichtiger Vertreter dieses Konzepts, lebenslange Adoption empfiehlt: Der Patient muß immer wiederkommen dürfen.[21]

Das Hauptproblem der Nachbeelterung scheint mir die enorme Machtanmaßung zu sein, die in diesem Konzept steckt. Die durch das Gefälle in der Therapiesituation gegebene Machtposition des Therapeuten und die von Patienten zugeschriebene Idealisierung wird durch die Elternmacht potenziert. Der liebevolle umsorgende andere braucht und produziert auf der Kehrseite das abhängige bedürftige Kind im Patienten.

Für narzißtisch anfällige Therapeuten ist das Beelterungsmodell besonders gefährlich, denn das Gefühl, gebraucht zu werden, Idealisierungen und frühe Sehnsüchte beim Patienten auszulösen, verführt zu Erlösungsangeboten und Gurustrukturen. Anders als in realen Elternbeziehungen fehlt der relativierende Dritte.

Die Nachbeelterung hält zahlreiche rezeptartige Vorschläge für den Umgang mit sogenannten Frühschädigungen bereit. Wie bei allen Verhaltensanweisungen kann gerade daraus eine große Unsicherheit darüber entstehen, was denn nun therapeutisch richtig sei. Gefördert wird durch die Verhaltensorientierung eher ein toxisches Über-Ich. Es geht um die Erfüllung von Sollforderungen und Verhaltensrezepten. Der Patient – als Gegenüber des Therapeuten – wird tendenziell zum Anwendungsobjekt. Wenn Therapeuten sich als besseren anderen, als bessere Mutter oder besseren Vater hinstellen, begeben sie sich in direkte Konkurrenz zu den realen Eltern von Patienten und werten diese implizit ab. Davon zeugt folgende Erfahrung einer Analysandin:

«Also ich habe wirklich eine schwere familiäre Mitgift und sehr viel über das Leid und Elend in unserer Familie erzählt. Meine Analytikerin sagte dann einmal voller Mitgefühl: ‹Also, daß diese Leute dann immer noch Kinder in die Welt setzen, wenn sie selbst nicht mit dem Leben klarkommen.› Ich war etwas verwirrt über diese Bemerkung und später sehr verletzt. Ich hatte zwar gejammert und geklagt, aber es waren *meine* Eltern, über die sie das sagte, also über *mich*! Unterschwellig kroch eine Angst in mir hoch, daß sie mich als ein schlimmes Produkt dieser Verhältnisse sieht. Ich merkte, wie ich mich innerlich mit meinen Eltern solidarisierte, obwohl ich gerade über sie geschimpft hatte. Aber eine Außenstehende durfte so nicht über mich und sie urteilen. Anscheinend wollte sie mir zeigen, daß sie besser ist, und ich bekam fürchterliche Angst, aus der Norm zu fallen.»

Das Konzept der Nachbeelterung beruht auf der Annahme eines Defizits und Mangels und provoziert geradezu Eingriffe und Modelle des Nachnährens. Nachbeelterung hat den Charakter von Ein- und Übergriff. Sehen wir uns als selbstregulierende Wesen, deren geschichtliche Erfahrungen in unseren augenblicklichen Zustand einfließen und unsere Besonderheit ausmachen, ist es vermessen, von außen etwas korrigieren zu wollen, was zudem in der Vergangenheit liegt.

ULRIKES GESCHICHTE: UMSORGTWERDEN ALS BEMÄCHTIGUNG

Ulrike ist 38 Jahre alt und als Krankenpflegerin tätig. Sie selbst kann die Art der Therapie nicht näher bezeichnen. Ihr Vater ist früh gestorben, die Mutter mußte arbeiten, so daß Ulrike weitgehend verantwortlich für ihre jüngeren Geschwister war.

«Ich habe eine Therapie gesucht, weil ich mit meinen Beziehungen nicht mehr klarkam. Ich hatte sehr lange schon keine intime Partnerschaft mehr gehabt, und diese Freundschaften dauerten auch nie sehr lange. Von meinen Freundinnen fühlte ich mich ausgenutzt oder mußte ihnen nach dem Munde reden, damit sie Interesse an mir hatten. Ich hatte Angst, daß etwas mit mir nicht stimmte, daß ich selbst schuld sei.

Mit meiner Therapeutin erlebte ich zunächst sehr schöne Stunden. Ich erlebte mich angenommen und durfte weinen, mich elend und klein fühlen. Ich fand sie so sehr lieb, daß mich dies ganz wehrlos machte und ich fast süchtig wurde nach diesem lieben Blick, nach ihren Augen. Ich habe ihr bedingungslos vertraut und sehr viel über mich erzählt.

Und obwohl ich das Reden eigentlich gar nicht mehr wichtig fand, habe ich viel erzählt und genossen, daß sie mir so aufmerksam zuhörte. So etwas kannte ich nicht. Und ich kriegte natürlich auch mit, daß sie manche Dinge besonders aufmerksam und gerne hörte, nämlich, wenn ich über meine Einsamkeit als Kind erzählte oder ihr sagte, wie wunderbar ich sie fände.

Ansonsten stimmte außen manches nicht: der winzige Raum, diese schrecklichen altmodischen Sitzmöbel und der eigenartige Geruch im Raum gefielen mir nicht. Manches im Therapieraum ähnelte einem Kinderzimmer, viele Spielsachen, Teddys und Stofftiere lagen in der Ecke. Wir haben meist am Boden auf Meditationskissen gesessen, weil ich diese Sitzmöbel so haßte.

Das Ende der Stunde erlebte ich dann zunehmend furchtbarer: immer das Gefühl, nicht fertig zu sein, das Eigentliche nicht gesagt zu haben, eigentlich hungrig zu sein trotz allen ‹Gefüttert- und Versorgtwerdens›. Aber irgendwie war ich völlig fasziniert von dieser Frau, von der Zartheit, Schönheit und Ausstrahlung meiner Therapeutin.

Dennoch entstand in mir zunehmend Unwillen. Irgend etwas stimmte nicht, ich fühlte mich so festgelegt auf das bedürftige Kind. Ich wollte ihre Erwachsenenliebe. Ich spielte zwar weiterhin Kind, akzeptierte die Rolle, merkte aber, daß ich immer unglücklicher wurde und immer größere Widersprüche spürte. Ich wollte zwar nicht groß und erwachsen sein wie die von mir gehaßten Normalbürger, aber auch nicht künstlich verkleinert werden dadurch, daß alles immer auf meine Kindheit bezogen wird, und dann in einer solchen Situation.

Zunehmend erschien meine alte Angst, daß ich etwas falsch mache, nicht liebenswert bin, daß ich schuld bin. Ich versuchte aber, ihr weiterhin soviel Liebe wie möglich zu schenken, denn ich fühlte mich so abhängig von diesem Blick.

Und doch blieben immer wieder diese schalen Gefühle nach den Stunden, das viel zu schnelle Ende, die endlose Zeit zwischen den Stunden, wo ich eigentlich nur rumlungerte und oft durchhing. Manchmal kam ich mir so entleert, ganz hohl innen vor. Wenn ich diese Gefühle und meine Sehnsucht ansprach und darauf hinwies, daß das doch nicht nur meine Empfindungen seien, reagierte sie sehr distanziert und interpretierte diese als sehr frühe Gefühle, die Suche des Kindes nach der Mutter. Obwohl ich das kaum ertrug, schluckte ich es meist, hatte aber zwischen den Stunden schlaflose Nächte und Bauchschmerzen. Auch lud sie mich ein, in die kindlichen Gefühle noch tiefer einzutauchen.

Irgendwann wurde für mich sichtbar, daß meine Therapeutin schwanger war, und sie sagte es mir dann auch etwa zur gleichen Zeit. Sie saß mir eine ganze Zeit mit diesem Schwangerenbauch gegenüber, und ich ging durch wahre Wechselbäder an Gefühlen. Es war mir irgendwie unheimlich, daß sie so deutlich dieses Thema in unsere Beziehung hereintrug. Dieses Kind in ihrem Leib löste in mir unendliche Trauer, Wut und Eifersucht aus, und gleichzeitig haßte ich mich dafür. Zwar war meine Therapeutin nach wie vor ausgesprochen liebevoll zu mir und schien diese meine Gefühle sehr anzunehmen, ja fast willkommen zu heißen.

Sie hat dann nach der Entbindung – zunächst zu meiner großen Freude – relativ bald wieder Therapiestunden gegeben. Doch da das Kind nach Bedürfnis und nicht nach Zeitplan gestillt wurde, gab es hier Schwierigkeiten. Meine Therapeutin löste sie so, daß sie das Kind dann manchmal mit in die Stunden brachte, und mir leuchtete es sehr ein, daß dies wohl die bessere Lösung sei, besser, als wenn sie zu lange keine Stunden gäbe, also mich unversorgt ließe. So saß sie mir mit dem Kind auf dem Arm oder an der Brust gegenüber und schaute sehr genau auf meine Reaktionen. Als dann meine Gefühle der Enttäuschung und der Wut hochkamen, hatten diese natürlich nichts mit der aktuellen Situation zu tun. Sie wurden vielmehr von der Therapeutin meiner Kindheit und kränkenden Familiensituation zugeordnet, daß ich nicht genügend gestillt wurde. Meinem Versuch, diese Gefühle als real und auf jetzt bezogen hinzustellen, folgten immer neue Deutungen zu meiner Geschichte. Es kochte in mir über, ich fühlte meine Offenheit und meine Offenbarungen benutzt, gegen mich verwendet, in ihre Deutungen eingebaut, mich als böse und aggressiv beschämt und abgewertet. Gleichzeitig fühlte ich mich so machtlos, denn dieser

Logik der Biographie aus dem Munde einer, die sich bedeckt hält, nichts preisgibt, aber recht haben und partout die Mutter spielen will und dies nach allen Regeln der Kunst inszeniert, konnte ich doch nur ohnmächtige Wut entgegensetzen.

Ich fühlte mich mit unterschwelligen Schuldvorwürfen konfrontiert, daß ich uneinsichtig sei, kompromißlos, spaltend, und offensichtlich meine frühen Defizite so schmerzlich für mich seien, daß ich sie abwehren muß, daß sie mich aber gerne da hindurch begleiten wolle und nicht fallenlasse. Ich fand das ungeheuer, daß jemand da so für mich erwachsene Frau sprach, denn die war ich in dem Moment. Aber ich fühlte mich wie von einem Wahn bedroht, für meine Therapeutin nur Kind sein zu dürfen, an ihren nährenden Impulsen teilnehmen, klein und bedürftig sein zu müssen, ihrer Hilfe bedürfend, damit sie ihren Mutterwahn und -komplex ausleben könne. Gleichzeitig hatte ich in den letzten Stunden das Gefühl zu platzen, denn meine Therapeutin blieb ganz lieb, scheinbar besorgt um mich.

Dieses war einfach zuviel. Ich fühlte mich so mißachtet und in meinen tiefsten Gefühlen verletzt. Ich hatte vorher schon mal einen Versuch gemacht zu gehen, weil ich dachte, ich halte diese Doppeldeutigkeit nicht aus. Dies war jetzt eindeutig zuviel.

Doch natürlich ist mit so einem Weggehen nichts erledigt; eine alte Wunde ist neu aufgerissen: Ich darf nur so sein, wie die anderen mich brauchen.»

Ulrike schildert eine harmonische Anfangszeit der Therapie. Offensichtlich kommt das, was sie vorfindet, ihr zunächst sehr entgegen. Auf der Suche nach präverbaler Verschmelzung empfindet sie es als Geschenk, weinen und klein sein zu dürfen. Für sie ist es eine neue Erfahrung, daß ihr jemand aufmerksam zuhört, und sie reagiert mit bedingungslosem Vertrauen, offenbart viel über sich. Eine Weile unterliegt Ulrike der Faszination ihrer Therapeutin.

Die Begegnung mit ihrer Therapeutin entbindet in Ulrike enorme Kräfte, Fähigkeiten und Sehnsüchte. Vermutlich ist zunächst ein faszinierendes inneres Bild von Frausein und Mütterlichkeit angesprochen, das sie in ihrer Therapeutin idealisiert. Sie beginnt um die Zuwendung der Therapeutin zu kämpfen.

Ihre alte Wunde: Ich darf nur so sein, wie die anderen mich brauchen, hat sie wahrscheinlich gelehrt, seismographisch zu erspüren, was die Wünsche ihrer Mitmenschen sind, und sich diesen anzupassen. Sie hat sich eine Fassade zugelegt, die notwendig war, um angenommen und akzeptiert zu werden. So erspürt sie recht bald, daß sie insbesondere mit zwei Themen die Aufmerksamkeit ihrer Therapeutin erregen kann: dem einsamen Kind und der wunderbaren Therapeutin.

Ulrike bezeichnet die liebevolle Aufmerksamkeit ihrer Therapeutin als Gefüttert- und Versorgtwerden. Was von Ulrike eine Weile dankbar angenommen wird und in ihr ein großes Verlangen entstehen läßt, bereitet ihr im weiteren Verlauf doch massive Probleme. Sie möchte nicht auf das bedürftige Kind festgelegt sein, sondern wirbt um die Erwachsenenliebe ihrer Therapeutin. Was sucht sie selbst eigentlich genau? Die Unklarheit und Ambivalenz ihrer eigenen Wünsche und die Unklarheit über die Therapie sind vermutlich ein Grund, so lange in einem für sie schmerzlichen und unlösbaren Zustand zu verharren.

Trotz Bemutterung und Kinderzimmeratmosphäre hat Ulrike das Gefühl, daß das Eigentliche nicht angesprochen wird. Sie fühlt sich in der Resonanz auf ihre Liebe irritiert. Die verordnete Eindimensionalität stimmt mit ihrem Erleben nicht überein. Hier kreist der Vorwurf des Mißbrauchs darum, daß sie für die Therapeutin in einer bestimmten Rolle funktionieren mußte und der durch sie bestimmten Situationsgestaltung völlig ausgeliefert war.

Sie wollte als erwachsene 38jährige Frau nicht auf den Zustand eines hungrigen Kindes reduziert werden, und dies schon gar nicht angesichts des real gestillten Säuglings im Raum. Sie erlebt dies als Regressionsaufdrängung, und ungeachtet der verbalen Beteuerungen der Therapeutin ist darüber keine Verständigung möglich. Ulrike beschreibt, unterschwellige Schuldvorwürfe der Therapeutin gespürt und nur um der Beziehung willen das Kind weitergespielt zu haben. Sie tut so, als ob. Ulrikes Versuch, ihre Erwachsenenrealität in die Beziehung einzubringen und nicht alle Gefühle in der Vergangenheit und Familiengeschichte zu orten, schlägt fehl.

Die Chance, daß Ulrike in dieser therapeutischen Beziehung ihr wahres Selbst, das eben auch unschöne Gefühle wie Wut und Haß beinhaltet, zeigen darf, schwindet. Es gehört zu einer narzißtischen Beziehungsstruktur, daß derartige «negative» Gefühle eher als störend und oft als Übertragung abgetan werden, während die «positiven» Gefühle – Liebe, Harmonie und Einmütigkeit – mit großer Selbstverständlichkeit als real verbucht werden. Die Therapeutin deutet Aussagen, die für die Patientin Offenbarungscharakter haben, abgrenzend und in einer Weise, daß sich Ulrike beschämt fühlt.

Ulrike schildert sehr eindrücklich, wie unangenehm sie es empfindet, in der Kindrolle festgeschrieben zu werden, klein und bedürftig sein zu müssen und es doch nicht einmal symbolisch sein zu dürfen, weil ein reales Kind ihr den Platz streitig macht. Sie muß ihre Therapiestunde und die Therapeutin mit dem Säugling teilen und erlebt das als ungemein kränkend – doch sie befürchtet, sonst gar keine Therapie zu bekommen, also ganz leer auszugehen. Einen Wechsel der Therapeutin zieht sie nicht in Betracht. Eigenartigerweise behält die Therapeutin ihre Strategie ungeachtet der real veränderten Situation unverändert bei. Sie inszeniert eine Wiederholung von Ulrikes Geschichte, was auch durch Deutungen und Reflexionen kaum entschuldbar ist. Gerade wenn mit dem Nachbeelterungsmodell gearbeitet wird und den verletzten Kindheitsgefühlen so viel Raum zukommen soll, grenzt diese Situation an eine sadistische Herausforderung: Ich gebe dir die Chance, deine Schmerzen zu spüren. Ulrike vermutet, daß die Therapeutin ihre machtvolle Mutterrolle braucht, dafür ihre Deutungsmacht benutzt und entsprechend alles Geschehen in diesem Rahmen interpretiert. Sie reagiert mit Enttäuschung und ohnmächtiger Wut auf die Rollenfixiertheit ihrer Therapeutin, die mütterliche Zuwendung als Allheilmittel einzusetzen scheint und sich in eine unangreifbare Position bringt, wenn sie reale Konflikte zwischen sich und ihrer Patientin auf Ulrikes problematische Elternbeziehung und schwere Kindheit zurückführt. Hier zeigt sich deutlich, wie ein Nachbeelterungsmodell und Deutungsmacht auch zur Kontaktvermeidung eingesetzt werden können. Ulrike kommentiert diese Situation glasklar und hängt dennoch schmerzlich zwischen ihren Empfindungen und den Rationalisierungen fest. Da die Therapeutin an ihrem Konzept festhält und Ulrikes Gefühle als Widerstand empfindet, bleibt Ulrike nur die Unterwerfung oder der Therapieabbruch.

JÜRGENS GESCHICHTE: MIT 42 JAHREN ZURÜCK INS KINDERZIMMER

Aufgrund seiner zerbrochenen Ehe suchte Jürgen mit 42 Jahren eine Therapie. Seine Mutter hat sich umgebracht, als er 6 Jahre alt war, den Vater bezeichnet er als relativ gefühlskalten Macher. Er beschreibt sich als schüchtern, doch könne er nach außen sehr kämpferisch auftreten. Trotz einer erfolgreichen beruflichen Laufbahn in der Erwachsenenbildung spürt er in sich einen großen Mangel und Unsicherheit vor allem in Beziehungen. Er hört von einem Kollegen, zu dem er etwas näher Kontakt hat, daß eine sehr kompetente Frau aus dessen Bekanntenkreis Therapien durchführe. Sie hätte auch «bei einem Indianer gelernt» und gelte als sehr erfolgreich. Also folgte Jürgen der persönlichen Empfehlung.

«Ich besuchte einen Wochenend-Workshop, wo es um die Suche nach dem inneren Kind ging. Wir haben dort wie Kinder mit den Stofftieren und Spielsachen gespielt und anschließend einzelne Szenen aus unserer Kindheit neuinszeniert, um an die verschütteten Gefühle ranzukommen. Später malten wir dann unsere Familie, und es wurde in den einzelnen Bildern schon einiges deutlich, z. B. wo man sich selbst plazierte und wie nah oder weit weg die anderen waren, auch wie groß und bedeutend die einzelnen empfunden wurden. Wir hatten auch alle

Kinderfotos mitgebracht und äußerten unsere Phantasien zu diesen Bildern. Später sollten wir uns am Boden wie kleine Kinder bewegen, robben, krabbeln und die Welt aus dieser Perspektive sehen, wir sollten uns auch aneinanderkuscheln, also Körperkontakt suchen und nachholen.

Ich machte das alles bereitwillig mit, in vollem Vertrauen, daß durch dieses Therapieprogramm sich etwas von meinen inneren Blockaden lösen würde. Ich hatte die Bücher von Alice Miller gelesen und in letzter Zeit immer wieder gedacht, ich müsse zu diesem verschütteten Kind in mir Kontakt aufnehmen. Bei den anderen Kursteilnehmern, vor allem Frauen, gab es Tränen und Trauer, bei mir eher eine eigenartige Befangenheit und fast Scham, die Dinge, die mich und meine Geschichte wirklich berührten, hier vor wildfremden Menschen auszubreiten und mit ihnen Kinderspiele zu spielen. Es war bei diesem Spielen auch keine besonders fröhliche Stimmung, eher so eine zähflüssige Schwere, so eine depressive Wolke, als ob jeder in einem eigenen verhängnisvollen Film festhängt. Die Therapeutin deutete das als die Stimmungen und die alten Gefühle von einst, die hier neu erlebt würden. Trotz des spielerischen Zugangs hatte ich an diesem Wochenende manchmal so eine Empfindung, als ob ich schwere Lasten mittragen würde. Ich fühlte mich zeitweilig extrem hilflos, wenn jemand so heftig weinte und eigentlich keiner etwas an diesen schrecklichen Erfahrungen ändern konnte. Obwohl alle sehr einfühlsam die Geschichten der anderen aufnahmen, fand ich dieses Wochenende sehr anstrengend.

Doch weil ich die Kursleiterin sehr sympathisch fand, meldete ich mich zur Einzeltherapie bei ihr an und ging dann etwa ein halbes Jahr wöchentlich einmal zu ihr. Sie sagte, daß ich verständlicherweise nach der zu früh verschwundenen Mutter suchen würde. Vermutlich hätte ich auch vorher nie genug Wärme bekommen, wenn meine Mutter so suizidal gewesen wäre. Ich glaubte mehr, daß sie wohl recht hätte, als daß ich dies selbst so gespürt hätte. Sie sagte, daß wir diese Wunden versorgen müßten und daß es darum ginge, alle Kindheitsphasen symbolisch noch einmal zu durchlaufen, um die alten Erfahrungen zu bearbeiten. Dazu wäre es gut, wenn ich mir auch zu Hause eine Ecke der Kindheit einrichten würde mit Spielsachen und Bildern und vorübergehend auch ruhig einen Teddybären ins Bett nehmen solle. Meine Freunde fanden diese neuen Anwandlungen recht merkwürdig. Aber ich war derzeit fest davon überzeugt, daß dieses Programm schon seinen Sinn erfüllen würde. Ich fuhr in meine alte Heimat und besuchte die Leute, die jetzt in unserem früheren Elternhaus wohnten, und fragte die ehemaligen Nachbarn nach Situationen von damals. Ich glaube, daß ich viele Leute mit meiner Suche nach dem Kind in mir und Spuren meiner Kindheit sehr befremdet habe. Auch fühlte ich mich selbst mit meinen an dem ersten Wochenende gewonnenen neuen Freunden irgendwann wie im Käfig, denn die anderen fielen entweder in ihre eigenen Grübeleien und Kindheitsgeschichten oder waren nicht mehr sonderlich interessiert, die meinigen zu hören – außer meiner Therapeutin. Aber genau das wurde zum Problem, denn ich hatte mich in diese Frau verliebt, genoß es, mich in ihren Arm kuscheln zu können und von ihr gestreichelt zu werden. Ich hatte den Eindruck, daß auch sie dies sehr genießen konnte. Das war konkret und ganz real, und mich machte es fuchsteufelswild, wenn sie dann so tat, als sei ich nur der Dreijährige von einst. Also Mißbrauch kann man das wohl nicht direkt nennen, aber irgendwie komisch kam es mir doch vor.

Denn zunehmend öfter befiel mich ein Gefühl: Sie liebt mich also auch! Ich bekam aus dem Urlaub eine Karte, zum Geburtstag eine Schallplatte mit meiner Lieblingsmusik, zu Weihnachten ein wunderschönes Bilderbuch für erwachsene Kinder. Auch ich machte ihr Geschenke, brachte ihr Blumen mit, nahm ihr Musik auf. Ich las alle die Bücher, die bei ihr rumlagen, um mit ihr in ein Erwachsenengespräch zu kommen.

Gegangen bin ich dann, als ich nach dem Urlaub in die Therapiestunde kam und sie mir wieder so eine Art Spielwiese aufgebaut hatte. Mein alarmierendes Gefühl war, sie hat ein Kinderzimmer für mich hergerichtet, und das wird mein Gefängnis, wenn ich nicht gehe.

Inzwischen kann ich das ganz locker sehen, das war damals der Anfang. Inzwischen habe ich sehr viel wirkungsvollere Wachstumsmodelle kennengelernt.»

Jürgens Erzählung präsentiert ein buntes Kaleidoskop an Methoden und Aktionen, auf die er sich einläßt, um seine verschüttete Kindheitsgeschichte wiederzufinden. Die Workshop-Übungen sollten eine Verbindung zu den eigenen Erlebnisweisen herstellen und sind geeignet, etwas anzustoßen, Gefühle und Bilder anzuregen. Doch handelt es sich um ein Selbsterfahrungsangebot, nicht um Therapie. Was dort und später auch in den Einzelstunden massiv in den Vordergrund rückt, sind verschiedene gefühlsevozierende Methoden, die eine Spur oder Verbindung zur eigenen Kindheitsgeschichte herstellen können. In seriösen Therapien wird dieses Vorgehen vermutlich keine so dominante Rolle spielen, sondern eher als eine Möglichkeit der Rückbindung bestimmter gegenwärtiger Gefühlsqualitäten dienen.

Jürgen läßt sich bereitwillig auf dieses «Therapieprogramm» ein. Wohl spürt er den künstlichen Charakter der Situation und registriert bei sich Befangenheit und Scham, während andere in Tränen zerfließen. Dennoch ist er überzeugt von der Wirksamkeit dieses Vorgehens und hat die Erwartungshaltung, daß die inneren Dinge in Bewegung geraten. Therapie und Lernprogramm sind für die meisten Therapierichtungen aber sehr verschiedene Dinge. Daß auch in Therapien gelernt wird, steht außer Frage, rückt ein Lernprogramm jedoch in den Vordergrund, weckt dies Assoziationen an ein verdinglichtes medizinisches Denken, das mit bestimmten Medikamenten bestimmte Symptome kuriert. Selbst in der Verhaltenstherapie, der es um eine gezielte Neukonditionierung und darum geht, störende Symptome wieder zu verlernen, schaut man heute mehr auf das Gefühlserleben der Klienten und die Einstellungen, die hinter den jeweiligen Problemen stecken.

Jürgens Erzählung läßt vermuten, daß er nicht um therapeutische Alternativen weiß und deshalb dem Hinweis seines Kollegen folgt.

Das sorgt für ein gewisses Vertrauen, dennoch ist für Jürgen ausschlaggebend, daß er sie sympathisch findet. Daß diese Frau «bei einem Indianer gelernt» hat – für andere wäre dies möglicherweise ein Signalwort – und was das bedeutet, scheint Jürgen nicht weiter zu interessieren.

Jürgen ist etwas zurückhaltend mit dem Vorwurf des Mißbrauchs. Er beklagt weniger die mächtige Inszenierung von Kinder- und Kindheitsszenen als vielmehr den Mangel einer Alternative der Verständigung. In seiner Wahrnehmung benutzt die Therapeutin diese Inszenierungen, um das gegenwärtig Reale zu verwischen und ihn in einem Kinderzimmer festzusetzen. Die Berührungen und Geschenke der Therapeutin erlebt er als real, auch wenn sie symbolisch dem dreijährigen Jürgen gelten sollen. Und scheinbar wird über diese Brechung im Erleben nicht oder nicht genug gesprochen. Seine hilflos anmutenden Versuche mißlingen, über diese vergangenheitsorientierte Inszenierung auch auf der Erwachsenenebene Kontakt zu finden – er liest die gleichen Bücher wie sie. Gleich zu Beginn der Einzelstunden liegt der Fokus der Aufmerksamkeit auf der Mutter-Kind-Konstellation und seinen defizitären Erfahrungen. Und obwohl er das selbst in diesem Moment nicht so spürt, glaubt er ihr, gibt ihr recht. Über eine Klärung der aktuellen Gefühle und Wünsche zwischen ihnen erzählt Jürgen nichts, möglicherweise ist das für die Therapeutin unbedeutend, und Jürgen akzeptiert scheinbar ihre Schwerpunktsetzung. Vieles spricht dafür, daß die Therapeutin ein Programm verfolgt: Er soll alle Kindheitsphasen noch einmal durchlaufen, um korrigierende Erfahrungen zu machen, das paßt offenkundig zu seinem Lernbedürfnis. Aus Sympathie für die Therapeutin beginnt er mit Einzelstunden, so daß eine reale Beziehungsebene zwischen ihnen entsteht. Möglicherweise schützt die ihm zugewiesene regressive Kinderrolle eine von der Therapeutin benötigte unbewußte Machtinszenierung. Vermutlich ist es seine Erwartung, daß sie diese Konstellation auflöst, zumal er reale Liebesgefühle bei ihr wahrzunehmen meint. Obwohl er das «Therapieprogramm» akzeptiert und gewissenhaft erfüllt, hat er das Gefühl, in einem Käfig gefangen zu sein, und er geht letztendlich, weil dieser Kinderzimmerkult zum Gefängnis zu werden droht.

Schon anfänglich hatte er die Atmosphäre der Kinderspiele als bedrückend, beschwerend und trotz der gegenseitigen Anteilnahme als isolierend erlebt. Dieses Gefühl verstärkt sich zunehmend, und auch seine Freunde reagieren befremdet auf seine so eifrige Spurensuche. Leider sagt er nichts darüber, wie seine Therapeutin und die Gruppenmitglieder mit den Gefühlen der Scham und Befangenheit umgehen. Man hat eher den Eindruck, daß er mit seiner erlebten Hilflosigkeit trotz der einfühlsamen anderen relativ allein bleibt. Daß das verwundete oder hungrige innere Kind, so wie es sich in der gegenwärtigen Situation zeigt (mit Gefühlen der Scham, Befangenheit und Liebessuche), eben nicht wirklich gewürdigt wird. Es scheint, als ob die angeleiteten Inszenierungen heimlich äußeren Normierungsprozessen folgen. Insofern wäre es kein Wunder, wenn Jürgen sich scheut, die Dinge, die ihn «wirklich berühren», vor wildfremden Menschen auszubreiten, und statt dessen in guter väterlicher Gefolgschaft auf die Wirkung von Lernprogrammen setzt.

Jürgen glaubt eine Weile an die Richtigkeit dieser Unternehmung. In dieser Phase greifen sicher individuelle biographische Momente und ein problematisches Selbsterfahrungsangebot ineinander. Wenn dies verstanden und bearbeitet werden könnte, läge hierin sicher eine große Chance. Doch seine Erzählung vermittelt eher den Eindruck eines paradoxen Geschehens, in dem es nicht um das verletzte innere Kind geht, sondern vielmehr ein selbstzweckhafter Kindheitskult betrieben wird.

MISSBRAUCH, MODE-DIAGNOSEN ODER DER STREIT UM DIE ERINNERUNG

Mehrere meiner Interviewpartnerinnen berichteten, daß zumindest einmal in ihrer Therapie eine Vermutung hinsichtlich sexuellen Mißbrauchs geäußert wurde. Die meisten hatten bereits selbst in diese Richtung Vermutungen angestellt, einige waren regelrecht enttäuscht, wenn sie keine eklatanten Erinnerungen in ihrer Gechichte festmachen konnten.

Seit geraumer Zeit hat das Thema des sexuellen Kindesmißbrauchs einen hohen Stellenwert in Psychotherapien und entwickelt als Mode-Strömung eine problematische Eigendynamik. Therapeutische Diagnosen sind gesellschafts- und auch zeitabhängig: Jede Zeit hat ihre typischen Krankheitsbilder und Methoden, die sich wiederum auf Angebote und Nachfragen in der Therapie auswirken. So sucht man im Kleinanzeigenteil nach speziellen Therapiemethoden (z. B. nach Alice Miller) oder aber empfiehlt sich als Experten für sexuellen Mißbrauch.

Mode-Diagnosen selbst können zu einer Form des Mißbrauchs werden. Wenn eine Diagnose schon feststeht, bevor ein Patient den Raum betritt, wenn der Therapeut dem Patienten aus der ubiquitären Vermutung sexuellen Mißbrauchs heraus den eigenen Standpunkt aufdrängt, wird Therapie zu einer höchst problematischen, äußerst fragwürdigen Angelegenheit. Viele Klienten neigen aufgrund ihrer besonderen Befindlichkeit dazu, den Therapeutenworten großen Glauben zu schenken. Es liegt auf der Hand, daß in solchen Konstellationen exakt das Phänomen entstehen kann, das zu bekämpfen vorgegeben wird. Hier ist die Formulierung vom Mißbrauch des Mißbrauchs zutreffend.

Angefeuert von zahlreichen «Selbsthilfebüchern» und durch die öffentliche Diskussion über den sexuellen Mißbrauch, suchte eine große Anzahl von Menschen in der eigenen Biographie nach Mißbrauchsspuren. Der Ton der Debatte war ebenso suggestiv wie die weitverbreiteten Checklisten. Es war kaum möglich, sich nicht als Mißbrauchsopfer zu sehen. Elizabeth Loftus zitiert eine kleine Symptomliste, die John Bradshaw 1992 als typisch für erwachsene Mißbrauchsopfer veröffentlichte:

«1. Wissen Sie oft nicht, was sie wollen?

2. Haben Sie Angst vor neuen Erfahrungen?

3. Wenn jemand Ihnen einen neuen Vorschlag macht, haben Sie dann das Gefühl, daß Sie ihn annehmen müssen?

4. Befolgen Sie die Ratschläge anderer Leute, als ob es sich um Anordnungen handelte?»

«Wenn Sie auch nur eine dieser Fragen bejaht haben, können Sie damit rechnen, daß Ihnen in einer frühen Entwicklungsphase, nämlich zwischen dem neunten und achtzehnten Lebensmonat, als Sie anfingen, zu krabbeln und Ihre Umgebung neugierig zu erkunden, ein schwerer Schaden zugefügt wurde.» [22]

Ähnliche Checklisten finden sich auch in dem Selbsthilfebuch *Trotz allem* von Ellen Bass und Laura Davis, das auch in Deutschland weit verbreitet und polemisch als «Bibel des sexuellen Mißbrauchs» bezeichnet worden ist. Die angewandten Kriterien sind aber so unspezifisch, allgemein und weit gefaßt, daß jeder Mensch etwas darin finden wird, was auf ihn zutrifft. Gefühle und Verhaltensweisen, mit denen jeder mehr oder weniger zu tun hat, werden zu Symptomen für traumatische Erfahrungen erklärt. So wird ein gefährlicher kausaler Rückschluß auf bestimmte frühere Ereignisse suggeriert. Doch auch die nichtvorhandenen Erinnerungen werden zu Indikatoren: «Wenn du dich nicht an den Mißbrauch erinnern kannst, bist du nicht die einzige. Viele Frauen können sich nicht erinnern, und manche werden sich nie erinnern. Das heißt nicht, daß du nicht mißbraucht worden bist.» [23]

Wenn sich nun Therapeuten ausdrücklich auf diesen Problembereich spezialisieren, dürfte die Neigung zum Zirkelschluß unverkennbar sein. Unter der Prämisse wird man mit großer Sicherheit fast immer fündig – wer hinter jedem Gefühl und Problem verdrängten Mißbrauch vermutet, wird auch eine entsprechende Klientel anziehen. In der Spezialisierung selbst liegt bereits ein Problem: Der verengte Fokus läßt leicht aus dem Auge verlieren, daß die Therapiesuchenden unterschiedliche Facetten ihrer Persönlichkeit mit sich bringen. Ein Therapeut sollte sich weder als Detektiv verstehen, der mit Spürnase einen Fall aufklärt, noch sich als Anwalt des Mißbrauchsopfers begreifen.

IDENTITÄTSKONSTRUKTION ALS MISSBRAUCHSOPFER

In Körpertherapien wird davon ausgegangen, daß der Körper Erinnerungen in Form von Energie speichert, auch traumatische Erinnerungen, denen gegenüber sich unser Bewußtsein verschließt. «Wenn bestimmte Körperstellen berührt oder massiert werden, können die Energieblockaden gelöst und die Erinnerung stimuliert werden.»[24] Doch gibt es keinen Beweis, daß man aus einem bestimmten Zustand von Muskeln und Gewebe auf eine konkrete Erinnerungsepisode schließen kann.

Auch in kunsttherapeutischen Methoden, beim Malen, Schreiben und Modellieren, tauchen viele beeindruckende Symbole auf, die sich unschwer als sexuell interpretieren lassen. Doch erlauben sie kausale Schlußfolgerungen auf konkrete Erlebnisse? Vermutlich weisen solche Symbole auf gegenwärtige Schwierigkeiten hin. Die existentiellen Fragen «Wer bin ich, was ist meine Geschichte und wie bin ich geworden, was ich bin» erfahren durch die «Entdekkung» des sexuellen Mißbrauchs eine Antwort. Die (Re-)Konstruktion unserer eigenen Geschichte gibt dem Leben Halt und Sinn und liefert Begründungen für unser gegenwärtiges Handeln und Denken, sie ist eine Möglichkeit der Selbstvergewisserung. Dabei ist es zunächst unerheblich, ob das, was wir erzählen und über uns glauben, wahr oder falsch ist.

Bestimmte Therapien verleiten dazu, durch die Beschäftigung

mit einem bestimmten Problem aus Geschichten eindrucksvolle Problemgeschichten zu machen. Gerade in persönlichen Krisenzeiten steht die Frage nach dem Warum im Vordergrund und prädisponiert die Betroffenen für die Hilfesuche bei solchen Experten, die einfache und schnelle Lösungen versprechen. *Wie* wir unsere Geschichte erzählen, hängt nicht nur von den vorgefallenen Tatsachen ab, sondern von unserer momentanen Lebenssituation, der Erzählsituation, von unserem Gegenüber bzw. den Fragen und Reaktionen des Zuhörers.

Manchmal werden Kindheitsgeschichten in Therapien neu formuliert, umgeschrieben oder ganz neu entdeckt. Problematisch ist es, wenn sich damit ein Anspruch auf absolute Wahrheit verbindet. Problemgeschichten mögen kurzfristig entlastende Funktion haben, weil sie eine Antwort auf «Warum-Fragen» liefern. Zur Bewältigung von Krisen tragen sie selten bei und erzeugen eher eine Sogwirkung, immer tiefer zu bohren und zu gründeln, immer neue Therapien auszuprobieren. Eine kausale Erklärung – Rückschluß von Symptomen auf bestimmte frühere traumatische Ereignisse – birgt die Hoffnung oder auch den Anspruch auf (Er-)Lösung in sich, die Erwartung eines Happy-End und daß sich alles zum Besten wenden werde.

Dieser Glaube nährt auch den Mythos, daß Erinnerung an sich bereits heilsam sei. Das ist jedoch fast ausgeschlossen, wenn die biographische Geschichte als Opferidentität konstruiert wird. Helm Stierlin, der systemische Familientherapeut, beschreibt, daß Problemgeschichten den Charakter von sich selbst erfüllenden Prophezeiungen haben: sie «stellen gleichsam mit der Brechstange Kontinuität her, sie konstruieren einfachste lineare Kausalität»[25]. Problemgeschichten drehen sich um bestimmte Themen und haben die Tendenz, ihre Schöpfer zu beherrschen, denn letztere halten ihre Geschichten für «wahr». In «Weil-deshalb-Geschichten» laufen lineare Wirkungsketten, in denen Ursache und Schuld identisch werden. Zwar bieten solche Geschichten vorübergehend Halt, jedoch wirken sie langfristig meist zerstörerisch auf den einzelnen und seine sozialen Bezüge. Bevor dieser Zusammenhang an einem Beispiel verdeutlicht werden soll, ist es sinnvoll, zuvor die Fragen nach der Erinnerung zu präzisieren: Was können wir eigentlich erinnern? Welche Bedeutung hat unser Gedächtnis?

DER STREIT UM DIE ERINNERUNG

Die Ergebnisse der Hirnforschung sollten uns im Hinblick auf das Vermögen der Erinnerung zu großer Skepsis veranlassen. Erinnerung ist die Fähigkeit, etwas Erlebtes zu wiederholen – allerdings mit Fehlern, behauptet der Medizinnobelpreisträger Gerald Edelman. Beteiligt seien daran 200 bis 400 Milliarden Gehirnzellen, von denen jede etwa 10000 Verbindungen hat. Abläufe im Gehirn können mit Hilfe des Positronen-Emissions-Tomographen (PET) auf einen Bildschirm projiziert werden. Doch «bei Personen, die sich an ein reales Erlebnis erinnerten, leuchteten auf dem Monitor dieselben Gehirnregionen auf wie bei jenen, die sich ein Ereignis nur vorstellten»[26].

In den zahlreichen Gerichtsprozessen in den USA gehen Klägerinnen in der Regel davon aus, daß ihre Erinnerungen an einen Mißbrauch, auch wenn das mehr als dreißig Jahre zurückliegt und jahrzehntelang verdrängt war, präzise und echt sind, quasi photographisch die damalige Realität abbilden. Wenn diese Bilder durch einen Flashback, ein bestimmtes Gefühl, einen Geruch oder Geräusch urplötzlich auftauchen, werden sie von vielen Betroffenen nicht für Rekonstruktionen gehalten, sondern für Reproduktionen. Unter der Prämisse, daß sexueller Mißbrauch in der Kindheit allgegenwärtig sei, wurden in etlichen Therapien durch Suggestion und Beeinflussung Erinnerungen implantiert, die die Betroffenen als real erlebten und sich zu gerichtlichen Klagen veranlaßt sahen.

In den USA haben sich inzwischen 9500 Personen, die sich zu Unrecht des Mißbrauchs beschuldigt fühlen, in der «False Memory Foundation» zusammengeschlossen. Unterstützung erfahren sie von der Psychologin Elizabeth Loftus, die in jahrelangen Gedächtnisforschungen die Beeinflußbarkeit unserer Erinnerungen nachgewiesen hat. Erinnerungen passen sich nicht nur unserem gegenwärtigen Selbstbild an, sie sind auch in hohem Maße durch die Erinnerungen anderer beeinflußt. Auch funktioniert unser Gedächtnis nicht wie eine Ablage im Gehirn, sondern als ein Prozeß stetiger neuer Konstruktionen. «Eine Erinnerung besteht aus Fragmenten des Ereignisses, seiner nachträglichen ‹Bearbeitung› durch Diskussionen und neue Einflüsse, aus Bewertungen und Kommentaren anderer Menschen, und vielleicht vor allem aus den gegenwärtigen Einstellungen eines Menschen zur eigenen Vergangenheit.»[27]

Auch Loftus stellt nicht grundsätzlich in Frage, daß es Verdrängung gibt, und ebensowenig, daß reale Erfahrungen in einer Therapie aufgedeckt werden können. Wo die Erinnerung jedoch zur Kriegsführung gegen unschuldige Familienangehörige benutzt wird und neues Elend produziert, gilt es, die Bedingtheit und Relativität unserer Erinnerungen zu betonen. Wo es um eine generelle Aussage über Richtigkeit oder Falschheit von (wiedergefundenen) Kindheitserinnerungen geht, ist zumeist ein funktionaler Aspekt beteiligt – entweder für die eigene Identitätskonstruktion oder als Waffe gegen andere. Das Spiel mit der Wahrheit – und sei es mit der Wahrheit der Erinnerung – ist ein Machtspiel.

Inwieweit Verdrängtes faktische historische Wahrheit und reale Situationen beträfe, war auch eine Frage in der Geschichte der Psychoanalyse. Freud ließ die Traumatheorie fallen, die reale Geschehnisse zugrunde legt und der er in seinem Frühwerk anhing. Später betonte er, daß es vor allem um den verdrängten emotionalen Gehalt der frühen Erfahrungen geht.[28] Doch selbst für die Annahme, daß solche emotionalen Erinnerungen ewig bestehen, gibt es nach Elizabeth Loftus keine Beweise.

Die berechtigten Zweifel am Konzept der Wiedererinnerung sollen nicht die Tatsache in Frage stellen, daß es sexuellen Mißbrauch gibt. Doch pauschale Mißbrauchsvermutungen schaden denjenigen am meisten, die wirklich betroffen sind. Therapien können die

Folgen des Mißbrauchs verschlimmern, wenn jemand im Opferstatus festgeschrieben wird. Auch wenn wir durch das, was uns geschehen ist, maßgeblich geprägt wurden, haben wir mehr als eine Möglichkeit, damit umzugehen. Wichtig wäre, «daß wir die Beeinflußbarkeit, Formbarkeit und Fragilität unserer Erinnerungen kennen und akzeptieren, daß es niemals nur eine Antwort auf die Frage ‹Warum› gibt.»[29]

MARGITS GESCHICHTE: «MISSBRAUCH AUF ALLEN EBENEN»

Margit ist Mitte 40 und berichtet über mehrere Therapien verschiedener Richtungen:

«Ich habe Therapie gesucht, weil ich in tiefsten Depressionen steckte, eine große Angst vor Nähe hatte und entsprechende Beziehungsschwierigkeiten. In meiner langen Therapiegeschichte mit unterschiedlichen Therapeuten haben alle an mir verdient, doch keiner half.

Vor meinem ersten Therapeuten (ein Gesprächstherapeut) hatte ich Angst. Ich blieb trotzdem ca. zwei Jahre, weil ich dachte, ich kann doch nicht fernbleiben, wenn mir jemand helfen will. Ich hab das mit mir machen lassen. Doch eigentlich brauchte er selber Hilfe. Dann war ich bei einem Psychologen, der gerade sein Examen gemacht hatte. Dieser, meine nächste Therapeutin (eine Psychologin) und ein Hypnosetherapeut sagten mir, daß sie mir nicht helfen können. Auch ich hatte immer das Gefühl, ein Versuchskaninchen zu sein, blieb in meiner Verzweiflung dennoch je ein Jahr. Bei einem weiteren Gesprächstherapeuten, der einige Bücher geschrieben hat, atmete ich auf: Er versprach mir die totale Heilung. Doch nach einem halben Jahr hat er alles widerrufen. Ich ging dann zu einer Verhaltenstherapeutin, wieder für etwa ein Jahr, obwohl ich von Anfang an glaubte, dies sei nicht die richtige Methode für mich. Sie beruhigte mich und sagte, daß das nur meine Ängste und meine Therapieabwehr seien. Bei ihr war es die reinste Dressur: Auch wenn's draußen stürmte und regnete, durfte ich nur ganz pünktlich klingeln. Bei Nichterfüllung mußte ich mir etliche Vorwürfe anhören und mich entschuldigen. Nach einem Jahr habe ich ihr einen Artikel über Therapiemißbrauch vorgelegt. Der Artikel enthielt Informationen darüber, daß manche Therapeuten ihre Klienten wegen des Geldes halten oder weil sie von denen viel lernen. Das entsprach meinen Gefühlen. Meine Therapeutin wurde darüber sehr wütend. Nach einer Woche teilte sie mir mit, daß die Therapie mit mir abgeschlossen sei und sie vieles durch mich an sich entdeckt habe, was sie so vorher nicht kannte. Ich antwortete, daß ich zum ersten Mal seit einem Jahr das Gefühl habe, sie sage die Wahrheit, und daß ich meinen Hut vor ihr ziehe. Der nächste Therapeut machte Hypnotherapie nach Milton Erikson. Er erzählte mir mehr über sich und andere Klienten, als daß ich ihm erzählen durfte. Die Zeit lief mir immer weg, denn ich hatte keinen Mut, ihn zu unterbrechen. Meine Kehle war zugeschnürt, und der Bauch schmerzte.

Bei einem Aufenthalt in einer Psychosomatischen Klinik erfuhr ich den Mißbrauch auf allen Gebieten: Lügen durch das Personal und die Geschäftsführung, Mißachtung und Mißhandlung in jeglicher Form. Wenn jemand widersprach, wurde er sofort mundtot gemacht. Mein Vertrauen in die Therapeutin wurde etliche Male mißbraucht. Äußerungen aus der Therapie wurden weitererzählt, und alles, was zwischen uns bleiben sollte, wußten plötzlich alle anderen. Ihre nachträglichen Entschuldigungen haben die entstandenen Verletzungen und Wunden leider nicht heilen können. Ich hätte gerne mit einem Therapeuten, zu dem ich Vertrauen gefaßt hatte, gearbeitet. Doch das wurde nicht erlaubt. Sie sagte, sie fühle sich kompetent für mich und wolle mit mir meine Schwierigkeiten, die ich ja mit allen hätte, bearbeiten. Das andere wäre ein Weglaufen. Ich habe dann höllisch aufgepaßt, daß ich sie nicht aggressiv mache oder verletze. Meine ganze Kraft habe ich darauf verwendet, eine Musterpatientin zu werden, weil ich um die Macht der Therapeuten und Psychiater weiß. Ich hatte Angst, daß ich sonst mit schlimmen Diagnosen belegt werde, für verrückt erklärt werde, also habe ich für mein Image gearbeitet. Gegen meinen Willen und mein Gefühl wurde ich mit einer tiefsten Depression als gesund entlassen und mußte hinterher wochenlang krankgeschrieben werden, weil Arbeit in meinem Zustand gar nicht möglich war. Die Therapeutin achtete nur auf ihr Gefühl, nicht auf das ihrer Klienten. Immer wieder hat sie betont, daß sie am längeren Hebel sitzt, was in mir totale Ängste auslöste. Ich finde es so unfair, die stärkere Position gegenüber einem Hilfesuchenden auszunutzen. Alle Schikanen habe ich erduldet, weil ich zuerst dachte, es sei eine Taktik, um mir zu helfen, und ich Angst hatte, zu fliehen oder die Klinik verlassen zu müssen, auch weil meine Hoffnung, man wolle mir helfen, größer war als alle Peinigungen und Grenzverletzungen.

Meine Hoffnung, mit professioneller Hilfe meine Wunden heilen zu können, ist zerschlagen. Mein Vertrauen zu Therapeuten ist gestört durch die vielen negativen Erfahrungen, es gibt kein Vertrauen mehr. Der starke seelische Schmerz und die Peinigungen, die ich durch Menschen erfuhr, die sich Therapeuten nennen, läßt sich kaum in Worte fassen. Ich habe manchmal das Gefühl, den Verstand zu verlieren, und es ist, als ob meine Seele brennen würde. Doch ich brauche Hilfe und habe panische Angst, mich auf weitere therapeutische Experimente einzulassen.

Mit dem Gestaltungstherapeuten in der Klinik hätte ich gerne weitergearbeitet, aber das wurde ja nicht genehmigt, und er sagte auch selbst, es wäre wohl erst mal genug, es käme wohl erst mal nichts Neues. Ich hatte einige Stunden bei ihm mit Tonerde gearbeitet. Hierbei hatte ich immer wieder mit geschlossenen Augen – wie in Trance – lange Röhren, überdimensionale Penisse geformt. Dieser Gestaltungstherapeut äußerte die Vermutung, daß ich als Kind sexuell mißbraucht worden sei. Zwar hatte ich keinerlei Erinnerungen, aber irgendwo mußten meine ganzen Schwierigkeiten mit Sex und anderen Menschen ja herkommen!

Er fragte mich, was ich mit diesem Tonpenis machen wolle. Zerstören wollte ich ihn, formte dann aber den Ton zu einer Kugel. Der Therapeut sagte, ich solle sie in die rechte Hand nehmen und genau hinspüren. Ich streckte meinen Arm mit der Kugel und stand da wie die amerikanische Freiheitsstatue, kräftig und siegesgewiß. Links versagte meine Kraft, und es überkamen mich entsetzliche Schamgefühle und tiefe Verzweiflung. Ich versteckte die Hand mit der Kugel hinter meinem Rücken und fühlte mich entsetzlich gedemütigt. Vorher hatte ich ihm erzählt, daß ich meinen Vater immer mit der linken Hand befriedigen mußte. Ich hatte es erzählt, oder besser gesagt, es erzählte sich durch mich, denn ich hatte ja keine realen Erinnerungen. Ich fragte ihn, ob so etwas angehen könne, daß man etwas erzählt, ohne genaue Bilder zu haben. Er sagte, daß er keinen Zweifel hätte, nach dem, was hier passiert sei, es sei wie ein Beweis, und ich fühlte mich irgendwie entlastet. Gleichzeitig war es furchtbar, weil ich am nächsten Tag entlassen wurde und nicht wußte, wie ich mit diesen neuen Erkenntnissen umgehen sollte. Seitdem besteht mein Leben mehr oder weniger aus Katastrophen.

Nach dem Klinikaufenthalt rief ich meine Mutter an und fragte sie nach Einzelheiten. Sie war völlig entsetzt: Was haben die Therapeuten denn nun wieder mit dir angestellt?! Nun bist du ja wohl völlig übergeschnappt!

Manchmal denke ich heute, vielleicht habe ich meinem Vater wirklich großes Unrecht getan, denn erinnern kann ich mich bis heute an nichts Genaues. Vielleicht hat sich da auch etwas vermischt, denn ich war kurz vorher von einem meiner Unidozenten vergewaltigt worden. Der Kontakt zu meinen Eltern ist allerdings ganz abgebrochen.»

Was läßt erwachsene Menschen immer wieder nach Beziehungen suchen, die ihnen offensichtlich nicht nur guttun, Zustände und Symptome verschlimmern und für die sie obendrein noch zahlen?

Margit erzählt von ihren vielfältigen Therapieerfahrungen als einer langen Leidensgeschichte. Sie fühlt sich finanziell und seelisch mißbraucht, zum Versuchskaninchen degradiert und Erziehungsprogrammen unterworfen. Ihr Bericht läßt an Therapeuten und Therapien kaum ein gutes Haar. Dennoch hat sie weiterhin den Eindruck, therapeutische Hilfe zu brauchen.

In jedem der so zahlreichen und unterschiedlichen Therapieversuche ist offenbar ihre Hoffnung auf Hilfe größer als ihr Vorbehalt. Ihre Notlage, die Unsicherheit und wohl auch Unkenntnis über den Therapieansatz verführen sie dazu, Signale und Momente, die befremdlich oder merkwürdig wirken, zu übergehen. Solange sie das Gefühl hat, jemand wolle ihr helfen, überspielt sie ihre Gefühle (z. B. ihre Angst vor dem ersten Therapeuten) und läßt in bedingungsloser Loyalität alles mit sich machen, fühlt sich unfähig zu gehen. Obwohl sich die Erfahrungen des Scheiterns und der Enttäuschung wiederholen, die Ängste vor erneuten Vertrauensbrüchen zunehmen, ist sie trotz ihres Mißtrauens bereit, sich immer wieder in therapeutische Situationen zu begeben. Sie gewährt ihrem Gegenüber einen enormen Vertrauensvorschuß, konfrontiert ihre Therapeuten allerdings auch mit enormen Erwartungen.

Durch die gesamte Erzählung tobt ein erbitterter Machtkampf um Kompetenz und Ohnmacht, Auf- und Entwertung. Enttäuschte Erwartungen und unterdrückte Gefühle motivieren Margit, die nun ihrerseits die Therapeuten als inkompetent, hilfsbedürftig und unprofessionell abzuwerten oder der Lüge überführen zu können glaubt. Offensichtlich bleiben alle Erfahrungen unbearbeitet – zumindest wird ihr daran nichts so verständlich, daß daraus Veränderung folgt. So ist der Kreislauf aus bedürftiger Hilfesuche und enttäuschtem Fallen-gelassen-Werden beziehungsweise Therapieabbruch vorprogrammiert.

Warum bleibt Margit in Situationen, die ihr nicht guttun? Wenn sie zumindest dafür die Eigenverantwortung übernehmen und eine Mitbeteiligung an problematischen Situationen anerkennen würde, wäre dies ein erster Schritt aus der Opferrolle heraus. Wer gehen und nein sagen kann, verläßt die Opferrolle. Vielleicht braucht sie gerade dabei therapeutische Unterstützung. Wenn sich ein destruktiver Kreislauf mit einer solchen Hartnäckigkeit inszeniert, wird er kaum von der Patientin allein zu durchbrechen sein. Hier gründet vermutlich ihr kontinuierliches Gefühl, Hilfe von außen zu benötigen.

Was sucht Margit eigentlich? Die bunte Aufeinanderfolge verschiedener Verfahren mit ähnlichem Ausgang mutet an wie ein inszeniertes Versteckspiel, mit dem sie die Belastungsfähigkeit und Vertrauenswürdigkeit der Therapeuten testet. Sie schreibt ihnen anfangs eine enorme Macht zu, was möglicherweise zu Aussagen wie «Ich kann dir helfen» verführt. Absolute Erwartungen an ein Gegenüber können nur in Enttäuschung enden. In dem Maße, wie Margit im Therapeuten die Ursache für ihre Heilung sehen möchte, wird er in der Enttäuschung zur Ursache ihrer Pein. So kommt sie gar nicht erst in die Lage, ihren Anspruch auf vollständige Heilung in Frage zu stellen, ins Wackeln gerät für sie nur die Kompetenz der Therapeuten. Sie empfindet ihre Therapeuten als überfordert und nimmt das ihr bekannte und eingespielte Kommunikationsmuster, den Machtkampf, auf. Dem kann sich die Patientin nur noch durch die Verweigerung jeglicher Kooperation, nämlich durch Therapieabbruch, entziehen, denn sie weiß von der Definitionsmacht ihres Gegenübers. Wo die Machtfrage gestellt ist, sind Erziehungsprogramme nicht mehr fern, und zwischen Therapie, Erziehung und Strafe gab es immer schon Verbindungslinien. Margit beschreibt diese Zusammenhänge. In der für sie heiklen Kliniksituation betreibt sie Imagepflege, spielt sie die Musterpatientin, um die Klinik nicht verlassen zu müssen. Warum sie in dieser unguten Situation bleiben möchte, sagt sie nicht. Das Motiv dafür läßt sich nur erahnen, wenn sie die Arbeit mit dem Gestaltungstherapeuten schildert.

Margit sucht Therapie, um ihre Wunden (sie spricht von Beziehungsschwierigkeiten und Depressionen) mit professioneller Hilfe heilen zu können, und atmet auf, als ihr der Gesprächstherapeut «totale Heilung» verspricht. Dies klingt wie eine Suche nach Erlösung. Möglicherweise liegt hier aber das Hauptproblem: die Erwartung, alle Probleme möchten sich lösen oder von Therapeuten aus der Welt geschafft werden. In dieser Perspektive wird verständlich, warum die Arbeit mit dem Gestaltungstherapeuten sich ihr in einem so anderen Licht darstellt. Als er Vermutungen äußert, daß sie mißbraucht worden ist, reagiert Margit entlastet und ist froh, daß sie endlich an dieses Thema herangekommen ist. Die beim Modellieren mit Tonerde entstehenden Formen scheinen dann plötzlich eindeutig zu sein. Doch erlaubt das wirklich einen kausalen Rückschluß auf konkrete Geschehnisse, zumal Margit keine konkreten Erinnerungen hat? Daß sie entlastet reagiert und in dieser Deutung einen Beweis für viele augenblickliche Schwierigkeiten sieht, legt die Vermutung nahe, daß diese Erinnerung die Funktion einer Orientierungshilfe hat.

Zunächst zweifelt Margit an der zutage geförderten Geschichte, doch diese Skepsis wird entkräftet, indem der Therapeut das therapeutische Geschehen selbst als Beweis anführt und die Unsicherheit der Patientin zerstreut. Wenn derartig heftige Gefühle am Tag vor der Entlassung aus der Klinik, also ohne die Möglichkeit der weiteren Bearbeitung, evoziert werden, ist die Depression vorprogrammiert. Margit weiß nicht, wie sie mit diesen Erkenntnissen, diesem veränderten Blick auf ihre eigene Lebensgeschichte, umgehen soll. Sie erfährt sich durch diese spektakuläre therapeutische Tat in ihrem Opferstatus bestätigt und meint, endlich beweiskräftige Fakten zu haben. Doch diese Identität schafft im realen Leben erhebliche Probleme und ist inzwischen brüchig geworden. Inzwischen hat sie Zweifel, ob sich da nicht etwas vermischt hat.

3. KAPITEL

DIE PERSPEKTIVE VON THERAPEUTEN UND THERAPEUTINNEN

Natürlich geht die vehemente Debatte um Mißbrauch in Therapien an keinem Therapeuten spurlos vorüber, zumal in den Medien zeitweilig ein Bild geschürt wurde, das alle Therapeuten als potentielle Täter verdächtigte: die Couch als Lotterbett. Die prinzipielle Undurchschaubarkeit des therapeutischen Geschehens – eigentlich kann nur jemand über dieses Geschehen reden, der es erlebt hat – und die dadurch ausgelösten Ängste stehen für derartige Verdächtigungen Pate.

Die Diskussion um sexuellen Mißbrauch hat Schatten auf den Berufsstand der Therapeuten geworfen. Auf ihrer Rückseite entstand ein Idealbild von der Persönlichkeit eines Therapeuten, der ohne Fehler und mit allumfassendem Wissen jedem Problem und jeder Situation gewachsen zu sein hat. Auch die immer höher geschraubten Anforderungen der Ausbildungsinstitute orientieren an einem solchen Idealbild. Chu nennt diesen «für das Helfer-Syndrom typischen Mechanismus» ein «Überholen auf der Über-Ich-Seite» [1]. Doch schon Freud hat den therapeutischen Ehrgeiz für wenig nützlich und eher die Behandlung gefährdend eingestuft.

Da das Seelenleben durchaus widersprüchlichen Impulsen unterliegt und auch nach jahrelanger Ausbildung und Lehrtherapie ungelöste Konflikte bleiben, lassen sich Perfektionsideale nur aufrechterhalten, wenn ein Teil dieser Wirklichkeit geleugnet wird, sie verhindern ein Eingeständnis der eigenen Fehlbarkeit und Unvollkommenheit. Es sind durchaus verbreitete Vorstellungen, daß die Grenzen des Therapeuten die Grenzen der Therapie sind und dieser alle eigenen Probleme gelöst haben muß, damit er anderen helfen kann.

Therapeut (griech. therápon oder therapeutés) bedeutet Diener, Gefährte, Pfleger. Der Therapeut ist also nicht derjenige, der heilt und macht, sondern eine Person, die durch ihre Fähigkeiten und ihr Wissen dem Hilfesuchenden dient, ihm für eine Zeit Gefährte ist und die Pflege von Funktionen übernimmt, die der Hilfesuchende momentan nicht erfüllen kann.

Auch wenn therapeutische Kompetenz schwer definierbar ist, erschöpft sie sich sicherlich nicht in brillanten Deutungen oder spektakulären Interventionen. Sie besteht wohl vielmehr darin, daß der Therapeut dem Patienten einen eigenen Weg und zu eigenen Einsichten finden hilft. Das setzt Kontakt voraus und ist nur möglich, wenn es nicht zu Verwicklungen in bestimmte Beziehungsangebote kommt. Auch wenn es primär um die Themen und Nöte des Patienten geht, ist der therapeutische Prozeß ein Beziehungsgeschehen und hat entsprechend Auswirkungen auf beide Beteiligte, trotz des Gefälles zwischen Therapeut und Patient.

Die Funktion eines Therapeuten läßt sich mit der Arbeit einer Hebamme vergleichen: Sie unterstützt die Gebärende, ebenso kann der Therapeut den Klienten unterstützen, doch ebenso, wie die Hebamme nicht selbst gebiert, kann nicht der Therapeut die Veränderung bewirken.[2] Diese Haltung erfordert Geduld, Behutsamkeit und äußersten Respekt in der zwischenmenschlichen Beziehung. Besserwissen, Drängen oder Dirigieren ist mit ihr unvereinbar, denn der Therapeut ist kein Lehrer oder Manipulator. Verantwortliche Psychotherapie bedeutet eine hohe Kunst der «selbstreflexiven Kontaktaufnahme»[3]. Gemeint ist die sensible Begleitung, die die beiderseitigen Beziehungsangebote und Muster im therapeutischen Dialog reflektierbar macht.

DAS HELFER-SYNDROM

Im Beruf des Therapeuten – wie auch anderer helfender Berufe – zeigt sich, daß Werte wie Altruismus und Nächstenliebe, die heute so rar geworden scheinen und sozial so hoch geschätzt sind, eine sehr problematische Seite haben. Altruistische Motive, der Drang, anderen helfen zu wollen, wurden bereits bei Sigmund Freud als Versuche der Kompensation und Selbstheilung angesehen. Zu früh übernommene Verantwortung in der einstigen Familie, Zurückweisung und Verlusterlebnisse in der frühen Kindheit verfestigen sich in einer kompensatorischen Helferrolle. Zur Aufdeckung derartiger Motivationen forderte Freud von jedem Psychotherapeuten eine eigene gründliche Eigenanalyse.

C. G. Jung spricht von Therapeuten als «verwundeten Heilern». Der Therapeut hat eigene Schwächen, Probleme und Verwundungen kennengelernt und ist aus dieser Erfahrung heraus zu echtem Mitgefühl und tiefer Begleitung aufgrund einer realistischen Selbsteinschätzung befähigt. Doch es kann sein, daß eine Person die eigenen Verletzungen nicht genau genug kennt und den Beruf des Therapeuten bewußt oder unbewußt dazu benutzt, vor ebendiesen Problemen auszuweichen.

Wolfgang Schmidbauer faßte diese Problematik, die oft schon bei der Berufswahl eine Rolle spielt, unter dem Stichwort «Helfer-Syndrom» zusammen. Gemeint ist «die zur Persönlichkeitsstruktur gewordene Unfähigkeit, eigene Gefühle und Bedürfnisse zu äußern, verbunden mit einer scheinbar omnipotenten, unangreifbaren Fassade im Bereich der sozialen Dienstleistungen»[4]. Gerade das Perfektionsideal und die hohen Ansprüche an sich selbst werden zum Problem. Helfer können schlecht nein sagen, wenn jemand ihre Hilfe braucht, es gehört zu ihren grundlegenden Erfahrungen, gebraucht zu werden und als Helfer nötig zu sein. Daraus entstehen Bitterkeit und das Gefühl, ausgenutzt zu werden, keine adäquate Gegenleistung zu bekommen oder allmählich innerlich auszubrennen. Zur klassischen Fallgrube wird der Patientenwunsch: «Sag mir doch, was ich tun muß.» Therapeuten mit Helfer-Syndrom werden sich nicht scheuen, Lebensweisheiten und Lösungen anzubieten.

Der hohe Anspruch verführt zu einem Habitus, nach außen eine heile, starke Fassade zu zeigen, hinter der sich ein «verwahrlostes, hungriges Baby» [5] verbirgt. «Gerade darin drückt sich das Helfer-Syndrom besonders deutlich aus, daß Schwäche und Hilflosigkeit, offenes Eingestehen emotionaler Probleme nur bei anderen begrüßt und unterstützt wird, während demgegenüber das eigene Selbstbild von solchen ‹Flecken› um jeden Preis freigehalten werden muß.» [6] Mit Hilfswut und ‹selbstloser› Arbeit wird versucht, den inneren Mangel auszugleichen und so Sicherheit und Anerkennung zu finden. Da verwundert es nicht, wenn es um die seelische Gesundheit der professionellen Helfer nicht zum besten steht. Viele professionelle Helfer haben eine lebensgeschichtlich bedingte eigene Anfälligkeit für seelische Probleme, ihr Selbstwertgefühl wird als chronisch gestört und die Fähigkeit zu gleichrangigen Freundschaften als unterentwickelt beschrieben.[7]

Was zwischenmenschliche Kontakte auszeichnen sollte, Gleichberechtigung und Wechselseitigkeit, kann für die therapeutische Beziehung nicht in gleicher Weise gelten. Es ist ein besonderes Verhältnis zwischen Therapeut und Patient, oftmals einseitig von Bewunderung, Heilungserwartungen und delegierter (Wissens-)Autorität gekennzeichnet. Wenn tragfähige und befriedigende private Beziehungen als relativierender Gegenpol fehlen, mag die therapeutische Situation dazu herhalten, im Therapeuten geheime Größenphantasien zu nähren. Doch ist diese mit Idealisierungen befrachtete Beziehung äußerst störungsanfällig.

Die Verschulung der heutigen Therapeutenausbildung und die Konkurrenz der Schulen und der immer zahlreicher werdenden Ausbildungsinstitute schieben Fragen nach besonderer Eignung und Persönlichkeitscharakteristika des Therapeuten in den Hintergrund. Die Institutionalisierung der Ausbildung läßt die Bedeutung der selbst durchlebten Erfahrung für die psychotherapeutischen Fähigkeiten zurücktreten. Doch Kompetenz ist nicht automatisch durch ein Examen zu erwerben.

So fehlt es nicht an öffentlicher Therapeutenschelte. Sicher gibt es unter den Therapeuten auch manche, «denen die eigene Sinnfindung und Absicherung mehr am Herzen liegt als das Wohl der Patienten» [8], «seitdem sich herausgestellt hat, daß mit kranken Seelen gute Geschäfte zu machen sind» [9].

Doch es gehört zur déformation professionelle, daß es Therapeuten oft sehr schwerfällt, zwischen Hilfsleistungen gegen Geld und der Ausnutzung ihrer Hilfsbereitschaft zu unterscheiden. Viele Therapeuten wählen die Arbeit als Partnerersatz. Eine Untersuchung kam zu dem Ergebnis, daß «die Fachärzte für Empathie» wohl eine Lebensform mit destruktiven Folgen bevorzugen, nämlich «hohe psychische Erkrankungsrate, hohes Scheidungsrisiko, hohes Suizidrisiko» [10].

Was ist der Gegenwert für die «Ware» Nächstenliebe? «Der Therapeut erhält die Anerkennung (abgesehen vom Honorar) implizit allein dadurch, daß der Klient zu ihm kommt und von ihm etwas haben will ... Aber von seinem Klienten die Bestätigung zu erwarten, daß er ein guter Therapeut bzw. ein großartiger Mensch sei, wäre eine Umkehrung der therapeutischen Beziehung und damit ein Mißbrauch des Klienten.» [11] Das ist der Fall, wenn ein Therapeut einen Klienten häufig als kompetenten Gesprächspartner oder Zuhörer benutzt, begeistert von seinen jüngsten Veröffentlichungen oder aus seiner eigenen Lebensgeschichte erzählt. So sinnvoll es in manchen Phasen sein kann, daß der Therapeut sich als

Person zu erkennen gibt, müssen solche Schritte deutlich auf die Entwicklung des Klienten bezogen oder ihr dienlich sein.

Neuerdings spricht man in einigen Kreisen von Kundenorientierung, um die Wahlmöglichkeit und Kompetenz der Therapiesuchenden zu unterstreichen. Doch ist Psychotherapie keine Dienstleistung wie Haareschneiden. Wenn man davon ausgeht – und alle Psychotherapieforschungen bestätigen dies –, daß die therapeutische Beziehung, die «Droge Mensch», der wichtigste Faktor in helfenden Berufen ist, so erhält dieses Setting als bezahlte Inszenierung einen eigenartigen Beigeschmack. Sehr früh schon ist das Honorar als Machtmittel und zur Grenzziehung eingesetzt worden, so schreibt C. G. Jung während der Affäre mit Sabina Spielrein ihrer besorgten Mutter, daß er ja auch nie ein Honorar verlangt habe und von daher die ärztlichen Grenzen für ihn nicht gälten.

Einige meiner Gesprächspartner unter den Therapeuten berichteten, daß die Bezahlung und der zeitliche Rahmen für manche Patienten ein großes Problem bedeuten und immer wieder in Frage gestellt werden. Gerade von Menschen, die in ihrem basalen Beziehungserleben verwundet sind, werden diese formalen Beschränkungen als Überfremdung eines auf Vertrauen angelegten Verhältnisses erlebt. Das Paradox, daß unter unauthentischen, d. h. künstlichen Bedingungen eine authentische Begegnung stattfinden soll, läßt sich wohl nicht einfach durch den Hinweis auf die üblichen Praxisregeln oder die Forderung nach Unterwerfung aus der Welt schaffen.

CHARISMATISCHE THERAPEUTEN IN DER ERLÖSERFALLE

Allmachtsphantasien sind Anzeichen einer narzißtischen Persönlichkeitsproblematik und können sich gerade in der therapeutischen Beziehung inszenieren. «Man wird nicht Psychotherapeut ohne ein narzißtisches Grundproblem», schreibt Christoph

Schmidt-Lellek.[12] Die Bewunderung und Hilfsbedürftigkeit von Patientinnen und Patienten wecken im Therapeuten leicht ein übersteigertes Gefühl der eigenen Wichtigkeit und Macht. Die an ihn gerichteten idealisierenden Erwartungen, einen Ausweg aus den Verstrickungen des Alltags zu wissen, die sich häufig mit der Suche nach der außergewöhnlichen charismatischen Persönlichkeit verbinden, mögen manchen Therapeuten dazu verführen, sich mit der zugeschriebenen Rolle zu identifizieren und mit der Aura des geheimen Wissens zu umgeben. Die Sehnsucht nach Teilhabe an einer besonderen, dem Alltäglichen enthobenen Atmosphäre – traditionell im religiösen Bereich angesiedelt – manifestiert sich als eine Erwartung an Therapie. In Zeiten, in denen die bislang angenommenen Sicherheiten zu schwinden drohen, wird Psychotherapie zu einer «Erlösungsideologie»[13]. Doch es gibt keine endgültigen Lösungen für existentielle Fragen – wir können uns nicht vor der Verantwortung davonstehlen.

Der religiöse Begriff des «Erlösers» bezeichnet eine Persönlichkeit, die für andere leidet, sich opfert und manchmal gar zum Märtyrer wird. Eine Verquickung von quasireligiösem Sendungsbewußtsein und kaschierten Minderwertigkeitsgefühlen bzw. der kompensatorischen Helferrolle ist gefährlich. So werden manchmal sexuelle Übergriffe in der Therapie als Erlösungsabsicht hingestellt mit dem Hinweis, daß es der Patientin doch geholfen habe. Es sind dann die Schwierigkeiten der Patientinnen und Patienten, sie haben das Problem, an dem gearbeitet wird, für das man etwas tun muß. Darum leuchtet ein Gedanke ein, den Ursula Walter so formuliert, daß die Wünsche für den anderen immer Wünsche sind, die der andere für uns erfüllen muß.[14] «Erlöser» brauchen die zu Erlösenden, um – meist unbewußt – die eigenen Probleme und Wünsche zu lösen. «Erlöser» und die «Erlösenden» stehen in einem wechselseitigen Abhängigkeitsverhältnis.

Therapeuten mit Helfer-Syndrom neigen dazu, die gesamte Verantwortung für die Heilung auf sich zu nehmen. Da dieser Prozeß aber nicht von außen kontrollierbar ist, handelt es sich um eine

Verantwortungsübernahme an der falschen Stelle. Die Sicht auf den Patienten ähnelt der Haltung einer überbeschützenden Mutter, die ihr Kind als abhängig und schwach stilisiert, und zeugt von einem geringen Vertrauen in die Selbststeuerungskräfte anderer. Auch sind manche Therapeuten gewiß versucht, ihr Selbstwertgefühl über «erfolgreiche» Patienten zu stabilisieren. Zudem verführt der Druck therapeutischen Effizienzdenkens dazu, günstige Entwicklungen des Klienten dem eigenen heilerischen Einfluß zuzuschreiben, einen stagnierenden oder ungünstigen Therapieprozeß aber auf andere Einflüsse, Freunde und außenstehende Dritte zu schieben.

Da «Erlöser» das Leid und die Hilfsbedürftigkeit ihrer Patienten brauchen, nehmen sie Selbständigkeit und Weggang leicht als Kränkung wahr. Größenwahn galt bislang eher als männliches Phänomen, doch gibt es solche Vorstellungen durchaus in beiden Geschlechtern, die Erlösungsmuster nehmen nur andere Formen an.

GESPRÄCHE ÜBER MACHT UND OHNMACHT

Die Gespräche mit Therapeuten hatten einen grundsätzlich anderen Charakter als die Interviews mit den Patienten und Patientinnen. Ich gewann meine Gesprächspartner und -partnerinnen durch persönliche Hinweise. Ich will auch nicht verschweigen, daß ich auf meine Fragen eine Reihe von Absagen erhielt. Was immer die Gründe dafür sein mögen: Die Bereitschaft, sich zu diesem heiklen Thema zu äußern, stellt offenbar keine Selbstverständlichkeit dar. Die vorliegende Auswahl bedeutet also auch, daß die zu Wort kommenden Therapeutinnen und Therapeuten sich ausdrücklich mit dieser Thematik beschäftigen.

Die im folgenden dokumentierten Äußerungen stammen aus langen Gesprächen über Macht und Ohnmacht, die zum Teil vor mir bereits wissenschaftlich ausgewertet worden sind. Die Antworten der Therapeuten und Therapeutinnen bewegen sich auf sehr unterschiedlichen Ebenen. Einige erzählten über Erlebnisse aus der eigenen Ausbildungszeit, andere berichteten anschaulich über Gefahrenmomente aus der eigenen Praxis, wieder andere reflektieren eher grundsätzlich auf einer theoretischen Ebene.

In diesem Kapitel werden ähnliche Themen berührt wie im vorangegangenen, wenn auch die Zusammenhänge anders sind und verständlicherweise die Perspektive wechselt. Durch alle Gespräche hindurch zieht sich die Frage nach klaren Grenzen im Kontakt, die sowohl Zugewandtheit als auch Professionalität ermöglichen. Auch hier taucht immer wieder das Problem auf, in einer bestimmten Rolle funktionalisiert und festgeschrieben (Kollusion) bzw. in Machtkämpfe verwickelt zu werden.

Der Therapeut hat strukturell die Definitionsmacht, derartige Verwicklungen einer bestimmten Pathologie zuzuordnen und das Verhalten des Patienten zu diagnostizieren und sich dadurch gegebenenfalls zu entlasten. Gerade Therapeuten, die einen sehr hohen Anspruch an sich selbst und ihr berufliches Engagement stellen, fühlen sich durch die heute vorherrschenden psychischen Erscheinungsbilder einer als schwierig beschriebenen Klientel stark gefordert. Doch sind Therapeuten natürlich ähnlichen Realitätsanforderungen ausgesetzt wie ihre Klienten und werden vermutlich ähnliche psychische Themen in sich tragen. Von daher erstaunt es nicht, daß sich mehrere Therapeuten in ihrer prinzipiellen Definitionsmacht eher ohnmächtig erleben und ihre Schwierigkeiten schildern, einen glaubwürdigen Weg zwischen professioneller Klarheit und Menschlichkeit zu gehen.

Berufsethisch stellt sich jedem Therapeuten zwangsläufig die Frage, wie er oder sie den Begriff der Abstinenz versteht. Meine Interviewpartner geben darauf durchaus unterschiedliche Antworten. Die Äußerungen erschöpfen sich keineswegs in einem Kanon von Regeln und Verboten. Obwohl einige Therapeuten eine Verbindung zwischen Abstinenz und dem Berührungstabu herstellen, geht es zumeist um feinere Nuancierungen der Frage, was unter Verletzungen der Abstinenz und was als grenzverletzend zu verstehen ist. Die meisten verstehen Abstinenz als eine grundlegende therapeutische Haltung. Hierzu gehört die Achtsamkeit, den Prozeß des Patienten nicht mit Ratschlägen oder Hilfsangeboten zu überfremden sowie die eigenen Handlungsmotive sorgfältig zu prüfen.

Wenn therapeutischer Mißbrauch thematisiert wird, ist meist ein sexueller Übergriff gemeint, doch sprechen einige Therapeutinnen und Therapeuten auch subtilere Facetten an, in denen therapeutische Macht mißbraucht werden kann. Einige stellen das Problem in einen direkten Zusammenhang mit der Geschlechterthematik. Rundweg werden sexuelle Kontakte in der Therapie abgelehnt – auch von Personen, die das in der Vergangenheit anders sahen. Ich weiß es zu würdigen, daß einige Therapeuten und Therapeutinnen offen über ihre eigenen Schwierigkeiten im Umgang mit Grenzen berichten. In der so moralisierend geführten Mißbrauchsdebatte ist diese Offenheit keineswegs selbstverständlich.

DIE SUCHE NACH KLAREN GRENZEN

Bei allen Schwierigkeiten, die es bereitet, den Begriff Mißbrauch einzugrenzen, ist eine schleichende oder gewaltsame Grenzüberschreitung für die Erfahrung konstitutiv. In diesem Kapitel sprechen Therapeuten aus verschiedenen Perspektiven über die Grenzthematik, Grenzüberschreitungen und das Problem der Kontaktverfehlung. Sie berichten darüber zumeist mit Bezug auf als sehr schwierig erlebte Patientinnen und Patienten. Gegenübertragungsgefühle wie Angst, Entwertung und Vernichtung spielen eine Rolle. Manche Therapeuten erleben das Verhalten von Patientinnen und Patienten als Übergriff, so z. B. dauernde Telefonanrufe. Der äußere Rahmen und die Regeln des Settings werden sehr häufig von Patienten grundsätzlich in Frage gestellt, wodurch Machtkämpfe und Ohnmachtsgefühle bei den Therapeuten ausgelöst werden.

Was das Selbst ist, wo dieses seine Grenzen findet und wie es mit anderen und der Umwelt verbunden ist, ist ein offenes und im Prinzip ungeklärtes Thema. Fritz Perls bezeichnete den Ort als Grenze, an dem Kontakt und Erfahrung stattfinden. Wenn er Kontakt und Grenzerfahrung als «kreative gegenseitige Anpassung von Organismus und Umwelt» [15] benennt, so meint das eben nicht manipulative Anpassung und wechselseitige Unterdrückung. Dieses käme einem Verleugnen oder Verwischen der Grenze gleich und förderte eher Verwirrung und Identitätsdiffusion. Die Formel von der kreativen wechselseitigen Anpassung sieht in der Grenze den Ort der Berührung und der Trennung. Damit wir uns dem Fremden stellen können, brauchen wir eine klare Selbstwahrnehmung, auch in unseren ambivalenten Anteilen. Denn oftmals wird am anderen, an dem, was uns stört oder fremd erscheint, gerade das Eigene deutlich, das, was wir momentan in uns selbst nicht wahrnehmen können oder wollen. Lassen wir uns auf den Kontakt mit allen widersprüchlichen Gefühlen ein, so werden sich die Grenzen unserer Wahrnehmung erweitern.

Doch viele Therapiesuchende leiden an Identitätsproblemen, an klaren Vorstellungen darüber, was zu ihnen gehört und wer sie eigentlich sind. Das verdeutlicht die Brisanz und Zeitqualität der Grenzthematik. Wenn die eigenen Grenzen gar nicht oder nur unzureichend gespürt werden, ist jeder Kontakt tendenziell zwischen Abwehr, Rückzug oder Vereinnahmtwerden angelegt. Unschwer lassen sich Anzeichen eines gesamtgesellschaftlichen Themas erkennen, nämlich in der postmodernen Vielfalt auswählen und sich definieren zu müssen. Die zeitweilig geradezu inflationär gestellte Diagnose der Borderline-Persönlichkeit ist als ein Versuch anzusehen, die heute auftretenden Beziehungsschwierigkeiten zu fassen.

Der Verlust sinnstiftender sozialer Einbindungen zeigt sich individuell in einer enormen Identitätsunsicherheit. Die Psychotherapie, die in ihren Anfängen kaum mit derartigen Irritationen konfrontiert war, faßte dieses Erscheinungsbild als sogenannte Borderline-Störung zusammen. Adolph Stern prägte 1938 diesen Begriff für eine Gruppe von Patienten, die sich nicht eindeutig in die herkömmlichen Kategorien von Neurose und Psychose einordnen ließ. Beim Umkreisen dieses Syndroms entstanden immer neue Wortgetüme: «ambulatorische Schizophrenie», «präschizophren», «pseudoneurotische Schizophrenie» und «latente Schizophrenie»[16]. Die diagnostische Unsicherheit hielt an bis in die siebziger Jahre. Der Begriff Borderline funktionierte als «Papierkorb-Diagnose», unter der Patienten abgeladen werden konnten, «die man nicht verstand, die sich der Therapie widersetzten oder deren Zustand sich einfach nicht besserte».[17] Christa Rohde-Dachser stellt die These auf, daß zeitweilig bis zu 70 Prozent aller Therapiesuchenden mit dieser Diagnose belegt wurden.[18] Obwohl es sich um einen ausgesprochen unscharfen Begriff handelte, wurde er vermutlich aus Hilflosigkeit so häufig verwendet, denn damit konnte man dem zeitspezifischen Erscheinungsbild psychischen Leidens halbwegs habhaft werden.

Die Borderline-Persönlichkeit galt als «ungefestigte Persönlichkeit», deren Charakterpathologie «in ihrer Instabilität vorausschaubar stabil»[19] sei. Zwar wurden inzwischen Spezifizierungen dieser Beschreibungen (etwa im Diagnose-Handbuch DSM-III-R) vorgenommen, doch kann man darin auch einen Spiegel unserer heutigen psycho-sozialen Lage sehen: Vereinzelung, bruchstückhaftes Erleben, Schwierigkeiten in nahen Beziehungen und Identitätsunsicherheit, Gefühle von Leere und Langeweile, Stimmungsschwankungen und massive Ängste.

Subjektiv wird die Grenzunsicherheit als leidvoll erfahren. Selbstverständlich verändert dies die therapeutische Szene und fordert vom Therapeuten andere Qualitäten als zu Freuds Zeiten.

Wenn von «früher Störung» gesprochen wird, werden die Ich-Grenzen oder die Ich-Organisation als äußerst fragil oder aufgelöst beschrieben. Es mangelt an einem stabilen Selbstkonzept und an einer klaren Vorstellung vom anderen. Rohde-Dachser[20] schreibt, daß «Selbst-» und «Fremd-Imagines» nur unzureichend voneinander unterschieden werden können und deshalb äußere Handlungen anderer als ein direkter Eingriff wahrgenommen werden. Oftmals werden die Grenzen des Selbst als nicht identisch mit den eigenen Körpergrenzen erlebt, was enorme Ängste auslösen kann und im zwischenmenschlichen Kontakt Diffusionen schafft.

Borderlinepatienten werden als spaltend beschrieben und durch ein unverbundenes Nebeneinander von «guten» und «bösen» Repräsentanzen charakterisiert, was eine stabile Identitätsfindung verunmöglicht. Auch in ihren Beziehungen herrscht aufgrund der undeutlichen Selbstgrenzen eine ständige Angst, vom Gegenüber kontrolliert oder überwältigt zu werden.[21] Hierin könnten die von mehreren Therapeuten erwähnten erbitterten Machtkämpfe begründet sein.

Alle Beschreibungen von Borderline- oder Frühstörungen geschehen außen. Es sind subjektive Beobachtungen von äußeren Aktionen, denn die Psyche selbst ist von außen nicht einsehbar. Psychische Vorgänge sind individuell und lassen sich nur von der betroffenen Person selbst beobachten. Therapeuten sind außenstehende Beobachter, deren Wahrnehmung von ihrer Lebenswelt und Perspektive bestimmt ist.[22] Einfühlung des Therapeuten in einen Patienten tastet sich an dem entlang, was jemand von sich selbst kennt. Ob jedoch diese Einfühlung gelingt, kann einzig derjenige entscheiden, in den sie versucht wurde.

Viele therapeutische Ansätze beschreiben die zeittypischen Phänomene der sogenannten Borderline-Störung als eine pathologische Eigenschaft von Individuen. Die individuelle Grenzbildung und die Aufrechterhaltung dieser Grenzen ist aber auch in einer Therapie abhängig von der jeweiligen Beziehung der Interaktionspartner.[23] Was löst die wiederkehrenden Erlebensmuster in Interaktionen aus? Unter welchen Bedingungen inszenieren sich Idealisierungen und Abwertungen (gut und böse) neu, und welche Voraussetzungen liefert ein Therapeut für solche Inszenierungen? Diese Fragen stellen sich unausweichlich, denn in sogenannten Borderline-Verhaltensweisen zeigen sich keineswegs nur Eigenschaften der Patienten.

Zweifelsohne sind massive Konflikte unvermeidbar, wenn eine Person zwischen sich und anderen nicht unterscheiden kann. Doch wird die Grenzbildung gewiß auch erschwert, wenn etwa ein Therapeut immer alles zu verstehen meint. Der Patient kann sich als durchschaubar und ausgeliefert fühlen und hat wenig Chancen, sich als ein vom anderen unterschiedenes, abgetrenntes Individuum zu erfahren. Eine scheinbar ausschließliche Übereinstimmung bedeutet Stillstand und Beeinträchtigung oder gar den Verlust der Identität. Das Trennenkönnen zwischen Eigenem und Fremdem wird im therapeutischen Prozeß zum Schlüssel stabiler Selbstgrenzen und setzt einen gelingenden Dialog voraus. Nur in der Überprüfung der jeweiligen Bilder vom anderen können die wechselseitigen Zuschreibungen bestätigt oder geändert werden.

Der Therapeut trägt eine enorme Verantwortung für sein Beziehungsangebot, es geht um die Frage, ob er den Raum bereitstellen kann, in dem sich grenzüberschreitende Sehnsüchte inszenieren dürfen (z. B. nach Verschmelzung), ohne daß er selbst den Boden unter den Füßen verliert. Bei Patientinnen mit sehr früh verletzten Ich-Grenzen haben Verliebtheitsgefühle, Provokationen und Verachtung oft den Charakter eines Tests: Wie bedürftig oder standhaft ist der Therapeut? Ist er als stabiles Gegenüber geeignet, oder nimmt der Therapeut eine Provokation als narzißtische Kränkung persönlich?

Patienten, deren Grenzen in frühester Kindheit immer wieder verletzt wurden, werden sich vermutlich sehr zu Menschen hingezogen fühlen, die ein ähnliches Thema haben, denn das ist eine Chance, überhaupt verstanden zu werden. Gewiß kann eine solche Seelenverwandtschaft in therapeutischen Begegnungen ausgesprochen heilsam wirken, wenn der Therapeut darum weiß und diese Thematik bearbeitet hat. Verstrickungen und kollusive Inszenierungen werden dort entstehen, wo sich die Grenzunsicherheit von Therapeut und Patientin vermischt.

Wenn das geschieht, ist es eine Möglichkeit, zu der ein Therapeut greifen kann, die Grenzen per Definitionsmacht wiederherzustellen, indem er von projektiver Identifizierung oder Gegenübertragung spricht. Beide Begriffe sind jedoch problematisch, denn zum einen gibt es kein eindeutiges Kriterium dafür, die eigene Übertragung von der der Patienten zu unterscheiden, und zum anderen ist nur das eigene psychische Erleben der Wahrnehmung zugänglich.

Im folgenden werden vier Therapeutinnen und Therapeuten über ihren Umgang mit Grenzziehungen und -überschreitungen berichten. Herr W. reflektiert dieses Thema als Facette einer Borderline-Problematik, Frau N. als grenzüberschreitendes Verhalten ihrer Patientinnen, Frau Y. als Gegenübertragungsgefühle und Herr Z. als Irritationen bei der Aufdeckung von sexuellem Mißbrauch.

HERAUSFORDERUNG UND KOMPETENZVERLUST

Herr W. ist Psychoanalytiker.

«Ich möchte von einer Patientin erzählen, mit der ich sieben Jahre gearbeitet habe. Ich habe sie als borderlinegestört diagnostiziert und an ihr ganz tolle Facetten des Begriffs Borderline kennengelernt. Gleichzeitig war ich herausgefordert, all meine Klischees von Therapeutenrolle über Bord zu werfen. Ich bin durch diese Therapie gezwungen worden, sehr intensiv über Machtmißbrauch und Übergriffe nachzudenken.

Sie selbst bezeichnete sich als schwer depressiv und litt sehr unter ihrer pausenlosen Wut. In der ersten Zeit ging es aber hauptsächlich um sehr große Ängste vor Verlassenheit und davor, fallengelassen zu werden, wie bei ganz vielen frühgestörten Menschen, die so früh schon zuviel erkennen und wachsam sein mußten, weil so viele Übergriffe passierten. Übergriffe waren dann auch in der Therapie immer Thema.

Bezüglich des Settings bin ich recht undogmatisch, ich halte es für wichtig, daß man es so macht, wie der Patient es braucht. Diese Frau hat nur ganz zum Schluß auch mal die Couch in Anspruch genommen, ansonsten haben wir uns gegenübergesessen. Es gab auch eine Zeit, wo sie sehr unruhig war und das Sitzen nicht ging. Wir sind dann spazieren gegangen, der Weg um den See dauert genau eine Stunde – was ich vorher nicht wußte.

Es hat in dieser Therapie eine Reihe von Machtkämpfen gegeben, und es kamen immer wieder neue Elemente des Grenzüberschreitens ins Spiel. So fing sie irgendwann an, mit mir zu verhandeln, wie lange die Stunde sein sollte, sie fand diese 50-Minuten-Stunde kleinlich und unsympathisch. Irgendwann kam sie dann mit ihrer Geige in die Stunde oder wollte tanzen. Bei mir hinterließen diese Aktionen immer Gefühle des Kompetenzverlustes. Ich fühle mich ja dem analytischen Paradigma verpflichtet und konnte mir einfach nicht vorstellen, wie wir das bearbeiten sollten. Ich habe meine eigene Angst beschwichtigt, indem ich dachte, ich mache eben Kindertherapie mit einer Erwachsenen.

Eine Zeitlang war es sehr spannend, ich habe mir erklären lassen, was das Tanzen bedeutet, und ihr gesagt, daß ich davon zuwenig verstehen würde. Oder ich habe ihr meine spontanen Eindrücke mitgeteilt der Wahrheit entsprechend. Sie war sehr dankbar dafür, weil ich ehrlich war und nichts beschönigte, wo nichts Schönes war.

Ansonsten konnte sie meine Deutungen fast nie annehmen, wie ich's auch sagte, es kam immer Widerspruch. Und sie redete pausenlos und außerordentlich bedrängend, ich fühlte mich manchmal mit den Worten zermampft oder irgendwie weggelutscht oder verschluckt. Und ich fand es ganz wichtig, das auszuhalten, nichts wegzumachen. Für das analytische Paradigma ist wichtig, daß man das, was geschieht, verstehen kann und die Hindernisse aus dem Weg räumt, die den Patienten in seiner Entwicklung behindern. Diese Hindernisse können im Therapeuten selber oder im äußeren Rahmen liegen, das muß man erkennen.

Am Ende dieser Analyse ging es dann wirklich um pure Macht und die Frage, wer eigentlich bestimmt, was in den Stunden passiert. Sie bezweifelte, daß sie das bestimme, und vermutete vielmehr, daß ich das durch meine verbalen und nonverbalen Interventionen tue. Das Ende war wirklich ganz fürchterlich, die Entwertung war so massiv, daß mir vor Wut manchmal Tränen in die Augen stiegen.

Ich habe in dieser Therapie viel Angst gehabt. Sicherlich war ein Teil davon projektive Identifizierung[24], also daß ich etwas für sie ausgetragen habe. Aber es war noch etwas anderes, nicht nur die Angst, nicht zu verstehen, sondern eine eigenartige Angst, daß ich sie mißbrauche. Es gibt so eine psychoanalytische Annahme, die besagt, daß die Angst vor dem Mißbrauch die projizierte Angst ist.

Ich hatte immer das Gefühl, jetzt etwas Bestimmtes tun oder nicht tun oder ihr etwas Schönes deuten zu müssen. Nicht die Angst, etwas Falsches zu tun, sondern die Angst, etwas zu unterlassen, was schlecht für sie wäre. Wir sind dann später drauf gekommen, daß sie sich selbst als ein zutiefst unliebenswertes Wesen und ein fürchterliches Gebilde empfand, als Unmensch. Und mir schien es nicht richtig, dagegen etwas zu unternehmen oder dies wegzureden.

Bei narzißtischen Störungen, besonders, wenn eine Borderline-Störung darunter ist, können positive Zuwendungen ganz schädlich sein. Es geht wohl mehr darum, etwas zu verstehen und auszuhalten.»

Herr W. hat bei der Patientin eine Borderline-Störung diagnostiziert und beschreibt die Therapie selbst als eine Kette von Übergriffen und Grenzüberschreitungen von seiten der Patientin. Das ist für ihn mit vielen Herausforderungen, Ängsten und Abwertungen verknüpft und überdies mit der eigenartigen Angst verbunden, die Patientin dadurch zu mißbrauchen, daß er ihr etwas Bestimmtes vorenthält. Er spürt in sich den Drang, ihrem defizitären Selbstbild etwas entgegenzusetzen.

Seine Angst vor dem Mißbrauch und die von ihm empfundenen Ambivalenzen umkreisen die Schwierigkeit, mit dem so gebrochenen Selbstbild seiner Patientin angemessen umgehen zu können. Er fürchtet, daß er sie im Kontakt verfehlt, wenn er ihre Selbstwahrnehmung als Unmensch und als fürchterliches Gebilde nicht erträgt.

Doch hält er positive Zuwendung – gemeint ist wohl die Umwertung ihrer negativen Selbstwahrnehmung – bei narzißtischen Störungen für schädlich. Als Analytiker geht es ihm darum, dieses entwertete Selbstbild auszuhalten und zu verstehen, nicht ihm etwas entgegenzusetzen. Möglicherweise liegt hier ein Problem verborgen, denn ein Analytiker verfügt nicht über die Macht, grundlegende existentielle Gefühle zu manipulieren, selbst wenn er es wollte. Auch könnte die Reaktion der Patientin (Dankbarkeit im Zusammenhang mit dem Tanzen) ein Zeichen dafür sein, daß ehrliche menschliche Reaktionen durchaus eine Resonanz finden.

Wenn Beziehungen als Machtkampf beschrieben werden, gibt es zum äußeren Erleben eine innere Entsprechung. Machtbeziehungen existieren auch zwischen unseren Persönlichkeitsanteilen. Herr W. beschreibt sehr eindrücklich, wie er sich durch die Patientin herausgefordert sieht, viele seiner beruflichen Gewohnheiten in Frage zu stellen. Sein inneres Normensystem wird durch die äußere Provokation verunsichert.

Herr W. absolviert einen für ihn sehr schwierigen Balanceakt. Immer wieder wirft er gewohnte Vorstellungen über Bord, um der Situation und Person gerecht zu werden. Dennoch bleibt in ihm eine schwelende Angst, etwas falsch zu machen. Hinter seiner Angst deutet sich der verständliche Wunsch an, doch der gute, kompetente Analytiker zu sein. Möglicherweise haben die von ihm beschriebenen massiven Machtkämpfe hierin ihre Basis.

Sein Anspruch auf Kompetenz wird – in seiner Darstellung – von der Patientin systematisch demontiert: sie verändert das Setting, bringt neue Medien hinein, akzeptiert nicht die 50-Minuten-Stunde und widerspricht seinen Deutungen. Es klingt wie eine rigorose Herausforderung, die die Frage nach Authentizität stellt: Wo bist du wirklich berührbar?

Er erlebt die Patientin als dankbar für seine Ehrlichkeit und fühlt sich durch sie zu intensiven Neuorientierungen herausgefordert. Beide fordern und «stören» (perturbieren) sich. Interessant wäre eine genauere Analyse ebendieser Störungsmechanismen, d.h., welche Interpretationsschemata welches Verhalten bei jedem der beiden Partner (v)er(un)möglichen. Das hieße aber, auf das Deutungsmonopol des Analytikers zu verzichten. Gerade dort, wo Machtkämpfe entstehen, wirken vermutlich Bedeutungsdiskrepanzen im Erleben beider. Die unterschiedlichen Wahrnehmungen einer Situation brauchen den Dialog, wenn sie nicht mit dem Gestus objektiver Wahrheiten gegen den anderen gewandt werden sollen. Nur so kann eine Begegnung mit dem Wesen eines Menschen stattfinden – d.h. mit dem, was ihm und mir wesentlich ist – und nicht mit den eigenen Kategorien, Bildern und Projektionen vom anderen. In der therapeutischen Arbeit mit sogenannten Borderline-Patientinnen und -Patienten ist das von elementarer Wichtigkeit.

GRENZÜBERSCHREITUNGEN DURCH KLIENTEN

Frau N. ist Psychologin, sie bezeichnet ihre Arbeit aufgrund ihrer intensiven psychoanalytischen Erfahrungen und zahlreichen Fortbildungen als tiefenpsychologisch orientierte Therapie. Das von ihr erzählte Beispiel liest sich wie eine Fortsetzung der vorigen Geschichte.

«Ich möchte noch eine andere Seite des Mißbrauchs ansprechen. Wenn jemand ein Mißbrauchsthema oder Grenzproblem in seiner Seele trägt, ist dieses Thema ständig anwesend im Raum. Wenn ich mich noch so sehr bemühe, den Mißbrauch dieses Menschen nicht fortzusetzen, muß ich doch dauernd gewahr sein, daß ich nicht in diese Szene hineingezogen werde. Menschen, deren Grenzen massiv verletzt wurden, neigen – vielleicht aus einer Art inneren Ausbalancierens – dazu, die Grenzen anderer nun ihrerseits massiv zu mißachten. Dies geschieht oft gar nicht bewußt. Aber aus dem Gefühl heraus, Opfer und geschädigt zu sein, aus der Suche nach einer inneren Balance, resultiert eine Art Allmachtsanspruch oder Bemächtigung, die manchmal nur sehr schwer, manchmal gar nicht zu ertragen ist.

Fast immer gibt es dann Probleme mit dem gesetzten Rahmen, z. B., daß das Stundenende nicht akzeptiert wird. Die Klienten haben gerade dann ihre besten Einfälle, müssen immer noch etwas ganz Wichtiges mitteilen. Oder sie provozieren im Moment des Schließens einen heftigen emotionalen Ausbruch oder Konflikt zwischen uns: So kann man sie dann doch nicht gehen lassen!

Dann gibt es diesen Kampf um die Personengrenzen. Eine Klientin zeigt sich sehr verletzt, daß ich nicht spüre, daß ich zu ihr kommen und mich neben sie setzen soll, daß sie endlich in ihren Bedürfnissen wahrgenommen werden will. Wenn ich mitteile, daß ich diesen Wunsch wohl gespürt habe, daß dies aber nicht meinem inneren Impuls entspricht und ich getrennt sitzen möchte, ist alles ganz furchtbar. Sie fühlt sich zurückgestoßen, abgelehnt und in ihrem Wunsch mißachtet.

Mit dieser Klientin gab es viele ähnliche Situationen, die mir manchmal wie Double-bind-Fallen[25] erschienen. Ich fühlte mich manchmal sehr ratlos und hatte das Gefühl, entweder ich verhalte mich eingefühlt und vernachlässige eine Wahrnehmung in mir, oder ich nehme meine Gefühle ernst und wirke dann für sie verständnislos. Diese Situationen schienen mir schwer zu bearbeiten oder zu verstehen, und ich war sehr bemüht, hinsichtlich des äußeren Rahmens klarzubleiben, z. B. die Zeiten einzuhalten und nicht jedesmal die Stunde zu überziehen. Einmal war es so, daß sie sich nach Stundenende in den Türrahmen setzte, um ihre Schuhe anzuziehen, und mich nicht durchließ. Das war gerade nach einer sonst recht erfreulichen Stunde gewesen, und ich spürte, wie ich meine Wut runterschluckte, um nicht alles zu verderben.»

Die Therapeutin erzählt aus einer Haltung, die wie eine Opferrolle anmutet. Die Grenzüberschreitungen durch Klienten nennt sie die andere Seite des Mißbrauchs. Die Opfer versuchen nicht nur, sie als Therapeutin in die Szene hineinzuziehen, sondern mißachten ihrerseits die Grenzen anderer massiv.

Frau N. fühlt sich durch ihre Klientin enorm herausgefordert, Grenzziehungen in größter Eindeutigkeit und Klarheit vorzunehmen und auf getroffenen Absprachen und Regeln zu bestehen. Dennoch erlebt Frau N. den therapeutischen Rahmen als Ort des Machtkampfes, in dem die Klientin es immer wieder schafft, die Grenze aufzuweichen, indem sie provoziert.

In jeder Therapie ergehen «spezielle Einladungen» an den Therapeuten, geheime Aufforderungen, bestimmte Rollen oder Funktionen zu übernehmen, die vom Klienten nicht erwünscht oder nicht gelebt werden. Die Kunst des Therapeuten besteht darin, diese Einladungen möglichst nicht anzunehmen, sie zu erkennen, zum Thema zu machen und in einer für den Klienten verständlichen Weise zurückzuspiegeln, also sich nicht zu verwickeln. Das bedeutet, auch unbewußte Wünsche des Klienten und die möglicherweise in ihnen enthaltenen Ambivalenzen erfahrbar werden zu lassen.

Frau N. erlebt diese Einladungen der Klientin als Double-bind-Fallen. Das heißt, sie fühlt sich hin und her gerissen zwischen ihren eigenen Gefühlen und der Einfühlung in die Klientin, womit sie wohl deren Wünsche meint. Wenn eine Klientin sich als zurückgestoßen, abgelehnt und in ihren Wünschen mißachtet darstellt, ist dies natürlich für Therapeuten schwer auszuhalten. Doch Therapie ist nicht zur Wunscherfüllung da. Warum will die Therapeutin es ihrer Klientin recht machen? Was ist das Interesse der Therapeutin? Warum schluckt sie ihre Wut herunter und hält eine Scheinharmonie aufrecht? Warum wird eine aggressive Inszenierung nicht als solche benannt? Die Therapeutin hält das Trennende, das ihr hier allerdings in einer sehr heftigen Form entgegentritt, offenbar schlecht aus, spiegelt es aber auch nicht zurück. Möglicherweise folgt sie einem Idealbild von der guten, einfühlsamen Therapeutin, das es ihr verstellt, die Klientin einfach vor die Tür zu setzen und die Therapie zu beenden.

Doch nicht nur an die Therapeuten gehen versteckte Einladungen, auch die Klientin wird zeitweilig ähnliche Einladungen spüren und entsprechend reagieren. Jeder neue therapeutische Kontakt aktiviert in beiden Partnern Beziehungsphantasien, die sich wechselseitig beeinflussen und in die frühere Erfahrungen hineinfließen. In der von Frau N. beschriebenen kurzen Szene wird das manipulative Potential dieser Begegnung spürbar: der Anspruch auf Harmonie und Sympathie wird aufrechterhalten und die in den ambivalenten Gefühlen verschlüsselte Botschaft nicht zum Thema.

Bedeutsam wird in einer Therapie nur etwas, das beide Partner in irgendeiner Weise betrifft. Möglicherweise hat Frau N. eine ähnliche Grenzthematik wie ihre Klientin. Sie zeigt von ihren ambivalenten Gefühlen in der kurzen Türszene nur die eine Seite, nämlich den verbindenden Pol, die Klientin verkörpert den trennenden. Ambivalenzen verteilen sich stets auf verschiedene Personen, wenn sie nicht als widerstreitend *und* zusammengehörig in der eigenen Person gesehen werden. Die innere Grenzlinie zwischen widerstreitenden Kräften wird dann auch zur interpersonalen Abwehr eingesetzt. Nimmt der andere Partner den abgespaltenen Pol, den delegierten Teil, nicht an, entstehen Probleme.

Wer innen eine Abwehrgrenze zieht, sich also innen manipuliert, ist vermutlich auch außen manipulierbar. Thea Bauriedl hat eindrücklich beschrieben, wie Grenzen, die aus Abwehr resultieren, den Kontakt nach innen und außen verstellen.[26]

Das, was jemand innerlich abwehren muß, wird er vermutlich auch im Außen bei seinen Partnern abwehren und Beziehungen entsprechend manipulieren. Nur wenn es jemand gelingt, das ganze Spektrum seiner Gefühle wahrzunehmen, wird die Begegnung im lebendigen Kontakt möglich. Jeder übernimmt für sich Verantwortung und kann sich entsprechend frei und vom anderen unabhängig bewegen. Bezogenheit ist nur so möglich, andernfalls funktionalisiert man sich wechselseitig.

Frau N. erzählt von einem weiteren Beispiel:

«Erfahrungen mit einer anderen Klientin zeigten, wie sich erlebte Grenzverwischungen weiterinszenieren: Diese Klientin war als Mißbrauchsopfer zu mir gekommen in der Erwartung meiner absoluten Unterstützung und Parteinahme. Diese konnte ich ihr zunächst auch vorbehaltlos geben. Wir gaben uns beide einen großen Vertrauensvorschuß. Doch in dem Maße, wie ich eigene oder kritische Fragen stellte, wurde ich zur Mißbraucherin erklärt, die ihr den Raum streitig macht, für den sie bezahlte. Ich wurde also funktionalisiert und festgeschrieben, eine manipulative Größe in ihren Händen, nicht ein getrenntes Gegenüber, ein eigenes Wesen. Diese Rolle durfte und wollte ich natürlich nicht blind mitspielen. Gleichzeitig richtete sie so viele Hoffnungen, Idealisierungen und Wünsche an mich, daß ich mit so einem ‹Kapital› meinte, die Situation irgendwie schon meistern zu können oder in den Griff zu kriegen.

Mein Bemühen um Verstehen und Klarheit löste große Ängste bei ihr aus (O Gott, ich bin schon wieder schuld, habe ich etwas falsch gemacht?). Zwischen den Therapiesitzungen erreichten mich fast täglich lange Briefe, in denen sie von ihren augenblicklichen Gefühlen und Einsichten über ihre und meine Person erzählte und meine Fehler beschrieb. Hier drohte eine Verlagerung und Grenzverschiebung, die ich auf keinen Fall wollte. Ich bat sie, unsere Beziehung auf die Stunden zu konzentrieren und zu beschränken. Dies sei keine Ablehnung ihrer Person, und ich sei in den Stunden ganz für sie da, doch möchte ich nicht diese Ausweitung. Sie konnte diese Grenzziehung nicht akzeptieren und meinte, ich würde sie doch mögen, und von daher sei das Bezahlen eh ein Mißbrauch. Sie hat die Therapie dann abgebrochen. Sie mußte die Situation in der Hand haben – eigentlich mich – und konnte Grenzziehungen meinerseits überhaupt nicht ertragen, versuchte jede der von mir gesetzten Grenzen zu überschreiten, zu umgehen, aufzulösen.

Andere Klienten sprechen stundenlang auf mein Anrufgerät, es gibt so etwas wie eine Anrufinflation. Es ist natürlich schwierig, da eine sinnvolle Begrenzung zu finden, wenn das Maß erst einmal so entglitten ist, denn ich möchte nach wie vor für Klienten in Krisenzeiten ansprechbar sein. Doch einer Klientin habe ich ausdrücklich gesagt, daß wir die sich häufenden und ausufernden Telefongespräche wie Therapiestunden abrechnen müßten, sonst würde ich mich ausgenutzt fühlen. Das ist natürlich hart und von mir wahrscheinlich auch ein recht hilfloses Bremsmanöver, aber ich war damals sehr am Überlegen, ob ich überhaupt Anrufe zwischen den Sitzungen und außerhalb meiner Sprechzeit erlauben sollte.

Ich hatte in einem Seminar meiner Ausbildung gelernt – und das war mir sehr hängengeblieben –, daß niemand unersättlich ist, doch daß viele ihr rechtes Maß nicht finden könnten. Die rigiden Stundengrenzen würden für einige frühgestörte Klienten eben Katastrophen bedeuten, mit denen sie schwer umgehen könnten. Ich versuchte dann in der Folgezeit ganz deutlich den Zeitfaktor zum Thema zu machen, also die zeitliche Begrenzung mit einzubeziehen, und wies jeweils zehn Minuten vor Stundenende darauf hin. Zuerst erntete ich wütende Reaktionen, denn ich unterbrach ja und störte. Doch zunehmend wurden die zehn Minuten kostbar, denn das Stundenende war ganz klar im Blick. Ich bin nach diesen Erfahrungen sehr nachdenklich geworden hinsichtlich Kontakten des sogenannten Nachnährens oder sogenannter Elternschaft in Therapien. Ich weiß nicht, ob man damit nicht eher unstillbare Wünsche auslöst als eine gute Selbstbegrenzung fördern hilft.»

Auch im zweiten Beispiel geht es um Grenzverschiebungen und Grenzkämpfe. Die Therapeutin, eigentlich in der machtvollen Position, fühlt sich in einen Machtkampf verwickelt. Sie erlebt sich funktionalisiert in einer Rolle als stumm verfügbare Zeugin. Zunächst hat die Therapeutin wohl der Erwartung der Klientin zu entsprechen gesucht, und es ist durchaus üblich, die anfängliche Idealisierung in Therapien als Kapital und als Vertrauensvorschuß für zu erwartende belastende Situationen anzunehmen. Allerdings ist die implizite Bewertung der Gefühlsebenen (Idealisierung, Hoffnung = positiv und alles Störende = negativ) in dieser Darstellung nicht unproblematisch.

So verständlich die Erwartung einer absoluten Unterstützung zur Selbstorientierung scheint, so problematisch scheint mir zugleich die Bereitschaft der Therapeutin zur vorbehaltlosen Parteinahme. Mit dieser Parteinahme für das Opfer bekommt die Beziehung den Charakter einer Bündnisbildung. Die Therapeutin kann sich kurzfristig als gute oder bessere Therapeutin fühlen. Doch das in der Parteinahme Ausgeklammerte und die im aktuellen Kontakt verdeckten Ambivalenzen kehren rasch zurück.

Die Klientin akzeptiert die Stundengrenze und die Grenze des therapeutischen Settings nicht und bricht schließlich die Therapie ab. Es gibt keinen von beiden geteilten Konsens, in welchem Rahmen und wie Therapie möglich ist, in dem sich beide aufeinander einlassen können. Alle Impulse von Frau N. werden von der Klientin tendenziell als Überbegriff gespiegelt, als Angst und Schuldgefühle auslösend. Die Therapeutin sieht sich als eigenständige Person im Beziehungsangebot der Klientin vernichtet, aus dem geteilten, gemeinsamen (ihrem!) Raum verwiesen, in allen ihren Grenzziehungen mißachtet.

Diese Beispiele veranschaulichen, wie mit der Mißbrauchsvokabel die Schuldfrage und die Opfer-Täter-Rolle hin- und hergeschoben werden kann. Zwischen mißverstehen, mißachten und mißbrauchen wird nicht unterschieden. Sicher ist es für die Therapeutin eine schwierige Situation, wenn Verabredungen permanent in Frage gestellt und Absprachen unterlaufen werden. Doch bleibt die Frage, was Frau N. bewegt, in dieser Situation auszuharren.

Wie Therapeuten mit Telefonanrufen und Briefen außerhalb der Therapiestunden umgehen, wird sicherlich jeder individuell regeln. Viele haben feste Telefonsprechzeiten, in denen sie erreichbar sind, und wenn die Kontaktsuche außerhalb der Stunden überhandnimmt, gehört dies sicher als Thema in die Therapiestunde. Frau N. erlebt ihre Bereitschaft, für ihre Patienten in Krisenzeiten dazusein, als mißbraucht und mißverstanden. Ihren abrupten Versuch der

Grenzziehung (Telefongespräche wie Therapiestunden zu berechnen) beschreibt sie selbst als hilfloses Bremsmanöver. Sie steckt in einem Dilemma. Sie erwartete vermutlich, daß die Klienten selbst einen angemessenen und höflichen Umgang mit ihrer Hilfsbereitschaft finden werden. Ihre Haltung resultiert wohl aus einem speziellen Verständnis von Nachbeeltern und Nachnähren – sie geht von der Annahme aus, es «gibt keine unersättlichen Klienten».

Es ist für sie befreiend zu erfahren, daß die realen Begrenzungen der therapeutischen Situation von Patienten um so besser akzeptiert werden können, je transparenter sie als Therapiethema werden. Dies gibt beiden – Therapeuten und Klienten – Schutz: Wenn Therapeuten verantwortlich ihre Grenzen und ihr Maß achten, haben Klienten eine klare Orientierung und eine Chance, an dieser Klarheit eine eigene Orientierung und ihr Maß entwickeln zu können. Andernfalls werden auf beiden Seiten Grenzüberschreitungen vorprogrammiert sein.

GEGENÜBERTRAGUNGSGEFÜHLE UND SEXUELLER MISSBRAUCH

Frau Y. ist Ärztin und Psychotherapeutin.

«Ich will einen Bereich ansprechen, der mich in den letzten Jahren sehr beschäftigt hat, die besondere Gegenübertragung in der Arbeit mit Überlebenden sexuellen, körperlichen und emotionalen Mißbrauchs. Für mich sind meine Gegenübertragungsreaktionen – also das, was die Begegnung mit dem Patienten in mir auslöst – oft erste Hinweise und Ahnungen, daß es da eine traumatische Erfahrung gibt.

Eine Patientin war zu mir gekommen und erzählte mir von ihren Mißbrauchserfahrungen. Sie erzählte beschwörend und sehr aufgeregt mit weit aufgerissenen Augen, und mich befiel während ihrer Erzählungen ein eigenartiges Gefühl, als ob ich Teilnehmerin an einer Verschwörung sei. Ich merkte, daß ich dennoch schwer zuhören konnte, mich vereinnahmt fühlte und in mir Zweifel an dem Gehörten hochkamen. Einigermaßen irritiert über mich selbst fragte ich sie, ob irgend jemand von diesen ihren Erfahrungen wisse und ob sie mit ihren Nöten gehört worden sei. Sie verneinte dies und schilderte unter hervorbrechenden Tränen, daß einst die Mutter, später ihre Therapeuten sie Lügen gestraft hätten, die Therapeuten hätten sie zudem für psychotisch und borderlinig erklärt. Jetzt verstand ich meine Reaktionen besser. Offensichtlich war in der Art ihrer Erzählung diese massive Angst enthalten, daß auch ich ihr wieder nicht glauben könnte.

Oft melden sich in der Gegenübertragung Gefühle, die mit meinen eigenen Kindheitsträumen verbunden sind: Traurigkeit, Einsamkeit, Angst, Frustration, also Symptome posttraumatischer Störungen. Fast immer gibt es dann ein Problem, die Grenzen der therapeutischen Beziehung einzuhalten: Ich erlaube dem Klienten, die Zeit zu überziehen, fühle mich äußerst unwohl, wenn ich die Stunde pünktlich beende; ich erlaube dem Patienten, zu spät zu kommen oder daß er die Bezahlung vergißt. Es ist gerade so, als ob ich dem Patienten erlaube, mich während der Sitzungen oder außerhalb zu mißbrauchen, z. B. durch dramatische Telefonanrufe. Oft spüre ich dann in mir eine Hilflosigkeit und sehr starke Rückzugstendenzen, natürlich auch starke Schuldgefühle.

Eine andere Patientin mit einer Mißbrauchsthematik kam kürzlich zu mir wegen eines Dauerschmerzes im Unterleib. Ich merkte im Laufe der Stunde während ihrer Klagen, daß ich entgegen meinem sonstigen Verhalten immer wieder sehr schnell die entstehenden Pausen füllte, schnell Interpretationen und Lösungsvorschläge anbot. In einigen Momenten spürte ich selbst existentielle Panik und reagierte verwirrt ob ihrer heftigen und schnellen Stimmungswechsel. Ich fühlte eine eigenartige Panik und Ruhelosigkeit in mir, es war, als ob mir meine Gefühle und Gedanken im Moment des Entstehens abhanden kämen, und ich bemerkte, wie meine mir selbst ungewohnten Verhaltensweisen die Patientin verschreckten. Ich bin selbst als Kind sexuell mißbraucht worden und glaube, daß ich mich auf einer tief unbewußten Ebene mit den Opfergefühlen und der Hilflosigkeit meiner Patientin solidarisierte. Sie war vom Vater und Onkel sexuell mißbraucht worden, und ihre Gefühle von Wut, Verzweiflung, Hilflosigkeit, Panik und Zorn, die sich hier jetzt aus der Deckung wagten, lösten in mir ebenfalls Wechselbäder an Gefühlen aus. Ich spürte in mir einen starken Drang, sie zu schützen, sie von ihrer Panik zu erlösen und zu heilen. Ich erlaubte ihr, mich zwischen den Sitzungen anzurufen, und merkte, daß ich mich bis in die Träume hinein mit ihr beschäftigte. Dennoch war mir meine Bedeutung für sie in den Stunden selbst unklar. Manchmal spürte ich Gefühle, als ob ich die Mißbraucherin selbst sei, als ob sie alle Gefühle des Mißbrauchers an mir festmache. Das war z. T. ganz schwer auszuhalten, vor allem, weil ich mich ja so solidarisch mit ihr fühlte. Zweimal passierte es, daß ich nach sehr schwierigen Sitzungen dann zur nächsten Stunde zu spät kam. Ich war fast geneigt, diese meine Fehlverhaltensweisen auf die schwierige Patientin zu schieben.

Anfangs hatte ich in meiner Scheu nur mit Freunden über diese Patientin gesprochen – also ganz deutlich die Vertraulichkeit mißbraucht. Ich habe dann aber für mich sehr intensive Supervision gesucht, anfangs mit großen Schamgefühlen, weil ich mich so als Versagerin und unprofessionell fühlte, so überraschend involviert. Aber je klarer ich meine eigene Mißbrauchsthematik von der der Patientin abgrenzen konnte, desto klarer wurde auch unser Kontakt.»

Frau Y. erzählt von speziellen Gegenübertragungsgefühlen, die sie in der Arbeit mit Patientinnen erlebt, die wegen sexueller Mißbrauchserfahrungen zu ihr kommen. Sie sagt nicht genau, was sie unter sexuellem, körperlichem und emotionalem Mißbrauch versteht. Im ersten Beispiel wird deutlich, daß sie ihre Gefühle als einen Hinweis auf die bisherige Einsamkeit der Patientin deutet. Frau Y. meint zu spüren, daß niemand den Erzählungen der Patientin geglaubt hatte, und eröffnet ihr durch ihr Vertrauen einen Zugang.

Im zweiten Beispiel schildert Frau Y. ihre Gegenübertragungsreaktionen vorwiegend als Schwierigkeit im Umgang mit Grenzen. Sie erzählt, wie sie zur Grenzaufweichung einlädt und ihrerseits über Grenzen hinweggeht oder diese verwischt. In der Konfrontation mit dem Thema sexueller Mißbrauch gehe ihr die nötige Distanz verloren. Sie merkt, daß sie zu schnell interpretiert, Pausen füllt und einen starken Drang zum Helfen, Heilen, Erlösen in sich spürt. Sie beschreibt das als eine unbewußte Solidarisierung mit den Opfer- und Hilflosigkeitsgefühlen der Patientin. Doch fühlt sie sich im Kontakt mit dieser Patientin sozusagen als Mißbraucherin und wird so zu Ausweichverhaltensweisen (z. B. Zuspätkommen) verleitet.

Es scheint gerade so, als ob das Kippen der Rollen bereits in ihrer Polarisierung angelegt war und der Opferstatus umkämpft ist. Auch in den vorangegangenen Geschichten waren abrupte Wechsel geschildert worden.

In der Erzählung von Frau Y. sind einige Begriffe zentral, die in einem bestimmten Kontext der Mißbrauchsdiskussion stehen. Die Vermutung, daß sexueller Kindesmißbrauch anscheinend in ungeahntem Ausmaß existiert, ließ viele Therapeuten auf die zu Freuds Zeiten umstrittene und von ihm selbst korrigierte Traumatheorie zurückgreifen: Traumatische Kindheitserlebnisse gelten als Auslöser für spätere Lebensschwierigkeiten. Frau Y. benennt Traurigkeit, Einsamkeit und Angst als Symptome posttraumatischer Störungen. Diese kausale Zuordnung ist problematisch, denn es handelt sich hier um allgemein menschliche Gefühle, die durch verschiedene äußere Ereignisse wohl angestoßen werden können, aber keineswegs kausal durch diese verursacht sind.

Es ist nicht deutlich, ob Frau Y. den Begriff «Überlebende» an dieser Stelle bewußt verwendet, denn später benutzt sie auch die Formulierung Opfer. Der Begriff «Überlebende» wurde 1983 von Kathleen Barry geprägt. Sie wollte damit dokumentieren, daß vergewaltigte und sexuell versklavte Frauen als Überlebende eben nicht passives Opfer des Mannes seien, sondern tätig und initiativ.[27] Der Begriff «Überlebende» wirkt aber vor allem als dramatisierende Metapher, wenn eine Parallele zwischen dem Holocaust und sexuellem Mißbrauch gezogen wird.

Frau Y. ordnet ihre Erfahrungen in dem geschilderten Beispiel als

Gegenübertragung ein und benutzt auch damit einen umstrittenen Begriff. Damit sind die Gefühle und Gedanken gemeint, die als Reaktion auf die Übertragungen des Patienten im Therapeuten entstehen. Am Beispiel von Frau Y. wird noch einmal deutlich, wie schwierig es ist, die Übertragung der Therapeutin und ihre Gegenübertragungsreaktionen voneinander abzugrenzen. Leicht wird hier das eigene für das Fremde gehalten und umgekehrt. Es gibt auch in der Fachliteratur dafür kein eindeutiges Unterscheidungskriterium.

DAS OPFER WAR EIN TÄTER

Herr Z. ist Integrativer Gestalttherapeut.

«Ich glaube, daß in unserer Gesellschaft sexuelle Gewalt und Mißbrauch zunehmen, auch sexuelle Opfer, oder zumindest wird das Ausmaß mehr bekannt. Eigentlich scheint es ja paradox, wenn ich mal überlege, daß die sexuelle Aufklärung und die Freizügigkeit immer mehr zunehmen, offensichtlich aber sexueller Mißbrauch auch, ich finde das schon widersinnig. Und die Gefahr, daß in der Therapie solche Wunden aktualisiert werden, ist sehr groß.

In meiner Ausbildung habe ich gelernt, daß man Mißbrauch nicht von alleine ansprechen soll, weil sonst jemand leicht dekompensieren könne. Doch es wurde auch immer betont, Gefühle müssen raus, Gefühle müssen evoziert werden. Gleichzeitig tauchte immer dieses imaginäre Gespenst auf, daß jemand psychotisch dekompensiere, wenn man zuviel macht.

Es gab dann eine Situation in meiner Praxis, wo ich mich völlig konsterniert und inkompetent fühlte. Es geht um einen Privatklienten, bei dem ich von Anbeginn den Eindruck hatte, der ist schwul, und da ist sexueller Mißbrauch im Spiel. Ich habe dies eher atmosphärisch gespürt, so als wehte es mich ständig an. Ich kann gar nicht genau begründen warum. Und ich weiß auch nicht, was mich geritten hat, daß ich plötzlich irgendwann sagte, ich habe ständig den Eindruck, daß sexueller Mißbrauch bei Ihnen im Spiel ist. Der Klient erstarrte und war für einen Moment völlig weggetreten. Ich hatte also offensichtlich mitten ins Schwarze getroffen.

Er ging völlig benebelt, ich kriegte in der Stunde keinen Kontakt mehr zu ihm. Er ist nach Haus gegangen und hat versucht, mit einer Rasierklinge sich die Pulsadern aufzuschneiden. Seine Freunde waren alle hochbesorgt und haben die ganze Nacht bei ihm gewacht. Ich war völlig entsetzt und dachte, o Gott, was hab ich da bloß angerichtet! Als er wiederkam, hab ich ihn noch zu einem Psychiater geschickt, der abklopfen sollte, ob er wirklich suizidgefährdet sei, was dieser verneinte. In der folgenden Stunde wurde jedoch klar, warum ihn meine Mitteilung so getroffen hatte. Er war nicht Opfer, sondern Täter! Als Dreizehnjähriger hatte er ein Jahr lang eine knallharte sexuelle Beziehung mit einem Sechsjährigen. In dem Maße, wie wir uns diese Geschichte angucken konnten, ist seine Symptomatik, daß er mit sich sehr schlecht und selbstzerstörerisch umgeht, auch deutlich zurückgegangen. Er ist jetzt seit drei Jahren bei mir immer noch in Therapie. Also mittlerweile denk ich, es war richtig, daß ich das angesprochen habe.»

Herr Z. stützt sich auf Erfahrungen aus der therapeutischen Arbeit mit sexuell mißbrauchten Klienten und verbindet eine bestimmte Beziehungsatmosphäre mit Mißbrauch. Herr Z. benutzt den Begriff zwar mit großer Selbstverständlichkeit, doch bleibt unklar, was genau mit sexuellem Mißbrauch gemeint ist.

Er hat in seiner Ausbildung gelernt, verantwortlich mit Verdachtsmomenten gegenüber sexuellem Mißbrauch umzugehen. In diesem Beispiel verläßt er die Regeln der zurückhaltenden Vorsicht und folgt seiner Intuition: Er spricht – für sich selbst überraschend und ungeplant – seine Verdachtsmomente aus. Die Reaktionen des Klienten, dessen Erstarren und Abtauchen, scheinen ihm zunächst recht zu geben. Doch der Selbstmordversuch des Klienten versetzt ihm einen enormen Schrecken, er ist entsetzt und merkt in sich Schuld- und Versagensgefühle. Fast erleichtert erzählt er von der

Auflösung dieser dramatischen Reaktion seines Klienten, daß dieser nämlich selbst der Mißbraucher und nicht das vermutete Mißbrauchsopfer war.

Warum ist dies so ein Unterschied? Ein Kind mißbraucht (was hat er getan?) ein Kind sexuell – für beide Jungen war das wahrscheinlich eine Katastrophe. Der Therapeut nennt als Symptom des Klienten, daß dieser auch «mit sich selbst so schlecht umgehe», also auch sich selbst gegenüber Täter ist. Warum verändert sich das Gefühlsspektrum so sehr, je nachdem, ob man es mit dem aktiven oder passiven Teil dieses Szenarios zu tun hat? Warum ist die Empathie mit dem passiven Mißbrauchsopfer eine andere?

Sexueller Mißbrauch provoziert heftigere moralische Reaktionen als andere Formen der Ausbeutung. Vermutlich hätte der Therapeut bei seinem Klienten nicht eine so starke Reaktion ausgelöst, wenn es sich etwa um eine brutale Prügelbeziehung gehandelt hätte. An Sexualität heften sich innere und äußere Normen, Schuldgefühle und Verurteilungen. Belegungen von Sexualität stellen sich in Therapien widersprüchlich dar – sexuelle Freizügigkeit und Aufgeklärtheit verhindern nicht, daß sich gerade mit der Mißbrauchsthematik moralisch äußerst spektakuläre Inszenierungen verbinden.

GESCHLECHTSSPEZIFISCHE SZENARIOS

Mißbräuchliche Situationen in der Therapie, auch wenn sie nicht sexueller Art sind, inszenieren sich als Geschlechterthematik, oft als Mann-Frau-Machtverhältnis. Die Diskussion um den sexuellen Mißbrauch in Therapien hat die Geschlechterfrage allerdings zumeist in einer Feindbildfixierung auf die Tagesordnung gebracht.

Das Verständnis der Geschlechtsrollen wurde und wird weitgehend unbefragt verinnerlicht und tradiert sich unbewußt im Handeln. Unreflektierte Rollenvorstellungen verstärken im therapeutischen Prozeß die herkömmlichen Klischees von dem, was als weiblich und männlich gilt.

Immer noch wird Abhängigkeit und Passivität als Echtheitskennzeichen für Weiblichkeit betrachtet, Autonomiestrebungen gelten nicht als ausdrückliche Ziele weiblicher Sozialisation. Wenn ein Therapeut die Abhängigkeit der Patientin braucht, wird er vermutlich «übertriebene Selbstaufopferung, Abhängigkeit und mangelndes Leistungsvermögen ... häufig nicht bemerken oder hinterfragen ..., da diese Verhaltensweisen bei Frauen ... als ‹natürlich› oder ‹normal› aufgefaßt werden» [28].

Umgekehrt können Patientinnen Abhängigkeit einsetzen, um die therapeutische Beziehung zu schützen, weil andernfalls die eingespielten Rollen ins Wanken kämen. Unbewußt gewählte Abhängigkeit dient dazu, das homöostatische Gleichgewicht aufrechtzuerhalten und die so wichtige Bezugsperson nicht zu verlieren, aber auch kontrollieren zu können. Damit schwindet eine Chance, die in der therapeutischen Situation konstellierten Beziehungsmuster aufdecken, verstehen und ändern zu können.

Auch in der Therapeutenrolle können sich durch unbewußte Verhaltenserwartungen manipulative geschlechtsspezifische Angebote und Einladungen herstellen. Therapeutinnen und Therapeuten werden mit polarisierenden Attributen belegt: Frauen gelten als empfänglich für frühe, kindliche Bedürfnisse und Gefühle, Männer als Symbol für Getrenntheit und Autonomie, für erwachsene Ziele und Vorstellungen.[29] Dies spiegelt sich auf der Ebene der Arbeitsbeziehung: Während Therapeuten eher eine aktive Behandlungstechnik und einen «konfrontierend-deutenden Arbeitsstil» bevorzugen, neigen Therapeutinnen eher zu einem «abwartend mitgehenden Umgang mit Patienten».[30] Therapeutinnen erzählen häufiger von Schwierigkeiten, Grenzen zu setzen und nicht stets verfügbar zu sein.

Männer und Frauen sprechen aufgrund unterschiedlichen emotionalen Erlebens in bestimmten Bereichen eine andere Sprache[31], und so werden Übertragungsgefühle geschlechtsabhängig sehr verschieden beschrieben: Männliche Therapeuten berichten unentwegt von erotischen Übertragungsbeziehungen ihrer Patientinnen und daß sich dies auch in ihren Träumen spiegelt. Therapeutinnen träumen, daß Patienten ihre Grenzen nicht achten und in ihren Privatbereich eindringen.[32]

Auch wenn die wenigen zum Thema vorliegenden Forschungsergebnisse zeigen, daß sich *sexueller* Mißbrauch meist (90 Prozent der Fälle) in der Konstellation männlicher Therapeut und weibliche Patientin abspielt, dokumentieren neuere Untersuchungen, daß auch Therapeutinnen viel häufiger als bislang vermutet zu sexuellen Grenzüberschreitungen neigen.[33]

Sind Frauen die besseren Therapeutinnen? Im Zusammenhang mit sexuellem und narzißtischem Mißbrauch sind vorwiegend Männer als Täter beschrieben worden. Manche der eben angeführten Forschungsergebnisse sind geeignet, diese Sicht zu unterstreichen. Weibliche Therapeutinnen werden idealisiert, weil sie weniger zu so spektakulären Formen des sexuellen Mißbrauchs neigen. Es gibt jedoch die weitaus subtilere Form weiblicher Vereinnahmung, auf die hier später noch eingegangen wird. Die Spezifik der Konstellation Therapeutin – Patient ist bislang in Forschung und Supervision vernachlässigt worden.

Daß Therapeutinnen zwar andere, doch ähnliche Retterphantasien wie ihre männlichen Kollegen entwickeln, verdeutlichen wiederholt die professionellen Helferinnen, die mit Straftätern Kontakt suchen, um sie zu retten, zu befreien, zu bessern. Das therapeutische Helfer-Syndrom hat spezifische weibliche Varianten. So solidarisierte sich Tamar Segal, die Therapeutin des sogenannten Heidemörders Thomas Holst, mit diesem und glaubte die einzige zu sein, die ihn versteht. Ihre Rettungsphantasien – und vermutlich die darin gespürte Macht – brachten sie dazu, ihren Beruf, ihre Freiheit und ihr Vermögen aufs Spiel zu setzen. «‹Pygmalion-Wahn› nennt die Wiener Psychotherapeutin und Juristin

Rotraut Perner diesen typisch weiblichen Glauben, Frauenhasser zu bekehren, das ‹wilde Tier› zu besänftigen, indem es nur endlich geliebt wird.»[34]

Eine ähnliche Dynamik kommt in einigen Filmen zum Tragen, in denen sich die männlichen Phantasien der Regisseure zur Therapeutin-Patientbeziehung entfalten: «Ich kämpfe um dich» von Alfred Hitchcock, «Zelig» von Woody Allen und «Frauen waren sein Hobby» von Blake Edwards. In allen drei Filmen verliebt sich die Therapeutin in den Patienten, liebt ihn gesund und «bringt ... den Mann wieder an die Macht, die dann zur Macht über sie selbst wird ... Die Therapeutin muß ihre Machtstellung aufgeben, damit ihr Patient ein Mann werden kann.»[35]

Im folgenden sollen zwei Therapeutinnen und ein Therapeut zu Wort kommen, die eine direkte Verbindung herstellen zwischen geschlechtsspezifischen Beziehungsmustern und dem, was sie als Mißbrauch benennen.

FRAUEN ALS OPFER VON SCHULDZUSCHREIBUNGEN

Frau O. ist Psychoanalytikerin.

«Unsere Hauptlebensfragen ranken sich um Machtthemen, Abhängigkeit und Unabhängigkeit. Es geht um unser Selbstbild, wie stark, schwach, mächtig oder ohnmächtig wir uns erleben. Und natürlich spielt es auch in Therapien eine zentrale Rolle, wie jemand ein Gefühl für die eigene Wirksamkeit und Handlungskompetenz erwerben kann, um einen ihm angemessenen Platz im Leben zu finden.

Was den sexuellen Mißbrauch betrifft, kann man sich immer schwer vorstellen, warum erwachsene Frauen so etwas mit sich machen lassen. Und leicht passiert es dann, daß man ihnen die Schuld zuschreibt, wie überhaupt den Frauen in unserer Gesellschaft. In den Mißbrauchsbeziehungen geht es immer um Herrschaft und Unterwerfung, das ist sozusagen der Kitt, der die beiden zusammenhält: der eine herrscht, und der andere ordnet sich unter.

Wenn jemand als Kind die Erfahrung gemacht hat, ich werde nur gesehen und geliebt, wenn ich so bin, wie die anderen mich wollen, dann ist hier natürlich ein altes Muster angelegt. Dann werde ich mich weiterhin eher anpassen an die Wünsche, die mir mein Gegenüber signalisiert, als meine eigenen Wünsche und Bedürfnisse zu spüren und zu äußern.

Gerade den Mädchen werden in unserer Kultur ja meist viel zu enge Grenzen gesetzt, zuviel Anpassung abverlangt, Jungen erfahren eher überhaupt keine Grenzen, so daß sie häufig nicht das rechte Maß kennen und finden. Und natürlich müssen kleine Mädchen ihren Körper und ihre Macht, ihre Attraktivität, ausprobieren, und natürlich ist es ganz wichtig, daß der Vater seine Tochter auch berührt und streichelt. Der Mißbrauch, das Traumatisierende, beginnt dort, wo er sie nicht mehr als seine Tochter sieht und was sie braucht, sondern sich das Körperliche verselbständigt, isoliert und das Mädchen zum Objekt des väterlichen Blickes wird. Und dies hat durchaus Parallelen in den Therapien. Solange Frauen ihr eigenes Begehren nicht wirklich spüren können, werden sie dem Therapeuten enorm viel Macht zugestehen, und für Therapeuten ist es enorm schwer, diesen verführerischen Allmachtsphantasien zu widerstehen, wenn die Frau ihre Hilfe und Bestätigung sucht. Schon als kleine Jungen sind viele Männer einem Allmachtswahn verfallen. Frauen identifizieren sich ein Stück mit dieser männlichen Macht und suchen hierin Größe, Halt und Begrenzung, auch etwas Strukturierendes. Vielleicht eröffnet das auch neue Möglichkeiten zu sich selbst, meist bedeutet es jedoch, daß wir Frauen uns dann ganz zurücknehmen, ganz passiv und unterwürfig werden. Dies ist gefährlich und verleugnet einen Teil von und in uns selbst. Gleichzeitig ist es eine Art Allmachtsvorstellung: wenn ich den Mann an mich binden möchte, für mich gewinnen möchte, indem ich mich anpasse und unterwerfe. Das ist die andere gefährliche Seite der Mißbrauchskonstellation.

Doch muß sich dieses Muster, diese alte Erfahrung, in der Therapie neu inszenieren dürfen, sonst kann man das Gefühl nicht bearbeiten. Schrecklich ist es, wenn das Gegenüber dann nicht versteht, sondern darauf einsteigt. Prinzipiell ist ja niemand gefeit, sich zu verlieben. Ich kenne mehrere solcher Vater-Tochter-Verhältnisse. Aber dann muß man die Therapie abbrechen und das klarstellen.

Es fehlt leider bei ganz vielen Therapeuten die Einsicht, daß es etwas Verbrecherisches ist, wenn sie mit ihrer Patientin schlafen oder ihre eigenen Wünsche befriedigen. Im gesellschaftlichen Kontext wird den sogenannten Opfern, den Frauen, entweder die Schuld zugeschoben – es gibt da entsetzliche Anschuldigungen –, oder sie werden als bedauernswerte Geschöpfe hingestellt, denen man helfen muß. Wenn Frauen sich aus der Opferrolle lösen und aggressiv werden oder rechtliche Schritte unternehmen, werden sie schnell zu Täterinnen erklärt, zu den eigentlich Bösen und Mächtigen. Auf beiden Ebenen zeigt sich entwertete Weiblichkeit, und viele Frauen haben überhaupt keine Bilder dafür, wie es denn wäre, wenn sie die Macht hätten. Für Männer ist es natürlich gar nicht attraktiv, Macht abzugeben, wer würde das schon gerne tun?!»

Frau O. sieht die Mißbrauchsthematik schon in der geschlechtsspezifischen Sozialisation angelegt und bezeichnet es als eingeübtes weibliches Muster, sich an den Bedürfnissen anderer zu orientieren.

Sie beschreibt sexuelle Grenzüberschreitungen in Therapien in einer klaren Täter-Opfer-Polarisierung mit eindeutigen Schuldzuweisungen an die männlichen Therapeuten, denen ein Unrechtsbewußtsein für das Verbrecherische dieser Vorfälle fehlt. In einer Täter-Opfer-Verdrehung wird nach Ansicht von Frau O. den Frauen die Schuld am Mißbrauch zugeschrieben. Die von ihr vorgenommene Parallelisierung von therapeutischem und sexuellem Kindesmißbrauch ist durchaus verbreitet, doch gibt es zwischen dem «regressiven» therapeutischen Prozeß erwachsener Frauen und der kindlichen Abhängigkeitssituation doch gravierende Unterschiede.

Auch wenn sie betont, daß es für sie nicht nachvollziehbar ist, warum erwachsene Frauen so etwas mit sich machen ließen, sieht

Frau O. in der auch von ihr erwähnten Bereitschaft vieler Frauen zur Unterordnung kein besonderes Problem. Interessanterweise schildert sie zwar, daß sich in der Selbstverleugnung von Frauen und in der Machtdelegation Kontrollbedürfnisse und Allmachtsvorstellungen verbergen würden, die sie auch in eine Verbindung mit Mißbrauch bringt. Doch stellt Frau O. diese Einsicht lediglich in den Zusammenhang «entwerteter Weiblichkeit».

An diesem Beispiel wird meiner Meinung nach deutlich, daß mit einer Rollenumkehr – wenn Frauen aggressiv und zu Anklägerinnen werden – nichts gelöst ist. Die Erfahrung «entwerteter Weiblichkeit», von der Frau O. spricht, ist nicht durch Machtgebaren aufhebbar. Entwertung und Idealisierung hängen zusammen, sie sind zwei Seiten einer Medaille. Die Täter-Opfer-Polarisierung läßt sich nur von innen sprengen. Frau O. klagt indirekt die Rollenumkehr ein, wenn sie festhält, daß Frauen keine Bilder für ihre Macht haben und Männer vermutlich kaum bereit seien, von ihrer Macht abzugeben. Für mich bleibt jedoch zweifelhaft, ob diese Umkehr wirklich eine Lösung wäre oder nicht vielmehr im Macht-Ohnmacht-Zirkel verfangen bliebe. Denn Macht ist kein unerschütterlicher Besitzstand, sondern entsteht gerade in der wechselseitigen Zuschreibung bzw. durch die Bereitschaft zur Unterwerfung.

Implizit vermittelt Frau O. eine Botschaft der Schuld- und Machtferne von Frauen – eine Position, die im Feminismus verbreitet ist. Frauen werden nicht nur als Opfer sexueller Übergriffe in Therapien, sondern als Opfer von Schuldzuschreibungen schlechthin dargestellt. Doch mit solchen Auffassungen ist keineswegs der Verzicht auf Schuldzuschreibungen verbunden, «schuld» sind (als Verursacher) die Gesellschaft, die Männer und die Therapeuten.

Im Beschwören der Schuldfrage zeigt sich eine feindliche Grenze zwischen den Geschlechtern. Auch wenn die Ambivalenzen der männlichen Therapeuten- und weiblichen Patientinnenrolle gesehen werden, bleibt der Status von Frauen als eigentlich unschuldige Opfer (ihrer Sozialisation, der Verhältnisse, des Übergriffs) unangetastet. Dann wird allerdings nicht deutlich, worin ihre Möglichkeiten zur Verantwortungsübernahme und Überwindung des Opferstatus bestehen.

FRAUEN SIND KEINE HILFLOSEN OPFER

Frau E. ist Integrative Gestalttherapeutin.

«Verletzungen und Ohnmachtserlebnisse habe ich eher durch Frauen erfahren, und diese Seite interessiert mich mehr, diese spezielle Art der Bemächtigung, die von Frauen praktiziert wird. Gegen männliche Macht oder Gewalt kann ich mich schützen und abgrenzen, mit anderen zusammenschließen. Aber diese Art der weiblichen Machtausübung ist viel schwieriger zu erkennen. Frauen machen ganz viele Männer zu Söhnen, depotenzieren sie, der Machtmißbrauch läuft hier anders. Ich habe zum Beispiel lange Zeit nicht bewußt wahrgenommen, wie gerne ich Geschenke mache und andere mit Essen versorge. Ich weiß aus eigener Erfahrung, wie abhängig das machen kann, daß es den Charakter von Übergriff haben kann. Die männlichen Übergriffe passieren viel sichtbarer und aggressiver, körperlicher.

Ich selbst habe gerade auf einem Wochenendseminar einem Teilnehmer in der Anfangsrunde eine verpaßt, als er etwas für ihn Wichtiges über seine männliche Identität sagte. Doch kann ich meine Macht als Referentin auf noch viel subtilere Weise mißbrauchen, wenn ich an bestimmten Stellen lache oder mit abwertenden Äußerungen verletze. Ich bin mir dieser Gefahrenmomente zunehmend bewußt und denke, entscheidend ist, daß ich das dann anspreche und zurücknehme. Problematischer wäre, wenn jemand seine Machtposition auf diese Weise bewußt ausnutzt. Doch auch ich prüfe in jedem neuen Kontakt, ob ich wirklich die Stärkere bin und ob mein Gegenüber meine Begleitung annehmen kann. Wenn ich etwas bewirken kann und mir geeignete Interventionen einfallen, genieße ich meine Macht als Therapeutin.

Solange bei Mißbrauchsdiskussionen nur mit dem Finger auf die Männer gezeigt wird, interessieren die Gespräche mich nicht. Die andere Seite muß auch angesprochen werden und auch die Verführungskraft der Frauen. Ich habe meinen Ausbildern immer sehr viel Macht gelassen und sorgfältig geschaut, wer diese Macht verdient, es waren ja z. T. wirklich gute, potente Leute. Auch habe ich meine Ausbilder verführen wollen und habe mit ihnen sehr gute Begegnungen gehabt. Ich selbst habe durch diese sexuellen Grenzüberschreitungen für mich viel Freiheit und Kreativität gewonnen. Zum Glück richteten die Grenzüberschreitungen meinerseits sich nicht auf Abhängige. Ich hätte den Leuten vorwerfen können, daß ich abhängig von ihnen war, aber ich habe mich sehr gut damit gefühlt, daß es mir gelungen ist, meine Lehrer und älteren Brüder zu verführen. Solange diese Seite in der Mißbrauchsdiskussion nicht auch angeguckt wird, daß also Frauen durchaus nicht hilflose Opfer sind, solange interessiert mich diese Thematik nicht.»

Frau E. ist überzeugt von ihrer Macht als Therapeutin, als Frau und als Verführerin. So betont sie ihr Desinteresse an einer Diskussion, in der Frauen als hilflose Opfer behandelt werden. Sie rückt statt dessen die speziellen Formen weiblicher Bemächtigung und die weibliche Verführungskraft ins Zentrum der Aufmerksamkeit und beschreibt subtile Formen der Vereinnahmung (Geschenke machen, mit Essen versorgen etc.). Frauen sind in ihrer Darstellung keine Unschuldslämmer oder Heilige. Es geht ihr um nicht unbedingt bewußt registrierte Übergriffe, die sich als Hilfsangebote maskieren.

Mißbrauch bedeutet für Frau E., daß jemand seine Machtposition bewußt ausnutzt und die Situation entsprechend den eigenen Bedürfnissen zu manipulieren sucht. Sie schildert aus ihrer eigenen Therapeutenerfahrung die Wirksamkeit nonverbaler Gesten, doch hält sie unbewußte Grenzverletzungen nicht für völlig vermeidbar.

Überdies erzählt sie (mit einem gewissen Stolz) von den eigenen Verführungskünsten in der Abhängigenrolle als Auszubildende und weicht damit von der üblichen Betrachtungsweise ähnlicher

Konstellationen ab. Ihr Bericht liest sich ein wenig wie eine Umwertung der Abhängigkeitsverhältnisse, die allerdings den dämonisierenden Vorstellungen der Psychotherapieväter (Freud, Jung) über Weiblichkeit sehr ähneln: Als das schwächere Geschlecht sind Frauen die eigentlich Mächtigen und darum gefährlich. Auch wenn es erfrischend wirkt, daß Frau E. entgegen den üblichen Betroffenheitszwängen zu ihren Verführungsabsichten steht, ist es auffällig, daß sie ihre Macht so betont. Sie scheint bei jeder Begegnung zu prüfen, ob sie wirklich die Stärkere ist – was immer das heißen mag. Mit einer moralischen Schuldübernahme sind jedoch polare Machtstrukturen keineswegs aufgelöst, vielmehr kann dies zum Bestandteil eines Powerplays werden, ebenso wie mit gewählter Ohnmacht wirkungsvoll Macht ausgeübt werden kann.

Beide Therapeutinnen binden Mißbrauch an die Machtthematik. Frau O. beklagt, daß Frauen sich kulturspezifisch eher mit einem Selbstbild identifizieren, das schwach, hilflos und ohnmächtig ist. Hier hat ihrer Auffassung nach Therapie Hilfe anzubieten, damit Frauen ihre Handlungskompetenz entwickeln können.

Frau E. vertritt sozusagen die Gegenthese: Frauen sind nicht so schwach und hilflos, wie sie sich darstellen, dies sei vielmehr oft die nach außen gezeigte Fassade (hierin stimmt sie mit Frau O. überein). Frauen praktizieren eine bestimmte Art der Machtausübung, die oft schwer zu erkennen ist, viel subtiler und weniger offensichtlich als männliche Formen. Es ist ein Plädoyer, sich auch an die eigene Nase zu fassen, die eigene Beteiligung an grenzverletzenden Inszenierungen anzuschauen, die geheime Absicht und den Gewinn. Schuldzuschreibungen (sich selbst und anderen gegenüber) bleiben in einem Gut-Böse-Dualismus verfangen. Es hat eine sehr lange Tradition, mit der Geschlechterfrage in dieser Weise zu verfahren. Notwendig ist es, die eigene Beteiligung an polaren Beziehungskonstellationen wahrzunehmen und nicht als moralische Schuld, sondern im Sinn der eigenen Fehlbarkeit oder Unvollkommenheit zu verstehen. Diese Einsicht bedeutet, sowohl auf die Opfermentalität als auch die Feindbildorientierung zu verzichten.

GESCHLECHTSSPEZIFISCHE VERFÜHRUNGEN

Herr R. ist Integrativer Gestalttherapeut.

«In meiner Arbeit in einer Suchtberatungsstelle habe ich viel formale Macht, ich kann z. B. eine Therapie befürworten. Meine Definitionsmacht entscheidet, ob die Sucht Krankheitswert hat oder nicht. Trotzdem erlebe ich mich oft ganz ohnmächtig, wenn mein Engagement und meine Wünsche für die Süchtigen ins Leere laufen, wenn jemand rückfällig wird oder sich umbringt. Natürlich frage ich mich dann, ob ich etwas versäumt habe.

Nun hat Sucht sowieso etwas mit Macht zu tun, Suchtverhalten wird oft eingesetzt, um Macht auszuüben und Leute zu manipulieren. Natürlich wollen die Kunden, die zu mir kommen, mich auch manipulieren. Mein Handwerkszeug besteht darin, mich möglichst nicht darauf einzulassen. Das gelingt aber nicht immer, und wenn ich anfange, mich zu ärgern, habe ich mich bereits auf ein Machtgerangel eingelassen. Dann entsteht leicht so etwas wie Rache, daß ich denen das heimzahlen will, und in solchen Momenten mißbrauche ich meine Macht. Wenn ich nicht rechtzeitig eine Grenze ziehe, hole ich das mit übergroßer Härte irgendwann nach.

Da kam z. B. ein Mann meines Alters in die Beratung, gutaussehend, intelligent und mit vielen sozialen Fähigkeiten, also nicht jemand, der mein Mitleid auslöst – Mitleid ist auch immer eine Abwertung. Eher löste er bei mir Konkurrenzgefühle und Unsicherheit aus, auch Angst, daß der mich in die Tasche steckt. Er selbst hielt sich nicht für abhängig oder süchtig und spielte cool herunter, daß er durch sein Saufen mehrere Jobs und das Sorgerecht für seinen Sohn verloren hatte. Er hatte etwas sehr Großspuriges an sich, eine dicke Selbstwertproblematik, narzißtisch oder borderlinig. Immer wenn er gerade wieder in Not war, kam er zur Beratung, stellte mich auf ein Podest und bettelte fast unterwürfig: ‹Nur Sie können mir helfen!›, um mich anschließend um so wütender vom Podest zu stoßen und mich als das allergrößte Arschloch zu beschimpfen. Er nahm unglaublich viel Raum ein und setzte sich einfach über meine Regeln hinweg. Er zündete sich trotz Rauchverbots eine Zigarette an und brannte mir auch noch ein Loch in den Teppich. Einmal habe ich ihn regelrecht rausgeschmissen.

Also das ist sicherlich mein Problem, daß Rivalität mit Männern mich zum Machtmißbrauch treibt. Frauen gegenüber liegt die Verführung zum Machtmißbrauch eher darin, daß ich sie attraktiv finde und erotisch begehre. Inzwischen kann ich damit gut umgehen und merke, wenn die rote Lampe angeht. Aber ganz am Anfang meiner Berufstätigkeit habe ich es nicht gecheckt.

Ich hatte damals mit einer etwa gleichaltrigen Frau zu tun, die eigentlich wegen einer Angstproblematik und wegen Medikamentenmißbrauchs gekommen war. Plötzlich meinte sie aber, sie habe eine sexuelle Störung, und wollte unbedingt mit mir ins Bett gehen. Ich hatte diese erotische Spannung auch gespürt und versuchte, etwas irritiert, eine Grenze zu ziehen. Ich sagte ihr, daß dies mit der Therapie nicht vereinbar wäre und daß wir erst die Therapie beenden müßten. Ja, und wir sind dann nach Therapieende zusammen ins Bett gegangen, und es war mir eine Lehre. Es war ganz schwierig, von dieser heimlichen Liebesbeziehung umzuschalten, und eigentlich hatten wir uns nichts zu sagen. Ich blieb im Grunde Berater oder Therapeut in ihrer Erwartung und war es doch gleichzeitig nicht mehr. Ich fand es schwer, da einen guten Ausgang zu finden. Ich habe fast mit Erleichterung gehört, daß sie zwei weitere Therapeuten auch ins Bett bekommen hat, aber das sind natürlich meine Schuldgefühle.

Ich glaube, der beste Schutz gegen solche Entgleisungen ist eine befriedigende private Beziehung, auch wenn das nicht total immunisiert gegen Wünsche, Phantasien und Sehnsüchte. Ein anderer Schutz kommt durch eine berufliche Ethik und das Wissen, daß ich enormen Schaden anrichten kann.»

Herr R. setzt die Gefährdung, seine Position als Therapeut zu mißbrauchen, in einen Bezug zur Geschlechterfrage. Für ihn gehören die Abgrenzungsthematik und Mißbrauch zusammen. Er sagt, daß in der Suchtberatung Manipulationen an der Tagesordnung sind. Nur in rechtzeitigen Grenzziehungen sieht er eine Möglichkeit, den Einladungen seiner Klienten, die er als manipulativ erlebt, nicht zu folgen. Diese Kunst des Sich-nicht-verwickeln-Lassens versteht er als sein Handwerkszeug. Wenn dennoch Machtgerangel entstehen, entwickelt Herr R., wie andere Therapeuten dies ebenfalls berichten, Rachephantasien. Er verdeutlicht dies an zwei Beispielen. Seine Rivalität mit Männern entzündet sich, als ein etwa gleichaltriger, intelligenter Mann ihn um Hilfe ersucht. Obwohl er diesen Mann als großspurig, narzißtisch und «borderlinig» beschreibt, äußert Herr R. dennoch – oder vielleicht gerade deshalb? – eine Angst, von diesem manipuliert zu werden. Er spürt Konkurrenzgefühle und Unsicherheit und wird in der Begegnung mit extremen Auf- und Abwertungen seiner Person konfrontiert. Interessanterweise läßt Herr R., der bei seinem Klienten eine «dicke Selbstwertproblematik» feststellt, sich in seinem eigenen Selbstwert manipulieren und den Raum streitig machen.

Auch durch eine gleichaltrige Klientin fühlt Herr R. sich in eine für ihn unangenehme Zwickmühle gebracht. Seine kluge Klientin weiß offensichtlich genau, was sie möchte. Einerseits spürt er die erotisch aufgeladene Atmosphäre und möchte der Klientin helfen, andererseits sieht er seine Verstrickung. Als er die Therapie auf der formalen Ebene beendet, setzt sich diese von einer speziellen Rollenkonstellation geprägte Beziehung privat dennoch fort.

Es sieht so aus, als ob sich verschiedene Dinge vermischen. Die Irritation des Therapeuten hat möglicherweise durch eine «neu» eingeführte Symptomatik der Patientin (eine sexuelle Störung) eine Legitimation bekommen. Sie spricht ihn mit ihren sexuellen Wünschen als Helfer an. Wie soll ein Berufsanfänger – wie Herr R. damals – mit erotischen Gefühlen umgehen, wenn diese Situation nie in der Ausbildung thematisiert wurde? Gerade Berufsanfänger sind aufgrund mangelnder Erfahrung und Unsicherheit oft geneigt, handelnd alle Probleme aus der Welt zu schaffen – was nicht gelingen kann.

Therapeutische Situationen brauchen eine Atmosphäre der Intimität und Nähe, es geht nicht darum, erotisch aufgeladene Konstellationen oder Verführungssituationen zu vermeiden, sondern diese zu erkennen und zu benennen, damit sie für die Patientin verständlich werden. Offensichtlich ist es ein eingespieltes Muster, das die Klientin erfolgreich an mehreren Therapeuten durchprobiert, das aber vermutlich in der dahinterliegenden Botschaft eben nicht verstanden wird.

Auch ein scheinbar freimütiges Aushandeln sexueller Kontakte entbindet Therapeuten nicht von der berufsspezifischen Verantwortung. Oftmals hat das, was wie Verführung aussieht, zudem eine entgegengesetzte Absicht, nämlich auszuprobieren, ob der Therapeut mit den sexuellen Reizen der Klientin zurechtkommt, ohne daß sie in eine Inzestsituation gerät. Die nach außen hin betriebene Grenzauflösung dient eher einem Austesten und Sicherstellen der Grenzen und der Verläßlichkeit des Gegenübers.

Verständlicherweise haben diese Erfahrungen Herrn R. zur gründlichen Reflexion berufsethischer Fragen motiviert. Und es ist gewiß ein Ausdruck von Realismus, daß er eine völlige Immunisierung gegen erotische Phantasien und Wünsche für unmöglich und wohl auch nicht für wünschenswert hält.

WAS IST ABSTINENZ?

Bereits vor 100 Jahren, gegen Ende des 19. Jahrhunderts, wurde die Abstinenzregel von Freud aufgestellt. Sie besagt, daß ein gewisser Abstand zum Patienten gehalten werden muß. Abstinenzverletzungen gelten als klassische Kunstfehler, spielen aber offenbar in vielen Therapien eine Rolle. Im Zusammenhang mit der Mißbrauchsdebatte ist der Begriff der Abstinenz erneut ins Blickfeld gerückt. War damit ursprünglich eine Grundregel psychoanalytischer Behandlungstechnik gemeint, so wird der Begriff heute mit unterschiedlicher Bedeutung in fast allen therapeutischen Richtungen diskutiert.

Die abstinente Haltung des Therapeuten soll in einer Psychoanalyse Schutz für die Behandlungssituation, die Patienten und den Therapeuten schaffen, sie hat also einen funktionalen Charakter. Die in der Neurose des Patienten gebundene und in der psychoanalytischen Behandlung befreite Energie sieht Freud als treibende Kraft für Veränderung und den therapeutischen Fortschritt.[36] Darum ist es wichtig, daß die frei werdende Libidomenge sich nicht sofort an neue Objekte bindet und schon gar nicht in der Analyse «eingelöst» wird. Für den Analytiker ist es wichtig, einen gewissen Abstand und Enthaltsamkeit zu wahren, damit sich nicht seine eigenen Übertragungen mit denen der Patienten vermischen und deren Heilungsprozeß behindern.

Freud hatte die Abstinenzregel eingeführt, um die Analytiker seiner Zeit gegen die sogenannte hysterische Übertragungsliebe zu schützen: Nach den Affären zwischen Josef Breuer und Anna O., Sandor Ferenczi und Elma, C. G. Jung und Sabina Spielrein forderte Freud mit Nachdruck: «Die Kur muß in der Abstinenz durchgeführt werden.»[37] Freud forderte von seinen Schülern, daß sie die Regeln und Gebote rigide befolgen. Dennoch gibt es in der Psychoanalyse eine lange Geschichte der Abstinenzverstöße. Auch Freuds eigenes Verhalten hat sich zeitweilig sehr von dieser Idealforderung nach Abstinenz entfernt: «Er schreibt freundschaftliche Briefe, bot dem Rattenmann etwas zu essen an, gab Boss Geld, lud seine Analysandin Marie Bonaparte zu Mahlzeiten mit der Familie ein, vermischte die Rollen, indem er auch mit Patienten gleichzeitig wissenschaftlich arbeitete, erzählte aus seinem Privatleben ...»[38]

Der defensive Charakter der Freudschen Abstinenzforderung ist schon früh von anderen Analytikern kritisiert worden. Ferenczi und später Balint bezeichneten eine keimfreie analytische Situation als nicht fruchtbringend und kontraproduktiv. Für die heutzutage überwiegend diagnostizierten «strukturellen Ich-Störungen» ist die klassische Behandlungstechnik ohnehin nicht angebracht, sondern bedarf – so der Psychoanalytiker Cremerius[39] – besonderer Formen der Empathie.

Als Alternative zur ängstlichen Orientierung an einem defensiven Regelkanon findet sich etwa bei Cremerius der Vorschlag, der Therapeut möge stets prüfen, «ob ich das, was ich tue, tue, weil ich es brauche oder weil der Patient es braucht»[40]. Doch wer bestimmt, was der Patient braucht, und wieviel darf er vom Therapeuten brauchen, ohne daß dieser sich selbst übergeht?

Heute gibt es schulübergreifend eine weitgehende Übereinstimmung darin, daß eine modifizierte Form von Abstinenz sinnvoll ist, um den Therapeuten am Ausagieren seiner eigenen Übertragungen zu hindern und so die therapeutische Situation zu schützen. Daß Therapeuten auch nach langjähriger Lehranalyse und Ausbildung weiterhin übertragen, das heißt, unbewußt Einladungen ans Gegenüber und an die Patienten aussprechen, läßt sich nicht vermeiden. Es gehört zum Handwerkszeug eines Therapeuten, immer wieder einen angemessenen Abstand zum eigenen inneren Erleben, zum Gegenüber und zur speziellen therapeutischen Situation herzustellen. Wenn Therapeuten sich in sexuelle Kontakte und narzißtische Kollusionen verwickeln, geht diese Distanz verloren.

Wenn es zu einem Übergriff kommt, geht es oft um das unbewußte Mitspielen des Therapeuten. Meist wird die Bedeutung der eigenen Person maßlos überschätzt, die Selbstreflexion dagegen vernachlässigt und die Interpretationsmacht zur eigenen Entlastung mißbraucht. Dann verkehren sich nicht selten die Rollen: die einfühlsame Patientin wird zur seelischen Entlastung des Therapeuten funktionalisiert, häufig auch als Verursacherin der Entgleisung beschuldigt.

Doch gerade, wenn der Therapeut die neutrale anonyme Spiegelhaltung verläßt, wird das Trennenkönnen dessen, was zur eigenen Person und was zum Patienten gehört, zu einer hohen Kunst. Eine Unterscheidung zwischen dem Erleben des Patienten und Erleben des Therapeuten wird durch die Begriffe Übertragung, Gegenübertragung, projektive Identifizierung und unbewußtes Agieren versucht.

Bei Freud bedeutet Agieren, daß unbewußte Inhalte, von zunächst unbekannten Impulsen gesteuert, sich in Aktionen manifestieren, die quasi «passieren» und den Verstehensprozeß zunächst unterlaufen. Der Patient «agiert gleichsam vor uns, statt uns zu berichten»[41]. Das Agieren bedeutet ein Ausleben von Gefühlen und Erinnerungen, ohne daß diese dem bewußten Erleben und Verstehen zugänglich werden. Agieren in seiner ursprünglichen Form hat mit Unbewußtheit und Verwirrung zu tun. In vielen therapeutischen Richtungen herrscht Einigkeit darüber, daß unbewußtes Agieren möglichst zu vermeiden ist und auf jeden Fall in seinen geheimen Absichten verstanden werden sollte.

Übertragung bedeutet, daß sich alte Muster und Gefühle aus früheren Beziehungserfahrungen in der aktuellen therapeutischen Situation neu inszenieren und die aktuelle Situation so erlebt wird, als ob die Person des jeweiligen Gegenübers der alten Erfahrung entspräche. Übertragung wird häufig als nicht angemessene, aus vergangenen Erfahrungen gespeiste Reaktion auf die gegenwärtige Situation verstanden.

Doch sind Übertragungen keineswegs ein unveränderlicher Wiederholungszwang, sondern können entsprechend der jeweiligen Situation und seelischen Ökonomie gewählt und durch die gegebene Situation hervorgerufen werden. Übertragungsdeutungen können den Charakter von Machtmißbrauch bekommen, weil der Therapeut entscheidet, was als Übertragung zu gelten hat. Möglicherweise werden unerwünschte Gefühle als Übertragung, die angenehmen aber als real verbucht werden.

Der Begriff Gegenübertragung meint eine unbewußte Antwort, eine Gefühlsreaktion oder szenische Phantasie des Therapeuten auf die Übertragungen der Patienten. Dieser Begriff wurde von Freud nach Affären seiner Schüler in die Behandlungstechnik eingeführt. Heute geht man davon aus, daß Gegenübertragung und eigene Übertragung des Therapeuten sich schwer trennen lassen. Auch bei weitgehender Kenntnis der eigenen Beziehungsmuster gestaltet sich das Beziehungsangebot des Therapeuten nie als weiße Wand oder ausschließliche Projektionsfläche. Für das, was auf ihn projiziert oder übertragen wird, muß es Anhaltspunkte in seiner Person geben. Gegenübertragung hat insofern viel mit einer Bereitschaft zu tun, Resonanz auf bestimmte Eigenschaften zu spüren. Was der Therapeut gar nicht kennt, wird kaum eine Reaktion in ihm hervorrufen.

Projektive Identifizierung bezeichnet eine besondere Form der Projektion. Teile (Gefühle, Impulse) der eigenen Person werden im Gegenüber untergebracht und dort auch zu kontrollieren gesucht, so daß die andere Person das Gefühl hat, sich in einer bestimmten Weise verhalten zu müssen. Man kann ein solches Empfinden als Einladung zur Kollusionsbildung verstehen. Damit Übertragung in der therapeutischen Situation wirksam werden kann, muß der Therapeut sich mit dieser Projektion identifizieren, ohne jedoch in der Rolle des Mitspielers distanzlos aufzugehen.

Die Stichworte Gegenübertragung und projektive Identifizierung bieten für Therapeuten aber auch eine Möglichkeit, das eigene Involviertsein zu verbergen. Einfühlung in einen anderen Menschen tastet sich immer an dem entlang, das man als das Eigene kennt. Da es – wie gesagt – kein sicheres Kriterium gibt, um Eigenübertragung von patienteninduzierter Übertragung abzugrenzen, kann sich ein brisantes emotionales Erleben als Gegenübertragung oder projektive Identifizierung maskieren. Auf diesem Weg lassen sich unbewußte Schattenseiten des Therapeuten an den Patienten delegieren.

Die Übertragungs- und die Realbeziehung sind hinsichtlich emotionaler Erfahrungen kaum voneinander abzugrenzen und bedürfen der intersubjektiven Verständigung. Ein Therapeut kann trotz seines Erfahrungsvorsprungs im Zuordnen psychischer Phänomene keinen größeren Wahrheitsanspruch als der Patient erheben. Doch sollte er seine eigenen Übertragungsmuster kennen und kontrollieren können, um das Eigene im Dialog wahrzunehmen. Jede verdrängte, nicht zugelassene Empfindung beeinträchtigt die Wahrnehmungsfähigkeit nach innen und gegenüber dem Patienten.

Das Trennenkönnen zwischen Eigenem und Fremdem wird im therapeutischen Prozeß zum Schlüssel stabiler Selbstgrenzen. Dies wird kaum allein durch therapeutische Technik zu lösen sein, und pragmatische Fragen nach Verhaltensanweisungen greifen hier zu kurz.

Ein an äußeren Verhaltensweisen orientierter Abstinenzbegriff tendiert dazu, die Verantwortung auf der Beziehungsebene zu verdecken. So kommt es zu dem häufiger benannten Zusammenhang von strengen Verhaltensvorschriften, einer Über-Ich-bestimmten Abstinenzforderung und dem beunruhigenden Ausmaß an sexuellen und emotionalen Grenzüberschreitungen. Wird die therapeutische Haltung durch Verbote und Angst geregelt, provoziert das geradezu Entgleisungen, weil das, was ist und jederzeit entstehen kann, nicht sein darf und zu Verleugnung und Projektion einlädt.

Abstinenz auf der Beziehungsebene bedeutet, «Sich-nicht-verwenden-lassen-und-den-anderen-nicht-verwenden» [42], den unausgesprochenen Einladungen im Raum nicht nachzukommen, sondern sie zu thematisieren und zu verstehen. Abstinenz wird zum heilsamen «therapeutischen Eingriff» [43], wo sie sich gegen Verschmelzungswünsche, Manipulation und Parteinahme richtet.

Selbst etwas für den anderen tun zu wollen bedeutet einen Eingriff in die Beziehung und das Verleugnen bzw. Übergehen des eigenen Interesses. «Ich tue es, weil der Patient es braucht», ist ein manipulativer Eingriff. In der hier angelegten Unfreiheit und Unehrlichkeit spielt der Abstinenzbegriff als Abwehr für den Therapeuten eine Rolle, nämlich seine eigene Beziehungsproblematik (Mangel an Abgrenzung, unaufgelöste Abhängigkeiten) durch eine Verhaltensregel zu schützen.

Bei einem positiv gefaßten Abstinenzbegriff geht es darum, in der therapeutischen Rolle klar, verläßlich und aufrichtig zu sein und zur eigenen Fehlbarkeit zu stehen. Eine eindeutige Beziehungsgestaltung ist insbesondere dort angebracht, wo der Leib und körperliche Aktionen ausdrücklich zur therapeutischen Arbeit gehören. Abstinenz erfordert eine radikale Verantwortungsübernahme des

Therapeuten für die eigenen Impulse, Gefühle und Gedanken. Identische Verhaltensweisen können in unterschiedlichen Beziehungssituationen unterschiedliche Bedeutung annehmen. Abstinenz bezieht sich also keineswegs nur auf Verhaltensanweisungen oder eine Beziehungsnorm, sondern meint eine therapeutische Haltung und Ethik. Die folgenden Äußerungen von Therapeuten und Therapeutinnen beleuchten das Abstinenzverständnis aus unterschiedlichen Perspektiven.

SCHUTZ DURCH EINE QUALIFIZIERTE AUSBILDUNG

Herr S. ist Psychoanalytiker.

«Mißbrauch ist für mich ein traumatischer Eingriff in die Integrität eines Menschen, ein traumatisierender Übergriff, mit dem ein Mensch einen anderen Menschen in einer perversen Weise gegen seinen Willen benutzt, beherrscht und ausbeutet. Mißbrauch ist nicht immer sexueller Mißbrauch, Mißbrauch ist Mißbrauch von Abhängigkeit und Ohnmacht und die Befriedigung von niederen Instinkten.

Wenn jemand ein Mißbrauchsthema in seiner Seele hat – und viele unserer Patienten haben eines –, ist es die Aufgabe des Analytikers, diesem Patienten zu helfen, seine Abhängigkeitsthematik zu erkennen, zu verstehen und durchzuarbeiten, so daß er imstande ist, zu erkennen, warum die Abhängigkeitsthematik wiederholend inszeniert wird.

Die Aufgabe der analytischen Arbeit ist, die Abhängigkeitsthematik eines Menschen auftauchen und aufblühen zu lassen für das bewußte Erleben des Menschen und es nicht zu mißbrauchen.

Wenn man mit einem Analysanden einen längeren psychischen Prozeß beginnt, entstehen natürlich tiefe Abhängigkeiten, und manchmal macht es große Schwierigkeiten, sich aus diesen zu lösen. Ich als Analytiker habe eine große Verantworung.

Da zeigt sich auf der einen Seite eine sehr zerschmelzende Liebe, ein tiefes Liebesbedürfnis, das sich als Abhängigkeitsbeziehung organisiert, aber dahinter steckt auch ein unerträglicher Haß, manchmal wird dann gleich von allen Seiten geschossen, was nicht so leicht auszuhalten ist.

Oder ich werde in einer mächtigen Position festgehalten, auch das ist schwierig für mich. Leichter finde ich, wenn ich konfrontiert werde, wenn es zwischen uns zu Auseinandersetzungen kommt. Das fühlt sich anders an, als wenn man so schleichend infiltriert und vernichtet wird.

Ob ich mich aber in Macht- und Ohnmachtssituationen verwickeln lasse, hängt immer auch davon ab, was der Analysand in mir selbst mobilisiert und ob ich das einigermaßen unter Kontrolle habe und wieder auf den Ursprung zurückbringen kann. Es kann sein, daß die Gefühle einfach zu vergiftend sind oder es zu dicht ist, aber ich habe schon den Anspruch, diese schwierigsten Beziehungen analysieren zu können. Natürlich wird manchmal in der Arbeit die Psychodynamik und die Pathologie eines Menschen sichtbar, die der Analytiker vielleicht nicht versteht, sondern unbewußt mißbraucht, hoffentlich nicht bewußt.

Wenn ein Thema öffentlich wird, hilft das den betroffenen Menschen, darüber zu sprechen, das darf man nicht unterschätzen, ich erfahre das immer häufiger von Patienten. Und das Reden darüber bringt noch lange nicht die Handlungs- und Gedankenfreiheit wieder. Wenn jemand von mir nur bemitleidet oder versorgt werden will, dann ist das ein großes Problem. Ich kann mit diesem Menschen keine Arbeit machen.

Wir müssen uns darum kümmern, wie das Mißbrauchsthema innerseelisch verarbeitet werden kann. Sonst komme ich in eine Situation hinein und sage, der Mensch ist mißbraucht worden, dem ist nie mehr zu helfen, das ist doch furchtbar.

Dann wird das ein Circulus vitiosus, der Mensch wird festgehalten und hat scheinbar keinen anderen Ausweg. Auch von einigen Frauen – vor allen Dingen aus den Staaten – wird die Mißbrauchsthematik funktionalisiert für andere Zwecke.

Ich hoffe nicht, daß es sexuellen Mißbrauch in größerem Umfang in unserer Zunft gibt, sondern daß es bei uns wirklich Einzelfälle geblieben sind. Ich kann es mir nicht anders vorstellen. Weil es ja nicht zu unserem Arbeitswerkzeug gehört, daß wir die Menschen anfassen. In diesem von Teckentrup und Hentsch dokumentierten Hamburger Fall[44] sagt die Patientin ehrlich, daß sie das selbst immer stimuliert hat. Doch selbst wenn sie ihre Abhängigkeitsthematik agiert, ist es eine Katastrophe, was der Therapeut gemacht hat, einfach schlimm und eine Unverschämtheit.

Ich kenne auch die Geschichte von einem damals noch psychoanalytischen Kollegen, der Selbsterfahrungsgruppen in einem spanischen Ferienzentrum durchführte und einen klugen Kunstgriff gemacht hat. Er sagte, für alles, was in der Sitzung passiert, bin ich verantwortlich, und was nach der Sitzung passiert, dafür ist jeder einzelne verantwortlich. Das ist doch verrückt, mit den Teilnehmern der Gruppe über Wochen Selbsterfahrungssitzungen durchzuführen und nach den Sitzungen dann amouröse Beziehungen zu unterhalten.

Viele von diesen Mißbrauchsgeschichten laufen, glaube ich, auch in selbst-finanzierten therapeutischen Aktivitäten. Das ist ein großer Sumpf, ein grauer Markt. Schauen Sie sich um, was sich in 15 Jahren verändert hat. In den achtziger Jahren ist die ganze Esoterik-Bewegung entstanden, die gab es nicht in den siebziger Jahren. In Anbetracht der postmodernen Destruktivität fangen die Menschen an, verrückt zu werden, neigen zu magisch-animistischem Denken und agieren perverse Akte in Richtung Inzest. Man kann sich gar nicht mehr retten vor psychotherapeutischen Anbietern, doch nur wenige sind wirklich verantwortlich ausgebildet und können die Verantwortung für kranke Menschen übernehmen.

Alle, die ihre Wochenendtrainings machen, stehen vor den Toren der Krankenkassen. Was machen diese 20000, die nicht das Selbsterfahrungstraining haben und nicht in der Theorie über seelische Prozesse ausgebildet sind wie wir? Es muß einfach so sein, daß dort mehr Mißbrauch getrieben wird, weil die ja einfach eine schlechtere Qualifikation und schlechteres Selbsterfahrungstraining haben. Die sind ganz anderen Konzepten verpflichtet, und ich glaube nicht, daß Mißbrauch quer durch alle Schulen geht, vielleicht gibt es das bei uns als Einzelfall, als seltene Ausnahmefälle, sonst können wir unsere ganze Sache an den Nagel hängen.»

Für Herrn S. ist Mißbrauch ein Ausdruck mangelnder Qualifikation, den mißbrauchenden Therapeuten fehle es an verantwortlicher Ausbildung, so daß abhängige und ohnmächtige Patienten ausgenutzt werden, um niedere Instinkte zu befriedigen. Er versteht Mißbrauch als Perversion, Beherrschung und Ausbeutung mit traumatisierenden Folgen für die Patienten. In der Analyse darf und muß sich die Abhängigkeitsthematik inszenieren, wenn sie durchgearbeitet und verstanden werden soll. Nach Herrn S. besteht dabei prinzipiell die Gefahr, daß jemand die Psychodynamik dieser Inszenierung nicht versteht, sondern für die eigene Seelenökonomie unbewußt – so hofft Herr S. – mißbraucht.

Hier kommt eine weitverbreitete Auffassung zum Tragen: daß in der Psychoanalyse sexueller Mißbrauch so gut wie ausgeschlossen ist, da Berührung nicht zum Handwerkszeug gehört und daher die Gefährdungsmomente gering sind. Dieser Auffassung liegt ein defensiver Abstinenzbegriff zugrunde, der sich auf das Unterlassen oder Vermeiden bestimmter Aktionen bezieht. Doch Berührungen sind nicht per se mißbräuchlich, bzw. ist ihr Unterlassen nicht per se Garant einer abstinenten Haltung. Problematisch ist, daß so andere, subtilere Mißbrauchsmöglichkeiten, vor allem das Ausnutzen psychischer Abhängigkeit, leicht aus dem Blick geraten.

Nun lassen sich auch die von Herrn S. kritisierten selbstfinanzierten therapeutischen Aktivitäten als eine Antwort auf eine mangelhafte psychotherapeutische Versorgung durch das etablierte medizinische System verstehen. Im Bewußtsein der etablierten Fachleute und institutionalisierten Therapierichtungen existiert eine Zweiteilung und Spaltung in «seriöses» und «unseriöses» therapeutisches Tun. Sicherlich ist der Verdacht modischer Scharlatanerie in vielen Angeboten nicht völlig unberechtigt.

Ob dieser graue Therapiemarkt zu sexuellen Grenzüberschreitungen einlädt, darüber läßt sich bislang nur begründet spekulieren. Es gibt im Prinzip zuwenig Daten über die nicht kassenfinanzierten Therapien. Die Mehrzahl der amerikanischen Untersuchungen stellt keinen signifikanten Unterschied zwischen den einzelnen Therapierichtungen und Professionen (Ärzte, Psychologen, andere Heilberufe) fest. Einer der größten repräsentativen Umfragen über Mißbrauch in Therapien[45] aus den USA zufolge haben vorwiegend Therapeuten mit anerkannter Niederlassung sexuelle Kontakte zu ihren Patientinnen. In einem deutschen Forschungsbericht zu diesem Thema nennen Becker-Fischer u. a.[46] eine Gruppe von Therapeuten, bei denen vermutlich Überforderungs- und Inkompetenzgefühle vor dem Hintergrund mangelhafter und unzureichender Ausbildung zu sexuellen Übergriffen führen. Becker-Fischer u. a. nennen als weitere Gruppe sehr gut ausgebildete Therapeuten, die oft einflußreiche Verbandspositionen bekleiden und diese Machtpositionen vermutlich entsprechend ausnutzen.[47] Doch die Forschungsergebnisse der vorliegenden Untersuchung erlauben es nicht, regelhafte Schlußfolgerungen anzustellen. Es gibt keine Gleichung, nach der man prognostizieren könnte, wie sehr Therapeuten unterschiedlicher Richtungen zu sexuellen Übergriffen neigen.

Aufgrund der überwiegend amerikanischen Daten geht man davon aus, daß es etwa in jeder zehnten Therapie zu sexuellen Kontakten kommt. Einige Forscher sprechen von bis zu 80 Prozent Wiederholungstätern. Das Durchschnittsalter der Therapeuten zum Zeitpunkt der Intimität wird mit 42 Jahren, das der Patientinnen mit 30 Jahren angegeben. Es sind also keineswegs nur Berufsanfänger, denen Praxiserfahrung oder das therapeutische Wissen fehlt. Die meisten Übergriffe ereignen sich in der Zeit der allerersten Kontaktaufnahme und weitaus seltener in längerfristigen, intensiven Therapien.[48]

Vor allem die letztgenannten Daten scheinen die Kritik an den nichtetablierten Therapien zu bestätigen. Doch zeigt sich an diesen z. T. widersprüchlichen Daten auch, daß das Problem des Mißbrauchs in Therapien – vor allem, wo es um narzißtischen Mißbrauch geht – schwer quantitativ zu erfassen ist. Bekanntlich lassen sich Zahlen für Aus- und Abgrenzungen im Dienste der Ressourcensicherung verwenden. Möglicherweise verführen sie auch dazu, mit dem Finger auf die anderen zu zeigen und das eigene Gefährdungspotential zu bagatellisieren.

SELBSTSCHUTZ, UM DIE PROFESSIONALITÄT NICHT ZU VERLIEREN

Herr E. ist Psychoanalytiker.

«Leute, die bei mir Therapie suchen und gleich zu Beginn erotische Gefühle auslösen, schicke ich weg. Also ich kenne solche zärtlichen Empfindungen und weiß aus etlichen Situationen, wie sich das bei mir anfühlt. Und ich schicke sie weg aus egoistischen Gründen. Ich weiß, daß ich selber drunter leiden würde und keine Therapie machen könnte. Ich denke, auch ein Therapeut muß sich schützen, egal, ob es um narzißtische oder sexuelle Themen geht. Wenn ich spüre, daß ich meine professionelle Rolle verlasse und eigentlich auch gar nicht zurück will, läuft etwas schief.

Wenn es zu sexuellem Mißbrauch in therapeutischen Beziehungen kommt, finde ich eigentlich das Maß an Selbstverachtung und Selbstentwertung, das die Therapeuten da produzieren, besonders traurig. Über diese moralischen Entrüstungen muß man sich beim Stand der Diskussion gar nicht mehr unterhalten. Ich finde es traurig, daß ein Psychotherapeut – egal welcher Schulrichtung – das Beste, was er in dieser Situation hat, um seinen Lebensunterhalt zu verdienen, daß er das wegschmeißt.

Man könnte sicher sein, daß, wenn ein Patient gleichzeitig bei verschiedenen Therapeuten Therapie machen würde, jedesmal was Unterschiedliches passieren würde. Ist doch völlig klar, das spricht gegen niemand. Es sagt nur, daß diese Personen, so unterschiedlich, wie sie sind, diese Therapeutenpersonen, jeweils einen anderen Zugang finden.»

Herr E. stellt eine Verbindung her zwischen Abstinenz und Kenntnis der persönlichen Gefährdungspunkte. Daher hat für ihn die bereits im Vorfeld einer Therapie nötige Überprüfung der eigenen Anfälligkeit eine besondere Bedeutung.

Er betont den subjektiven Faktor des Therapeuten in der Therapie, der zugleich sein professionelles Handwerkszeug darstellt: die Selbstwahrnehmung und deren Schranken und Begrenzungen. Psychoanalyse ist in seinen Augen keineswegs ein funktioneller Mechanismus, sondern abhängig von der zwischenmenschlichen Begegnung. Er entscheidet sich notfalls, eine Therapie gar nicht zu beginnen, wenn er zu starke zärtliche Empfindungen oder erotische Gefühle spürt. Damit verdeutlicht er, daß die Kenntnis der persönlichen Fallgrube, Verantwortlichkeit und Professionalität zusammengehören. Abstinenz ist für ihn keinesfalls nur eine Verhaltensvorschrift, sondern er wählt sie in potentiell problematischen Situationen auch aus egoistischen Motiven, um sich selbst zu schützen.

DIE ANGST, ERZIEHERISCH ZU WERDEN

Herr G. ist Jungianischer Analytiker.

«Die Frage ist, wie man Macht wertet. Macht hat ja durchaus einen positiven Aspekt, daß ich etwas bewirken kann. Das ist natürlich ein Balanceakt zwischen legitimer Machtausübung und Machtmißbrauch. Grundsätzlich geht es in Therapien darum, daß jemand sein eigenes Thema findet und bearbeitet. Und hier braucht es viel Geduld und Einfühlung, damit ich ihn nicht überfahre oder überfremde oder daß sich alte Muster unbemerkt inszenieren. So geschieht es leicht bei bestimmten Frühstörungen, daß ich plötzlich belehrend werde, wenn jemand mir anträgt, ich solle ihm sagen, wo es langgeht. Erziehung ist jedoch ein Fremdkörper in der Analyse. Es geht ja eher darum, daß die hochidealisierten Zustände, mit denen Analyse meist beginnt, im Laufe der Therapie aufgelöst werden können und die Beziehungsform sich einer Echtheit annähert. Es bleibt natürlich ein Gefälle und es bleibt der Raum des Analysanden, aber die Beziehung wird echter, die Gefühle sind echt. Eine Analyse bleibt immer eine Analyse, sie geht also nicht ins reale Leben über, es müssen sehr viele Bereiche verschlossen bleiben. Wenn sich Analytiker zu inabstinentem Verhalten hinreißen lassen, wirkt dies nicht nur verunreinigend auf den therapeutischen Prozeß, auch verschwindet der Analysand mit seiner Thematik. Gerade bei frühen Störungen ist Abstinenz unabdingbar, weil diese Menschen sich selbst so schlecht spüren können und alles Fremde sie noch weiter von sich wegbringt.»

Das Erleben des Therapeuten, etwas wirksam anstoßen und auslösen zu können, gehört für Herrn G. zur legitimen Machtausübung, wobei er den Mißbrauch dieser Macht strukturell für naheliegend hält. In seinen Augen ist das der Fall, wenn ein Therapeut den seelischen Raum des Analysanden mit eigenen Gefühlen überfremdet. Dazu zählt er auch Vorschläge oder Belehrungen des Analytikers. Herr G. folgt damit einem sehr strengen Abstinenzverständnis. Freud hatte in ähnlicher Weise gefordert, daß sich der Analytiker aller Ratschläge zur Lebensführung und jeder erzieherischen Tätigkeit enthalten solle, dem Analysanden keinesfalls seine Ideale oder Weltanschauung aufdrängen dürfe. Ein wirklich abstinentes Verhalten bedeutet, daß alles Eigene des Analytikers hinter der Thematik und dem Erleben des Analysanden zurücktreten muß. Paradoxerweise könnten sich nur dann die Idealisierungsgefühle auflösen und die realen Gefühle in der Beziehung aus der Übertragungsverhaftung lösen.

DIE ANGST, ABHÄNGIGKEITEN ZU SCHÜREN

Frau L. ist Integrative Gestalttherapeutin.

«Ich habe lange in der Psychiatrie mit Suchtpatienten gearbeitet. Das Menschenbild ist ein anderes als in der ambulanten Therapie. Psychiatrie ist ein noch rechtloserer Raum als das Gefängnis, wo zumindest noch Haftbeschwerde möglich ist, in der Psychiatrie wird angeordnet und fixiert.

Ich glaube, daß jeder Mensch, auch die kaputtesten Leute, so etwas wie heilende Tendenzen in sich hat und eine Sehnsucht nach Ganzheit und Heilung oder Gesundheit. Doch in der Hierarchie des Krankenhauses geht dieses Wissen verloren. Da wird durch Etikettierungen Macht mißbraucht. Ganz oft heißt es da, dieser Patient spaltet. Doch faktisch ist das Team gespalten und schiebt es auf den Patienten. Es wird nicht mehr geguckt, ob das Behandlungsangebot diesem Menschen entspricht, sondern wenn er das Behandlungsangebot nicht annimmt, richtet sich die Wut der Mitarbeiter auf den Patienten, der ist dann krank, böse, ärgert uns, macht uns sauer. Gerade Suchtkranke werden erst mal völlig entmündigt und kriegen in der Regel Kontaktsperre. Wer dagegen verstößt, fliegt raus, denn man will ihn ja vor Rückfällen schützen. Ich finde das absurd: Wenn er ein Symptom seiner Krankheit zeigt, fliegt er raus!

Für mich liegt in dieser Bequemlichkeit, die eigenen Prämissen und das eigene Menschenbild zu reflektieren, ein ganz großer Machtmißbrauch. Ich muß als Therapeut mein Menschenbild in Frage stellen lassen. Das gilt auch für ambulante Therapie. Therapeuten haben eine ähnliche Verantwortung wie gute Eltern, aber auch das bedeutet Macht!

Wenn jemand eine Therapie beginnt, ist das in der Regel ein Eingeständnis von ‹Ich-weiß-nicht-mehr-weiter›. Die Erwartung, daß ich als Therapeutin helfen kann, gibt mir enorme Macht, die ich auch mißbrauchen kann. Ich kann zum Beispiel dieses anfängliche Herzklopfen, Schamgefühl und die Befangenheit meiner Klienten übergehen. Oder ich lade jemanden mit Interventionen ein, schicke ihn per Theater in ganz frühe Lebensalter, wo ich die Grenze der Klientin unterlaufe. Manchmal kommen als Reaktionen tiefe Gefühle von Schmerz und Ohnmacht zum Vorschein, spektakuläre Zusammenbrüche, die man für kathartische Reinigung halten könnte. Ich glaube nicht daran, sondern ich halte dies für Machtmißbrauch durch Methoden. Dieselbe Qualität haben bohrende Fragen, wenn ich kein Ausweichen gestatte, also sehr nah am Widerstand arbeite.

Ich möchte vor allem als Therapeutin und als Mensch präsent sein, authentisch und ehrlich. Und dazu gehört für mich auch, daß ich nicht aus finanziellen Gründen jemand in der Therapie halte. Es ist eine riesengroße Gefahr, daß man froh ist über jeden Klienten, der bleibt, weil man von den Therapien leben muß.

Mein Ziel ist, daß auch Klientinnen Verantwortung übernehmen für das, was sie mit mir bearbeiten wollen, Therapie ist immer auch Neulernen. Ich fange also nicht bei Adam und Eva an und höre mir die Schuldzuschreibungen an die Vergangenheit an, sondern bewege die Klienten dazu, auch in der therapeutischen Gegenwart Verantwortung zu übernehmen.

Ich hatte eine Klientin, die war wegen einer Trennungs- und Ablösungsproblematik gekommen, die wir auch bearbeitet hatten. Und nun fand sie die Therapie so ‹gemütlich›, weil sie hier alles loswerden könne. Doch dazu bin ich nicht da, ich bin nicht die Mami, die sie an die Brust nimmt und endlos tröstet und nährt. Ich möchte auch nicht als Partnerersatz für das reale Leben gelten. Ich habe ihr das gesagt und sie gedrängelt zu gehen. Ich fühle mich sonst mißbraucht und würde sie auch mißbrauchen, wenn ich sie weiter trösten und weinen lassen würde. Therapie ist kein Frustabladeplatz. Das würde nur Suchtstrukturen und Abhängigkeiten fördern, und das wäre dann gegenseitiger Mißbrauch. Meine Therapie soll Wahlmöglichkeiten schaffen und deutlich machen, wo sich jemand die Fesseln im Leben anlegt, um immer wieder in die gleiche Falle zu rennen. Trösten ist tödlich, ist Machtmißbrauch.»

Für Frau L. besteht Machtmißbrauch vor allem darin, daß Helfer die eigene Position gegenüber dem Hilfesuchenden ausnutzen. Frau L. beschreibt es als ein wesentliches Ziel ihrer Arbeit, keine Abhängigkeiten zwischen Klient und Therapeut zu schüren. Sie möchte Klienten nicht funktionalisieren und versucht selbst als Mensch authentisch und erreichbar zu sein. Sie geht davon aus, daß bereits in der Suche nach Hilfe der Klient Macht an den Therapeuten delegiert, der dadurch eine große Verantwortung trägt, nämlich diese Gefühle von Hilflosigkeit, Scham und Befangenheit zu akzeptieren. Auch der Methodeneinsatz bzw. durch Regressionseinladungen evozierte Gefühlsausbrüche laden, so sieht es Frau L., zu Manipulationen und Grenzverwischungen ein. Sie spricht sich ausdrücklich gegen kathartische Regressionen aus. Obwohl sie selbst ihre Verantwortung als Therapeutin mit der guter Eltern vergleicht, grenzt sie sich stark davon ab, Abhängigkeiten zu schüren. Sie will als Therapeutin nicht trösten und nähren, sondern an der Ablösung arbeiten.

Sie begreift Therapie als Neulernen und appelliert so an die «erwachsene» Seite in der Klientin, an deren Einsichts- und Verstehensfähigkeit. Ihr Ziel ist es, daß Klienten Verantwortung selbst übernehmen. Zu fragen ist, ob es dazu nicht zunächst notwendig ist, regressive Wünsche und Bedürfnisse (z. B. die nach Bleibendürfen) erst einmal zu spüren? Frau L. sieht es als Aufgabe, Wahlmöglichkeiten zu schaffen, die Klienten zu ihrer Eigenverantwortung zu führen, ein Ziel, das in der Gestalttherapie hochgehalten wird. Doch ist es nicht denkbar, daß die regressiven Bedürfnisse der Klientin zunächst Raum brauchen, um in ihren geheimen Absichten und Botschaften verstanden zu werden? So begrüßenswert es ist, daß Frau L. Abhängigkeiten vermeiden will, steckt in ihrer Schilderung dennoch ein bevormundender Zug. Anders als im Nachbeelterungsmodell schreibt die Therapeutin ihre Klientin zwar nicht auf einer bestimmten Regressionsstufe fest, legt aber doch deutlich offen, daß sie die Klientin auf der Erwachsenenebene haben möchte. Gehört es nicht möglicherweise zur Verantwortung der Klientin, ihre Bedürfnisse nach Kontinuität wahrzunehmen? Hört hier die Autonomie auf?

Eine Gefahr aller ressourcenorientierter Therapieansätze ist, daß die verletzte Gefühlsebene von den intellektuellen und realitätsgerechten Stärken und Fähigkeiten übergangen wird und sich unter einer oberflächlichen Lebenstüchtigkeit und Scheinautonomie verbirgt.

DER KÖRPER IN DER THERAPIE

Körpertherapien haben sich gerade in den letzten Jahren stark verbreitet. Eines ihrer Grundaxiome besagt, daß der Mensch vor allem als Leiblicher anwesend ist und seine leibliche Gestalt über die seelische Befindlichkeit Aufschluß gibt. Bewegung und Haltung eines Menschen sowie sein Spannungszustand lassen Rückschlüsse auf seine Lebensgestalt zu, die Art, wie er in dieser Zeit und Welt lebt. Da viele Menschen über den Körper nur instrumentell verfügen und ihn wie eine Maschine und als etwas Fremdes behandeln, drückt sich in dieser Umgangsweise ein entfremdetes Verhältnis des Menschen zu sich selbst aus. Inzwischen gibt es eine ganze Reihe verschiedener therapeutischer Verfahren, in denen das Körper- oder Leibgeschehen den zentralen Ansatzpunkt darstellt. Dazu zählt man die funktionalen Körpermethoden der Atem- und Entspannungsregulation, verschiedene Massageverfahren und Achtsamkeitsübungen und auch körpertherapeutische Verfahren im engeren Sinne, die konfliktorientiert auf der Beziehungsebene arbeiten. Selbst in der Psychoanalyse gibt es einen vehementen Diskurs über die Verknüpfung von Psychoanalyse und Körperarbeit.[49] Schon begrifflich herrscht in diesem Bereich Verwirrung und Unübersichtlichkeit. Doch zieht sich durch alle körperorientierten Ansätze die Annahme, daß Körper, Seele und Lebenseinstellung eng miteinander verwoben sind.

Schon Freud hatte eine Zeitlang alle psychische Energie als Ausdruck der Libido gesehen und körperliche Funktionsstörungen auf die Unterdrückung von Trieben zurückgeführt. Für ihn wiesen gestörte Körperfunktionen stets auf eine behandlungsbedürftige Seele hin. Freuds Schüler Wilhelm Reich betrachtete die körperliche und seelische Gesundheit als von der orgiastischen Potenz abhängig, d. h. der Fähigkeit zur Hingabe an das unwillkürliche körperlich-seelische Geschehen in der Sexualität und im Orgasmus. Reich nahm an, daß bestimmte körperliche Muster, sich zu halten und zu bewegen, auf der psychischen Ebene Entsprechungen haben und sich seelische Nöte in muskulären Verspannungen – im sogenannten Charakterpanzer – verschlüsseln. Diese Verspannungen versuchte er, mit Druck auf die verspannten Muskeln, mit Massage und Atembeeinflussung zu lösen. Derartige therapeutische Eingriffe basieren auf der Annahme, daß einer Muskelkontraktion seelisch die Verdrängung entspricht. In früheren Lebensjahren half die körperliche Anspannung, unerwünschte Gefühle zu kontrollieren. Diese einst notwendigen Überlebensmechanismen haben sich ungeachtet der aktuellen Situation auf der Körperebene in Haltungen und Mustern verfestigt, z. B. chronisch hochgezogene Schultern oder zusammengepreßte Kiefer.

Inzwischen sind mehrere Grundannahmen von verschiedenen, in dieser Tradition stehenden Körpertherapeuten ausdifferenziert worden.[50] Die grundlegende Verknüpfung von Seele und Körper verdeutlicht jedoch, daß Interventionen und Änderungen im Körpergeschehen immer die ganze Person betreffen.

Gerade bei sogenannten Frühstörungen gibt es die Notwendigkeit, den eigenen Körper als Fühl- und Empfindungsebene wiederzuentdecken, da nur so eine klare Verbindung zum seelischen Geschehen als wirklich erlebt werden kann. Oft wird Körperarbeit im Zusammenhang mit dem sogenannten Nachnähren bei angenommenen frühen Defiziten eingesetzt, um diesen Patienten einen Zugang zu ihrem eigenen Körper und Gefühlserleben zu öffnen. Doch Körperarbeit kann sowohl stabilisieren als auch extrem labilisieren, weshalb bei Menschen mit einer Neigung zur Psychose oder bei Personen, die kein klares Empfinden für ihr eigenes Körpererleben haben, äußerste Vorsicht geboten ist.

Berührung und direkte Körperinterventionen sind nur eine Form der Körperarbeit. Wenn der Körper in Bewegung gerät, werden sich vermutlich Atmung und Erlebens- und Gefühlsqualitäten sehr verändern, doch um diese neuen Erlebensqualitäten integrieren zu können, bedarf es einer einfühlsamen und respektvollen Begleitung. Manchmal kann es wichtig sein, das Körpererleben überhaupt wahrzunehmen und anzusprechen oder die Bedeutung bestimmter Haltungen und Bewegungen zu erkunden.

Therapeuten, die mit dem Körper arbeiten, brauchen eine gründliche Ausbildung, viel Selbsterfahrung, ein äußerst sensibles Gespür auch für die eigenen Körperreaktionen und ein hohes ethisches Bewußtsein dafür, daß jede Berührung einen Eingriff in die persönliche Sphäre des Patienten bedeutet. Wird nicht sehr auf das Tempo und die Befindlichkeit des Patienten geachtet, lassen sich dramatische körperliche Reaktionen provozieren, hinter denen der Mensch mit seinem seelischen Thema und Tempo auf der Strecke bleibt. Das bloße Abreagieren von körperlich seelischer Spannungsenergie wird im realen Leben nichts verändern, wenn dieses Geschehen nicht von einem Beziehungserleben begleitet wird, das den bisherigen Erfahrungen widerspricht. Eine ähnliche Problematik kennzeichnet kurze körpertherapeutische Workshops und die in einem solchen Rahmen mögliche Zuwendung. Nicht selten stellen sich unrealistische Erwartungen ein, manchmal entwickelt sich eine suchtartige Abhängigkeit nach vergleichbaren Körpererfahrungen. Doch ist es keineswegs verbürgt, daß sich in einem solchen Kontext befriedigendere und real konfliktfähigere Beziehungsmöglichkeiten entwickeln. Wenn der Mensch als leibliches Wesen präsent ist, gestalten sich – auch therapeutische – Beziehungen anders. Immer wieder wird in der Literatur darauf hingewiesen, daß Berührungen eine andere Qualität bekommen, wenn Therapeuten ähnlich den Eltern eine achtsame Körperlichkeit vorlebten. Dies muß keinesfalls den Charakter sexualisierender Vereinnahmung haben, sondern kann Halt geben und Geborgenheit vermitteln. Wenn Therapeuten wenig Zugang zur eigenen Körperlichkeit haben, bekommen Berührungen jedweder Art leicht den Beigeschmack einer Sexualisierung und werden zu Verwechslungen zwischen Ebenen der Zärtlichkeit und der sexuellen Stimulation führen, wie sie bereits Ferenzci 1932 beschrieben hat.[51] Die Unterstellung, daß Körpertherapeuten stärker zu sexuellem Mißbrauch neigen als etwa Psychoanalytiker, könnte aus der Projektion derer entstanden sein, die Berührung, Wärme und Nähe ausschließlich mit Sexualität identifizieren.

Voraussetzung für heilsame Berührungen und Körperarbeit sind die innere Klarheit und die Abstinenz des Therapeuten selbst. In reinen Redetherapien können sich ebenso begehrliche und lüsterne Gedanken verbergen wie in sexualisierenden Berührungen. Wie eine Berührung verstanden wird, läßt sich nicht von außen kontrollieren. Um nicht mit den besten Absichten mißverstanden zu werden, bedarf es des Dialogs beider Beteiligter. Eine grundlegende Gefahr bei Körpertherapien ist meiner Meinung nach dann gegeben, wenn Therapeuten eingreifen, manipulieren, etwas bewirken wollen und so den Ganzheitsaspekt verlassen, den die Körpertherapie gerade herzustellen versucht. Der Leib als gespürte Anwesenheit wird dann wieder zum funktionalen Körper, der in die rechte Form und Leistungsfähigkeit gebracht werden soll. Dann würde Körpertherapie als sehr wirkungsvolle Behandlungstechnik mißbraucht und die Beziehung verdinglicht.

«ICH GEHE MIT DER ERREGUNGSENERGIE»

Herr T. ist Körpertherapeut.

«Natürlich kann man mit Körperarbeit enorme Gefühlsausbrüche evozieren. Und man muß als Körpertherapeut besonders achtsam sein, daß man nicht wie der Zauberlehrling Geister ruft, also Gefühle weckt und Reaktionen auslöst, mit denen man dann nicht umgehen kann, von denen man sich selbst überfordert fühlt. In der Einzelarbeit entstehen eben leicht sehr aufgeladene Gefühlssituationen, wenn die Energie ins Fließen kommt. Aber das ist ja auch in Ordnung. Ich denke, sexuelle Gefühle oder Sexualität zu übergehen oder zu leugnen oder aus der Therapie auszuklammern kann genauso mißbräuchlich sein, wie in der Therapie eine sexuelle Beziehung einzugehen und auszuleben.

Eine Klientin erzählte neulich von einer Situation aus ihrer früheren Psychoanalyse: Nach einer Stunde mit ganz frühen kindlichen Gefühlen hätte sie sehr intensiv ihre Sehnsucht nach Kontakt und Berührung spüren können. Sie hat versucht, beim Abschied ihrem Analytiker um den Hals zu fallen – eine kindliche Geste, ein spontaner Impuls –, und er hätte sich abrupt abgewendet und sehr förmlich verabschiedet. Der Schreck des Zurückgewiesenseins, die Beschämung sind heute noch fühlbar für die Patientin.

Gewissermaßen wie ein Gegenstück erscheint vielen die Körpertherapie: daß hier die Schwelle zum Sex und zum Mißbrauch besonders niedrig sei. Wir arbeiten mit der Erregungsenergie und daran, blockierte Energie zu befreien, Panzerungen zu schmelzen und vegetative Erregung in Bewegung zu bringen. Denn wer in einem gepanzerten, blockierten Körper steckt, kann keine Verantwortung für seine Gefühle übernehmen, er wird sich fremdbestimmt erleben. Panzerung ist ein Käfig im Körper.

Meine Arbeit besteht nicht einfach im Berühren oder Lockern der Verkrampfungen, so wie etwa Reich sagte, ‹heute lösen wir das Zwerchfellsegment›. Behandlung geschieht intuitiv über vegetative Identifikation, d.h., daß ich die Gefühle des Gegenübers körperlich spüre, mit der Erregung mitgehe. Das erfordert natürlich eine enorme Achtsamkeit für den Moment und mein Gegenüber. Der Mißbrauch beginnt dann, wenn ich nicht mehr die individuelle Person mit ihren Gefühlen und ihrer Geschichte, sondern nur noch den Körper als Schablone mit seinen Verspannungen sehe. Dann wird Körpertherapie genauso ungenügend und greift zu kurz wie die Redetherapien.

Zwar empfinden die meisten Klienten Berührung als solche schon wohltuend. Aber das können sie auch durch einfache Massage haben. Es wäre also gewissermaßen ein Mißbrauch des Berührungsdefizits meiner Klienten. Körperarbeit hat für mich immer mit den Gefühlen im Kontakt zu tun, nur das kann alte Muster lösen, wenn ich den ganzen Menschen sehe und nicht nur bestimmte Verspannungen oder Erregungszustände.

Ich habe das als Berufsanfänger erst auch nicht so eng gesehen und mich einmal in eine sexuelle Beziehung reinziehen lassen, weil ich gefühlsmäßig auch dazu stand. Aber inzwischen und aus dieser Erfahrung heraus halte ich es für eine sehr ungute Vermischung der Ebenen, die auseinanderzukriegen auch mir äußerst schwerfiel. Denn es sind keine ebenbürtigen Beziehungen, auch wenn das vielleicht zunächst so scheinen mag. Die an mich gestellten Erwartungen richten sich auf mich als Inbild des erlebten Therapeuten und nicht an mich als Mensch mit eigenen Nöten und Schwächen. Also ich bin geheilt.

Natürlich passieren weiterhin Situationen, in denen die Luft sexuell aufgeladen ist, oder während ich behandle, merke ich plötzlich meine eigene Erregung. Inzwischen kann ich das einfach geschehen lassen; ich guck es mir an und genieße meine Erregung.»

Herr T. arbeitet auf der körperenergetischen Ebene und hält diesen Ansatz für ein äußerst wirksames Instrument, um blockierte Gefühle und Energien zu befreien. Er betont, daß es dazu besonderer Achtsamkeit von seiten des Therapeuten bedarf. In seiner Darstellung bezieht er sich auf die gängige Vorannahme, daß es in der Körpertherapie besonders rasch zu sexuellem Mißbrauch komme, der er jedoch entgegenhält, daß in seinen Augen die Verleugnung ebenso mißbräuchlich sei wie ein Ausleben sexueller Gefühle. Möglichkeiten zum Mißbrauch sieht er auf verschiedenen Ebenen: wenn der Körper durch einen ausschließlichen Blick auf Verspannungen instrumentalisiert wird oder durch eine funktionale Befriedigung des Berührungsdefizits von Patienten.

Als Ziel seiner Arbeit beschreibt er, daß die Patienten durch eine

Befreiung der blockierten Energie Verantwortung für ihre Gefühle übernehmen können. Dabei handelt es sich nicht um einen mechanischen Vorgang, vielmehr betont Herr T., daß das Gefühlserleben im Kontakt zwischen Therapeut und Patient die entscheidende Qualität ist. Nur die Bearbeitung dieses Erlebens kann eingefahrene Beziehungs- und Lebensmuster verändern. Was Herr T. beschreibt, vermittelt den Eindruck, daß er als Therapeut sich verantwortungsbewußt und abstinent verhält und um die eigenen Gefährdungsmomente weiß. Seine Schlußbemerkung allerdings ist um so verwirrender: Wenn er intuitiv und über vegetative Identifikation arbeitet – er sagt, daß er die Gefühle des Patienten «spüre» –, mutet diese Darstellung an wie eine körperlich beschriebene Gegenübertragung. Zu fragen ist, ob die Erregung ein heimliches Erleben des Therapeuten bleibt bzw. wie (oder mit welchen Folgen) eine solche Reaktion in den Kontakt eingebracht wird. Entscheidend ist, wie die vom Therapeuten genossene Erregung nun bearbeitet wird, denn wenn es beim stillen Genießen bleibt, bedeutet dieses möglicherweise eine ähnliche Funktionalisierung der Klientin und der Situation, wie sie in der ausgelebten Sexualität stattfinden kann.

4. KAPITEL

THERAPIE ZWISCHEN ERLÖSUNGSWUNSCH UND SELBSTVERANTWORTUNG

Wie können therapeutische Beziehungen gelingen? Beim Versuch, sich dieser großen Frage anzunähern, geht es um folgende Themen: In den unterschiedlichen Verfahren spiegelt sich als grundlegende therapeutische Fragestellung wider, ob Abhängigkeit notwendig oder gefährlich und daher unbedingt zu vermeiden ist. Ich sehe Verbindungen zwischen Wachstums- und Regressionsmodellen und möchte mich genauer mit deren Funktionalisierung für innere und äußere Machtbeziehungen beschäftigen. Im Zusammenhang mit sexuellem Mißbrauch werde ich der Frage nachgehen, wie destruktive Wiederholungen im Täter-Opfer-Kreislauf überwunden werden können. Abschließend werde ich diskutieren, wie Veränderung denn geschehen kann, ohne daß der Therapeut eingreift und bewußt «behandelt».

DAS DOPPELGESICHT DER ABHÄNGIGKEIT

Die Thematik von Macht und Ohnmacht und der Konflikt zwischen Abhängigkeit und Unabhängigkeit sind unweigerlich miteinander verknüpft. Autonomie und Abhängigkeit bilden ähnlich wie

Macht und Ohnmacht ein aufeinander bezogenes System. Doch gibt es in der Frage, wie mit Abhängigkeiten in der Therapie umzugehen sei, wesentliche Differenzen zwischen den einzelnen Therapierichtungen. Ob Abhängigkeit sinnvoll, notwendig, pathologisch und zu vermeiden sei, wird je nach therapeutischer Richtung unterschiedlich beantwortet.

Psychoanalytiker betonen die Notwendigkeit, daß sich die Abhängigkeitsgefühle eines Menschen in der analytischen Situation inszenieren, damit sie durchlebt und bearbeitet werden können. Aufgabe des Analytikers ist es, dem Patienten zu helfen, seine Abhängigkeitsthematik bzw. die wiederholende Inszenierung zu erkennen. Die Gestalttherapie betont die Autonomiekräfte des Klienten stärker und erwartet realitätsgerechte Autonomieschritte. Auch das systemische Denken knüpft eher an die Ressourcen eines Menschen an, sieht allerdings die Einbettung in Abhängigkeiten, ohne diese bewußt weiter zu fördern. In der Körpertherapie gilt das bewußte körperliche Erleben als Voraussetzung dafür, daß Patienten selbständig und selbstverantwortlich entscheiden können. Auch wenn die Fallgeschichten dieses Buches zeigen, daß sich Abhängigkeiten ungeachtet der jeweiligen theoretischen Lehrmeinungen inszenieren, ist zu fragen, ob es nicht verschiedene Qualitäten der Abhängigkeit gibt – heilsame oder schädliche, die unbedingt zu vermeiden sind.

Gewiß ist es ein intra- oder interpersonaler Balanceakt zwischen Autonomie und Abhängigkeit, der über diese Frage entscheidet. Autonomie und Abhängigkeit bezeichnen wie Macht-Ohnmacht ein intra- und interpersonales Beziehungsgeschehen. Die Art und Weise, wie wir innen mit diesem Spannungszustand umgehen, wird sich im Außen spiegeln und das äußere Erleben nach innen zurückwirken lassen. Wenn ich meine realen Abhängigkeiten anerkenne, folgt daraus eine große Freiheit, mich in diesem akzeptierten Rahmen zu bewegen. Orientiert sich jemand an Unabhängigkeit und Freiheit als obersten Werten, folgt daraus meist eine große Unfreiheit, weil er darauf angewiesen ist, daß ein anderer außen den Gegenpol verkörpert. Daraus entstehen eine enorme Abhängigkeit und eine Beziehungsstarre.

Doch jede Beziehung ruft in mir andere Möglichkeiten und Bereitschaften wach, spricht mich jeweils anders an und läßt mich anders erleben. Ich bin also auf die Bestätigung und Herausforderung durch andere Personen angewiesen. Der Säuglingsforscher Daniel Stern hat bestätigt, daß wir von früh an nicht Normen und Verbote in uns aufnehmen, sondern Beziehungsmuster und erlebte Beziehungskonstellationen. Diese Beziehungsmuster – die Psychoanalyse nennt sie Übertragung –, die in unsere aktuellen Kontakte hineinragen, werden wir auch in der therapeutischen Beziehung zu aktualisieren suchen. Oftmals scheint es so, als ob das Neue der Situation mit den alten Erfahrungen identisch ist, das Bekannte und Vertraute sich immer wiederholen. Abhängigkeitsgefühle, die in der Therapie entstehen, haben oftmals Analogien zu früher erlebten Abhängigkeitsgefühlen (Liebe, Bedürfnis nach Anerkennung). Und es ist fatal, wenn in der Therapie sehr schmerzlich erlebte Beziehungsstrukturen erneut erfahren werden, ohne daß sie erkannt und bearbeitet werden.

Wenn der Klient zu früh erwachsen werden muß(te), also anders sein sollte, als er eigentlich war, wiederholt sich dieses alte Muster möglicherweise, indem der Therapeut sehr schnell realitätsgerechte Autonomieschritte von ihm verlangt, ohne daß Raum ist für das Erleben und Anerkennen seiner (Abhängigkeits-)Wünsche im Kontakt.

Oder daß sich Abhängigkeit unerlöst reinszeniert, wie im Beispiel Annas, eine tiefe unbewußte Bindung an den Vater nicht zum Thema wird, sondern sich blind aufs neue inszeniert. Wahrscheinlich ist es für Anna ein altes Muster, daß jemand ungestraft in ihre Privatsphäre eindringen darf und sie sich für seine Definition von Realität vereinnahmen läßt. Diese grausam anmutende Inszenierung, die von ihr zum Besonderen verklärt wird, gibt Hinweise auf ein zutiefst fremdbestimmtes Sein und Leben, das der Therapeut in diesem Beispiel nicht als Folge- und Unterwerfungsbereitschaft thematisiert. Abhängigkeiten mögen wichtig sein, um an diese Gefühle heranzukommen, aber sie erfordern ein hohes Maß an Verantwortlichkeit und therapeutischer Ethik, um dies nicht für eigene Zwecke auszunutzen.

Abhängigkeit bedeutet aber keineswegs zwangsläufig Selbstaufgabe. Wirkliche Autonomie lebt in Balance auch mit der eigenen Abhängigkeit. Ein Therapeut, der beide Pole in sich ausgelotet hat, wird dem Patienten sowohl in Gefühlen der Autonomie als auch der Abhängigkeit folgen können. Das mag auch dann gelingen, wenn sich diese Polarität zeitweilig interpersonal aufteilt, d. h. wenn sich der Patient absolut abhängig empfindet, daß der Therapeut ihn wohl in dieser Rolle stützt und schützt, aber nicht festhält, sondern ihm hilft, seine Autonomiekräfte wiederzufinden. Es ist gerade ein Hauptwesenszug des Narzißmus, daß Abhängigkeit und Autonomie in eigenartiger Weise miteinander verwoben sind und die Suche nach Einzigartigkeit und die Sehnsucht nach Verschmelzung nebeneinanderstehen.

Was sind angemessene und therapeutisch verantwortliche Reaktionen auf tiefe Abhängigkeitswünsche von seiten der Patienten? Eine Zurückweisung beschämt und verletzt, eine Einlösung würde möglicherweise die Abhängigkeit verlängern. Es ist wohl kaum möglich, hier allgemeingültige Maximen aufzustellen. Ob eine Reaktion als therapeutisch sinnvoll und angemessen gelten kann, hängt nicht nur von der konkreten Beziehungssituation ab, sondern auch von den Möglichkeiten des Therapeuten, in sich und aus sich heraus eine authentische Antwort entstehen zu lassen.

Frau N. etwa konnte auf den von ihr als manipulativ verstandenen Wunsch ihrer Patientin, sich neben sie zu setzen, nicht anders reagieren, als sich abzugrenzen. Entscheidend in einer solchen Situation ist, ob die bei der Patientin ausgelösten Gefühle zum Thema werden dürfen, so daß die wechselseitigen Empfindungen kommunizierbar sind. Andernfalls bleibt der Patientin vermutlich ein Gefühl, unverstanden und weggestoßen zu sein oder die falschen Gefühle zu haben. Dieses Beispiel verdeutlicht auch, wie schwer für

Therapeuten der Umgang mit unbewußten Manipulationsabsichten von Patienten ist. Sicher geht es für den Therapeuten zunächst darum, den Wunsch und das Bedürfnis zu würdigen und sich nicht genötigt zu fühlen, es zu befriedigen oder in einer bestimmten Weise auch reagieren zu müssen, dies käme ja einem Sich-verwenden-Lassen und einer Fremdbestimmtheit gleich.

Mir scheint es paradox, daß Therapeuten sich die Eigenständigkeit ihrer Klienten zum Ziel setzen. Wie kann jemand von außen erreichen, daß ein anderer von innen bestimmt handelt? Es erinnert an die Formulierung von Watzlawick: «Ich möchte, daß er es von sich aus tut.»[1] Dieses Paradox löst sich wohl nicht auf. Leicht kann dieser Wunsch abhängige Klienten jedoch dazu verführen, sich in die Wünsche des Therapeuten einzufühlen und nicht aus eigenen Motiven ein gewünschtes Verhalten zu zeigen. So können selbst Wünsche, die ein Therapeut für seine Klienten hat, zum Übergriff werden. Geht es für den Therapeuten wirklich um die Eigenständigkeit der Klienten oder die Vorstellung des Therapeuten davon? Und würde diese Eigenständigkeit sich nicht im Dialog zwangsläufig entwickeln können, wenn der Therapeut sich nicht zur Bedürfnisbefriedigung verwenden läßt?

Wenn aber Abhängigkeiten sinnvoll sein können, ist die entscheidende Frage, wie dann an ihrer Auflösung gearbeitet wird? Eidenschink beschreibt anschaulich, daß er seine Klienten auffordert, sich eine Vorstellung davon zu machen, wie denn ihre Abhängigkeitswünsche befriedigt werden könnten.[2] In dieser Phase, in der die Klienten mit basalen Bedürfnissen Kontakt aufnehmen, passieren viele Kränkungen, Feindseligkeiten und Entwertungen, um die Abhängigkeitswünsche nicht spüren zu müssen. Doch «sich die Befriedigung dieser Bedürfnisse vorstellen können (heißt, C. H.) gleichzeitig, nicht mehr von der prompten Befriedigung abhängig»[3] zu sein. Erst wenn die Fähigkeit, sich eine nährende Umgebung im Kontakt herstellen zu können, vorhanden ist, die nicht nur von Leistung und bestimmten Sollforderungen abhängt, kann die Arbeit an den inneren und äußeren Konflikten beginnen.

Die Sehnsucht nach einem wichtigen anderen und der Wunsch nach affektiver Spiegelung liegen vermutlich nicht nur Idealisierungsprozessen und (unbewußt) gesuchten Abhängigkeiten zugrunde, sondern auch jeder Suche nach Therapie. «Gefühlszustände, auf die nie ein anderer Mensch einstimmt, wird man nur allein, isoliert vom interpersonalen Kontext und potentiell gemeinsamen Erfahrungen, erleben. Auf dem Spiel steht dabei nichts Geringeres als die Gestalt und die Größe des gemeinsam mit dem Anderen erlebbaren inneren Universums.»[4] Und es ist eine denkwürdige Zeiterscheinung, daß diese elementaren menschlichen Bedürfnisse unter Gesichtspunkten der Kostenübernahme durch die Krankenkassen als pathologisch betrachtet werden müssen.

Wodurch entstehen nun «Therapiekarrieren» mit einer nicht enden wollenden suchtartigen Abhängigkeit von therapeutischer Hilfe? Patienten mit einem starken Leidensdruck werden über jede wie auch immer geartete Hilfe dankbar sein und nur allzuleicht den machtvollen Deutungen ihres Therapeuten bedingungslosen Glauben schenken, d. h., sie werden die Sprache und Problemsicht ihres Therapeuten lernen nach dem Motto, der Experte weiß es hoffentlich oder muß es ja wissen. Doch werden sie sich selbst so wohl nicht verständlicher werden, sie verharren in der Außenorientierung. Ihre eigenen Empfindungen, Wünsche, Lösungsideen bleiben verdeckt und drängen dennoch, erlöst zu werden.

Gefühle des Opferseins und der Stagnation haben oft damit zu tun, daß die eigenen Anteile, die eigene Verantwortung nach außen verlegt und dort ersehnt und bekämpft werden. Möglicherweise liegt hier ein Grund, daß eine Frau wie Margit die Therapeuten, die sie als inkompetent darstellt, dennoch zu brauchen meint und weiterhin Hilfe von ihnen erwartet. Bislang scheint sie nicht auf jemanden getroffen zu sein, der sich nicht in ihre Ambivalenzen hineinziehen läßt, der standhält und abgegrenztes und zugewandtes Gegenüber bleibt.

Entwicklung, Weiterkommen, Wachstum – in jedem von uns steckt vermutlich eine Sehnsucht, ganz zu werden, unsere Potentiale zu entfalten, reif und gelassen mit den Gegebenheiten des Lebens umgehen zu können. Die Entwicklungspsychologie nährt derartige Vorstellungen, daß der Mensch stufenweise in seiner Entwicklung fortschreitet. Doch gibt es so etwas wie Reife als Endpunkt unserer psychischen Entwicklung? Ist es nicht vielmehr eine letzthin unerreichbare Phantasie von Vollständigkeit, die auch die westliche Fortschrittsideologie und die Moderne geprägt hat, für die es nur Aufwärtsentwicklung geben darf?

Gerade in humanistischen Therapieverfahren, zu denen auch die Gestalttherapie gehört, stehen Wachstumsmodelle hoch im Kurs. Daß das «positive» Menschenbild der humanistischen Psychologie nach dem Krieg auch in der Bundesrepublik so bestimmend wurde, ist sicher als eine Reaktion auf die Überangepaßtheit der Elterngeneration im Nationalsozialismus zu verstehen. Man wollte sich auch von dem pathologieschweren Blick der Psychoanalyse lösen und statt dessen das Gesunde, Positive im Menschen betrachten. Hillman bezeichnet persönliche Wachstumsmodelle als «die romantische, harmonische *Phantasie* einer unaufhörlich sich ausdehnenden, unaufhörlich sich entwickelnden, schöpferischen und immer größer werdenden und sich integrierenden Person, bei der sich alles harmonisch zusammenfügt»[5].

Doch persönliche Schattenseiten, Brüche in der Biographie, Begrenzungen und Leid gehören zum Menschsein und lassen sich nicht ohne Konsequenzen für unser Miteinanderleben ausklammern. Verantwortlich über Wachstum, Entwicklung und Reife des Individuums läßt sich nur als Verlust reden, als Verlust von Sicherheiten, Gewohnheiten, Vertrautem. Das impliziert das bewußte Transzendieren von Werten und Idealvorstellungen, um sich selbst wirklich ähnlicher zu werden. So verstandenes Wachstum heißt, weniger zu werden, ohne sich selbst zu verkleinern. Wachstumsvorstellungen und Regressionsmodelle hängen zusammen. Beide unterliegen normierenden Vorstellungen darüber, was erwachsen, normal, gesund und was pathologisch, unreif ist. Normierende Vorstellungen werden tendenziell wie letztendliche Wahrheiten zur Ausgrenzung und Machtanmaßung benutzt.

«Die Theorie der Kindheitsentwicklung, das vorwärts gelebte Leben, reduziert uns auf unsere niedrigste Fähigkeit, den kindlichen Zustand und seine Unzulänglichkeiten. Dann brauchen wir die Idee des Wachstums und der Entwicklung, um von dem grundlegenden Bild erlöst zu werden, das wir selbst durch unsere Betonung der Kindheit propagiert haben: Wachstum biete die Errettung aus dem, was die Entwicklungstheorie dogmatisch zu unserer Grundnatur erklärt hat, aus dem hilflosen und von Hoffnungen erfüllten Zustand, den man ‹das innere Kind› nennt. Wachstum ist gleichbedeutend mit weltlicher Erlösung.»[6]

Die auch in Geschichten dieses Buches zur Sprache kommenden Auswirkungen eines Nachbeelterungskonzeptes deuten an, wie Regressionsmodelle für Machtszenarien benutzt und mißbraucht werden können. Oft wird ein Konzept mit den besten Absichten angewendet, doch bleibt das reale Beziehungsgeschehen auf der Strecke. In den hier vorgestellten Beispielen zeigt sich auch, wie das Verfolgen von therapeutischen Konzepten den Kontakt verstellen kann.

Weil Verständigung nicht möglich ist und beide isoliert bleiben, verharren die Therapeuten in der gewählten, die Patienten in der akzeptierten bzw. zugedachten Rolle. Isolation ist ein Kennzeichen von polarisierenden Machtkonstellationen; Machtansprüche werden auch nur aus einem Zustand der Isolierung heraus gestellt werden.[7]

In der Psychoanalyse und in der zeitgenössischen Psychologie wird Regression häufig verwendet «als eine Rückkehr zu früheren Entwicklungsformen des Denkens, der Objektbeziehungen und der

Strukturierung des Verhaltens»[8]. Psychoanalytische Entwicklungsmodelle gingen bislang davon aus, daß sich die kindliche Entwicklung in aufeinanderfolgenden Phasen vollzieht, die einander ablösen. Freud selbst hatte betont, daß diese Phasen sich überlagern und nebeneinander bestehen. Wird die psychische Entwicklung und Reifung des Menschen als linearer Prozeß verstanden, liegt es nahe, eine Rückkehr zu früheren Entwicklungsstufen als qualitativen Rückschritt anzusehen, als Regression auf ein weniger komplexes, «primitiveres» Niveau. Zwischen Regression und Psychopathologie kann dann ein direkter Zusammenhang hergestellt werden, und «psychische Gesundheit» und «Normalität» wird an einem gelingenden Durchlaufen dieser Stadien gemessen. «Frühe Störung» gilt dann gleichbedeutend mit «tiefer Störung».

So hat Kernberg die «Borderline-Pathologie» einer Störung früher Entwicklungsabschnitte zuzuordnen gesucht. Auch Jessica Benjamin erklärt die Idealisierungsbedürfnisse erwachsener Frauen und deren Bereitschaft zur Unterwerfung aus problematischen Erfahrungen und einer gestörten Entwicklung in der als besonders konfliktreich geltenden Phase der Wiederannäherung. Im entwicklungspsychologischen Zeitabschnitt des etwa zweijährigen Kindes geht es um die Entwicklung geschlechtlicher Identität, um Trennungsangst und um Anerkennungskämpfe.[9]

Die Ergebnisse der neueren Säuglingsforschung stellen jedoch die bislang angenommenen Entwicklungsmodelle und entsprechenden Annahmen über kausale Zusammenhänge in Frage. Daniel Stern sieht Entwicklung als einen fortwährenden «Prozeß, der immer auf den neuesten Stand gebracht wird»[10]. Darum spricht er nicht von Phasen oder Stufen, sondern von Entwicklungsbereichen, die sich zwar sukzessiv entwickeln, aber weiterbestehen bleiben. Keine Altersphase kann eine vorrangige Wichtigkeit beanspruchen, alle bleiben gleichermaßen Grundlage für die weitere Persönlichkeitsentwicklung, und dies ein Leben lang.

In dem, was als erwachsen, was als infantil oder als kindlich gilt, zeigen sich kulturspezifische Wertungen. Häufig wird der verbale

Bereich als dominant für Reifung und Erwachsensein angesehen. In der Überbetonung von sprachlich-intellektuellen Fähigkeiten geht die Verbindung zu kreativen Ausdrucksformen und die Fähigkeit, sich einem Erleben hingeben zu können, verloren. Gemeinhin zählen kreatives künstlerisches Tun, Träumen und Spielenkönnen auch nicht zu den als «erwachsen» bezeichneten Möglichkeiten, vielmehr wird alles Nichtsprachliche (Spielerische, Kindliche) als unreif und regressiv angesehen. Abqualifizierende Reaktionen, die erwartet oder erahnt werden, motivieren möglicherweise in den Fallgeschichten zwei Frauen (Ulrike und Laura), ihre Sehnsüchte nach nonverbaler atmosphärischer Verschmelzung hinter vielem Reden zu verstecken. Das Darüber(weg)reden macht die Situation und die Gefühle kontrollierbar. Sprechen wird zur Maske.

Doch folgt man dem Ansatz Sterns, ist ein Verhalten nicht deshalb kindlich oder erwachsen, weil es in einem früheren oder späteren Zeitabschnitt erworben wurde. Die psychisch-sozialen Themen eines Menschen, die zu einer bestimmten Zeit bedeutsam werden, haben wohl eine Verbindung zu vergangenen Erfahrungen und sind durch Zukunftspläne und Hoffnungen mitbestimmt, jedoch nur als gegenwärtige Konstellation.

Vertraut man auf ein dynamisches Verständnis von Entwicklung, wird man vermutlich leichter akzeptieren können, daß in verschiedenen Lebensphasen unterschiedliche Aspekte der Persönlichkeit in den Vordergrund treten und daß der aktuellen Lebenssituation entsprechend sich die Schwerpunkte verschieben können. In jedem Erwachsenen gibt es unterschiedliche Erlebnisschichten und ein verdichtetes Beziehungserleben (Kindliches, Elterliches, Partnerschaftliches, Weises). Wahrscheinlich sind nie alle gleichzeitig bedeutsam und zugänglich, sondern von der Situation und Begegnung mitabhängig.

Wenn der Therapeut sich weder für bestimmte Rollen verwenden läßt, also die (un)ausgesprochenen Rollenerwartungen des Patienten nicht übernimmt, noch den Patienten funktionalisiert, kann letzterer kindlich oder erwachsen sein und sich die therapeutische Beziehung zwischen verschiedenen Erlebensebenen bewegen.

Die Diskussion um das «innere Kind» ist irreführend, fördert die Opfermentalität und fixiert auf das, was nicht mehr zu ändern ist. Durch einen Bezug auf pathogene Kindheitsgeschehnisse kann reales Leid im gegenwärtigen Leben bagatellisiert werden, gerade wenn das Beziehungserleben zwischen Therapeut und Patient den Fokus im Dort und Dann, nicht aber in der gegenwärtigen Begegnung setzt.

Stern schreibt, daß bereits der Säugling ein sozial kompetentes Wesen sei, das sich in und aus der Bezogenheit heraus entwickelt und mit vielfältigen Möglichkeiten Kontakt zu finden sucht. Wenn Klientinnen und Klienten sich (nur noch) hilflos, schwach und abhängig fühlen, drückt sich häufig in fixierten Erlebensweisen ein tiefer Wunsch aus, in diesen verstanden und akzeptiert, keineswegs festgeschrieben zu werden. Möglicherweise wurde dieser Wunsch bislang immer frustriert oder mißbraucht? Dies ist für die Beziehungsangebote anzunehmen, die in den Fallgeschichten von Laura, Vera, Maria und Anna ausgehen. Staemmler, ein integrativer Gestalttherapeut, sieht in regressiven Prozessen einen Mangel an Selbstunterstützung und eine zeitweise eingeschränkte Möglichkeit, «alle bereits einmal erworbenen Kompetenzen (dem eigenen, C. H.) Wunsch entsprechend zu realisieren» [11].

Entscheidend für das Gelingen einer Therapie ist die Frage, ob der Therapeut sich emotional berühren läßt, ohne durch methodische Zaubergriffe eingreifen oder sich als Lösung anbieten zu müssen. Wesentlich ist dafür das Vertrauen des Therapeuten darauf, daß die erforderlichen Ressourcen im Patienten vorhanden sind. Ein Therapeut wird entsprechend der in ihm selbst erschlossenen Bereiche differenziert und dem Patienten angemessen auf dessen Art der Kontaktaufnahme antworten können.

Auf eine Fallgeschichte bezogen, läßt sich dieser Zusammenhang so illustrieren: Maria ist zunächst froh, daß der Therapeut ihre depressive Seite nicht sehen will und sie dadurch Zugang zu anderen Gefühlen bekommt. Doch gehören beide Seiten zu ihr, keineswegs gehört die andere Seite nur ihrer «negativen Mutter», selbst wenn Maria ein von dieser übernommenes Muster fortsetzen sollte. Wie bedrückend und anstrengend die innere und äußere Manipulation sind, denen sich Patienten unterziehen, um den vermeintlichen Erwartungen zu entsprechen, äußert sich in diesem Beispiel darin, daß Maria trotz ihrer Anstrengungen ängstlich schaut, ob sie dem Anspruch ihres Therapeuten wirklich genügt. Darin liegt die Sorge, ob die als negativ deklarierte Gefühlsseite sich nicht doch irgendwie zeigt. Daß sich so ihre tiefe Ambivalenzspaltung zwischen «erwachsener, positiver Energie und Strahlkraft» und ihren Ohnmachtsgefühlen, ihrer Hoffnungslosigkeit und ihrem Mangel an Selbstliebe nicht auflösen läßt, liegt auf der Hand. Wohl brauchte sie den akzeptierenden Blick eines abgegrenzten Therapeuten, der sie weder auf eine bestimmte Art des Seins festlegte noch seine Bestätigung davon abhängig machte. Wenn ein Therapeut sie in ihrer Widersprüchlichkeit annehmen könnte, würde möglicherweise auch Maria die Spannung zwischen beiden Polen in sich selbst ertragen lernen. Polare Aufspaltungen scheinen eine Zeitlang wie Problemlösungen, sie werden aber nur wirklich zu solchen, wenn die Spannung zwischen den Polen ausgehalten werden kann. Dafür bedarf es eines Gegenübers, das diese Selbstregulierung unterstützt, ohne den einen Pol für sich zu verwenden (z. B. die Idealisierung) oder unreflektiert zu übernehmen. Ambivalente Beziehungsangebote stellen sich dem außenstehenden Beobachter als Kontaktvermeidung dar, es sind jedoch zugleich Rettungsversuche eines innerlich von Spaltungen durchzogenen Beziehungserlebens.

«Regressive» Beziehungsangebote des Patienten können die Erwartung des Therapeuten stören, aber auch eine kreative Beziehungsspannung auslösen. Im Vertrauen auf die Selbstregulierungsprozesse des Individuums kann eine aufrichtige Antwort eines abgegrenzten Therapeuten auf das, was gemeinhin als regressiv bezeichnet wird, den Patienten zu verändertem Erleben verhelfen.

Auch dieser Zusammenhang ist an einer der Fallgeschichten zu beobachten: So zeigt die Patientin des Psychoanalytikers Herrn W. eine tiefe Dankbarkeit für das Eingeständnis seiner Grenzen, als sie das analytische Setting mit Tanz und Geigenspiel verändert. Herr W. reagiert unorthodox auf die szenischen Beziehungsangebote seiner Patientin, als die üblichen Formen der Therapie nicht möglich scheinen (geht z. B. mit ihr spazieren), ohne dabei den Anspruch auf Verstehenkönnen aufzugeben.

Verstehen kann von außen nicht gezielt hergestellt werden, auch ist es keine reine Frage der Technik. Patienten müssen eine innere Sicherheit entwickeln, sich in der therapeutischen Situation und Beziehung so angenommen fühlen, daß eine Veränderung ihres Erlebens überhaupt möglich wird.

Nonverbale Inszenierungen – in der Psychoanalyse oft als Regression bezeichnet – sind als Signale des Patienten zu verstehen. Sie brauchen nicht evoziert zu werden. Gerade wenn frühere Entwicklungsbereiche von Entbehrungen und Frustrationen bestimmt waren, sollte man es dem Patienten kaum wünschen, sich ausgerechnet dorthin erneut zu begeben. Kein Therapeut kann die Zeit rückgängig oder die Leiden seiner Patienten ungeschehen machen. Auch eine noch so wohlmeinende Eltern-Substitution von außen kann seine Geschichte und familiäre Sozialisationserfahrung nicht aufheben. Versteht man Regression nicht als Pathologie oder Rückschritt, sondern als einen Mangel an Selbstunterstützung, gibt es keinen Grund, «diese zu fördern oder gar mit irgendwelchen Methoden herbeizuführen» [12].

Da die früheren Verwundungen sich nicht in einer Therapie aufheben lassen, ist es wichtig, daß sich Patienten in ihrer spezifischen Lebensgeschichte anzunehmen und vor allem auch die Wundflächen selbst zu schützen lernen. Bedeutsam ist es, dort hinzuschauen, wo man sich selbst im Weg steht und vermutlich alte leidvolle Muster fortsetzt. Es ist für jeden Menschen zunächst belastend, das, was bislang auf andere projiziert war und dort bekämpft wurde, nun als Eigenes zurückzunehmen. Bei diesem Prozeß wirkt die einfühlsame Begleitung des Therapeuten als eines nicht verwikkelten Gegenübers unterstützend. Doch enthebt die Fürsorge eines Therapeuten den Patienten und die Patientin nicht von der Verantwortung dafür, wie er/sie heute sein/ihr Leben gestaltet.

Menschen, die sich hilflos und ohnmächtig einem schlechten Schicksal ausgeliefert fühlen, werden zumeist mit der Erwartung in die Therapie kommen, daß der Therapeut «willens und fähig ist, die Welt so zu verändern, daß er hinfort vor böswilligen, schädlichen Einflüssen bewahrt bleibt»[13]. Auch mehrere der in diesem Buch vorgestellten Patientinnen und Patienten schildern, daß sie mit vergleichbaren Erlösungserwartungen ihre Therapien begonnen haben. Doch diese Haltung bedeutet: Patienten erleben sich als «leidendes Opfer einer schlimmen Vergangenheit», einer schlimmen Gegenwart «oder, solange alles gutgeht, als zufriedenes Opfer einer besseren therapeutischen Gegenwart ..., aber eben immer als Opfer und nicht als eine Person, die selbst Einfluß auf ihr Leben nehmen kann».[14] Wenn nun ein Therapeut die ihm angetragenen Heils- und Erlösungswünsche annimmt und vielleicht auch noch den Eindruck von Allwissenheit und Allmacht zu erwecken sucht, bereitet er vermutlich den Boden für ungute Abhängigkeiten.

SEXUALITÄT UND EROTIK IN DER THERAPIE

Der Umgang mit sexuellem Mißbrauch bewegt sich in einer Täter-Opfer-Polarisierung, im Entweder-Oder, zwischen Parteinahme und Schuldzuweisung. Die Diskussion steht unter Betroffenheitszwängen, und differenzierende Betrachtungen werden schnell als Verharmlosung, Leugnung oder gemeinsame Sache mit den Tätern abgestempelt. Wenn ich auf dieses emotional aufgeladene Szenario dennoch den «fremden Blick» wage, so heißt das nicht, daß ich sexuelle Beziehungen im therapeutischen Raum befürworte oder gutheiße. Es mag offenbar auch geglückte sexuelle Therapiebeziehungen geben. Doch können solche Ausnahmeerfahrungen keinesfalls die Not der vielen anderen verharmlosen, die unter der Verwischung von Grenzen zu leiden hatten oder haben.

Die Verwechslung von Liebes- und Machtbeziehungen hat eine lange Tradition. Gerade wenn in der therapeutischen Situation sehr schnell eine Erotisierung und Sexualisierung der Beziehung entsteht, geht es meist um etwas anderes: Die Sexualisierung verdeckt oft tieferliegende Wünsche und Gefühle der Patientin, z. B. als selbständiges Wesen geschätzt zu sein und angenommen zu werden. In bestimmten Seelenlagen, in denen es um das Austasten eigener Grenzen geht, kann eine sexuelle Grenzüberschreitung deshalb katastrophal wirken, sie erschüttert die unsicheren Körpergrenzen und bedeutet ein verheerendes Mißverstehen der Beziehungsebenen.

Therapeutische Situationen brauchen eine Atmosphäre der Intimität und Nähe, und es kann nicht darum gehen, sexuelle Gefühle oder das Entstehen von Verführungssituationen zu vermeiden, wohl aber, diese auszuleben. Sich in seiner Geschlechtsidentität angenommen zu fühlen und die eigenen Wünsche und Phantasien äußern zu können sind – auch therapeutische – Themen, die sich nicht durch sexuelle Aktivitäten lösen lassen. Sexuelle Kontakte setzen ein stabiles Selbstgefühl hinsichtlich der geschlechtlichen Identität voraus. Natürlich erfahren wir unsere Attraktivität und Lust auch in der Bestätigung durch andere, doch ein Mangel an Selbstakzeptanz kann in einer Therapie eine suchtartige Abhängigkeit von äußerer Bestätigung entstehen lassen. Hingabe ist dann gleichbedeutend mit Selbstaufgabe. Die Freiheit, von innen heraus sich als Frau oder Mann attraktiv und als erotisches Wesen empfinden zu können, braucht den akzeptierenden, nicht vereinnahmenden Blick des Therapeuten.

Auch wenn sich im sexuellen Übergriff ein verheerendes Mißverständnis auf der Beziehungsebene zeigen kann, halte ich dennoch nicht das Sexuelle für das eigentlich Traumatisierende, sondern die darin enthaltene und ausgedrückte Beziehungsstörung. Eine im Freiburger Forschungsbericht zitierte Untersuchung bestätigt diese Annahme – es scheint letztlich unbedeutend, ob es zum direkten Geschlechtsverkehr kommt oder nicht: «Es ist nicht der Sexualakt selbst, der das Leiden bedingt, sondern eher die symbolische Bedeutung von sexuellen Kontakten und anderen Grenzverletzungen, die sie als Vertrauensbruch erlangen.»[15] Sexualität ist gelebte (Nicht-)Beziehung – wie auch immer. In ihr zeigt sich die Qualität der Beziehung in verdichteter Form wie eine Inszenierung.

Wird Therapie trotz des Gefälles und der ungleichen Positionen dennoch als Beziehung zwischen prinzipiell gleichberechtigten Personen verstanden, wird kein Übergriff passieren. Beim sexuellen Übergriff wird einer zum Objekt des anderen (gemacht). Die Beziehung ist bereits entglitten und produziert die entsetzlichen Spaltungsmechanismen und Schuldzuweisungen. Sexuelle Kontakte führen meist unweigerlich zum Bruch innen und außen, weil die entfesselten Filme auf beiden Seiten nicht mehr in den therapeutischen Rahmen passen.

Meist wiederholt sich in solchen Situationen das Scheitern einer Beziehungshoffnung, eines Beziehungsversprechens. Der Abbruch der Beziehung – in einem Kontext, in dem Beziehungen heilen sollten – ist meines Erachtens das eigentlich Traumatisierende: die Gewalt, die einhergeht mit Verleugnung, Spaltung, Schuldzuweisung. In der Dokumentation des vom Bundesministerium für Familie, Senioren, Frauen und Jugend bestellten Forschungsberichtes zum Thema «Sexuelle Übergriffe in Psychotherapie und Psychiatrie» – durchgeführt vom Freiburger Institut für Psychotraumatologie[16] – berichten Frauen von neuen Symptomen nach dem Abbruch der Beziehung, auch wenn sie zunächst den sexuellen Kontakt als positiv erlebten und Hoffnungen auf eine Liebesbeziehung dominierten. Aber unter Bedingungen eines therapeutischen Gefälles ist keine partnerschaftliche Liebesbeziehung möglich, ohne daß es den Rahmen und das Setting sprengt. Es ist nicht die Sexualität, die schadet. Auch in Fällen sexuellen Kindesmißbrauchs zeigen neuere Forschungsergebnisse, daß unbedingt eine differenzierende Betrachtung erforderlich ist.[17] Wenn allen Berührungen etwas Sexualisierendes anhaften soll, wird deutlich, daß Sexualfeindschaft die Rückseite der Mißbrauchsdebatte bestimmt. So berichteten einige Therapeuten auf den Münchener Gestalttagen 1993, daß sie es kaum noch wagten, Patientinnen und Patienten in den Arm zu nehmen, weil jeder körperlichen Geste der Geruch des Mißbrauchs anhafte.

Sexualität ist in gelingenden Beziehungen (Subjekt–Subjekt) eine ganzheitliche Geste der Verbundenheit. In der Therapie kann Sexualität als Tun, als «Technik», als Abgespaltenes genauso für Entfremdung stehen wie therapeutische Techniken, hinter denen Therapeuten sich verbergen können. Das besonders Schwierige bei sexualisierten therapeutischen Beziehungen ist die körperliche Entgrenzung, die eine Distanz zum Geschehen verunmöglicht. Doch eine von Angst und Abwehr bestimmte Abstinenz kann genauso verletzen.

Eine mit Empörung und Schuldzuweisungen geführte Diskussion führt zu Prüderie und dem Ruf nach Bestrafung – Schweigen und Tabuisierung fördern Verharmlosung. Beides schafft neue Tabus (Körperfeindlichkeit, Berührungstabus) und andere Heimlichkeiten.

Und insofern verdeckt auch die Empörung über sexuellen Kindesmißbrauch die viel tiefer reichende Frage: «Wofür möchte man Kinder? Wozu hat man ein Kind?»[18] Entsprechend wäre die Frage an den Therapeuten: Wozu bist du Therapeut?

THERAPIE MIT MISSBRAUCHSOPFERN

Gewiß ist es notwendig, in einer Therapie mit Mißbrauchserfahrungen in besonderer Weise umzugehen, was an Therapeuten allerdings besondere Anforderungen stellt. Doch stellt in Folgetherapien die Bündnisbildung gegen den Täter eine Gefahr für die Opfer dar.[19]

Wenn der Feind nur ‹draußen›, nur in der traumatischen Erinnerung gesucht und bekämpft wird, scheint es überflüssig, Mißbrauchs- und Machtstrukturen in der aktuellen Begegnung zu thematisieren.

Eine Parteinahme für das Opfer verhindert, daß dieses seine Rolle verlassen und langfristig einen inneren Integrationsprozeß vollziehen kann. Voller Mitleid mit dem Opfer zu verschmelzen hält dieses schwach und an einen Erlebenspol gebunden. Das bedingungslose Mitgehen mit den Erfahrungen des Opfers ist sicher eine Zeitlang notwendig. Doch ist es wichtig, daß in der konkreten Begegnung das ganze Gefühlsspektrum der Patientin sein darf, also sowohl sagen zu dürfen, es war sehr schrecklich, als auch, es war gut. Eine Festlegung auf bestimmte moralische Reaktionen enteignet die Patientin emotional.

In der Therapie muß es darum gehen können, das Eigene zu entdecken, die eigene Lust, Erotik, Sexualität, ohne vom Therapeuten vereinnahmt zu werden. Die Wünsche entwickeln und sie spüren können, darin wahrgenommen zu werden gehört sehr wohl in die Therapie, nicht aber sie einzulösen oder zu befriedigen. Letzteres verhindert, daß eigene Grenzen und Ich-Stärke in der Therapie entwickelt werden können. Der Therapeut ist ein Anwalt des ganzen Gefühlsspektrums seiner Patienten, keineswegs ein Anwalt des Opfers. Wer sich abgrenzen kann, verläßt die Opferrolle. Wenn defizitäre Beziehungserfahrungen im Vordergrund bleiben, kann sich die Opferrolle chronifizieren und die eigene Identität bestimmen. Das bedeutet, daß Verletzungen festgeschrieben werden und den Defiziten mehr Bedeutung zukommt als den Ressourcen des Opfers. Gerade wenn jemand dafür geliebt und bestätigt wurde, daß er sich zum Opfer machte, ist ein Betonen der Opferrolle ausgesprochen kontraproduktiv.

Bei einem so aufgeladenen Thema verwundert es nicht, daß eine polare Orientierung in die psychologische Forschung hineinwirkt: Traumatisierung des Opfers – schuld ist der Täter. Entsprechend spiegeln manche Hypothesen und Ergebnisse Schuldvorwürfe und

Allmachtsvorstellungen. Problematisch scheint mir insbesondere die kausale Verknüpfung von Ursache-Wirkung-Annahmen im Hinblick auf Folgeschäden, die in dem Forschungsbericht von Fischer-Becker et al. verschiedene dort erwähnte Untersuchungen leiten[20]: Schoener und Milgrom führen etwa als «typische Reaktionsweisen» auf sexuelle Übergriffe Gefühle wie Kummer, Wut, Ärger, Schuld und Scham, Furcht und Angst an.[21] Wer bestimmt, ob das Folgeschäden oder allgemeinmenschliche Gefühle und Reaktionsweisen sind?

Die Auflistung von Symptomen, Merkmalen des Opfers und des Täters reduziert ein komplexes Zusammenspiel von ambivalenten Beziehungsangeboten.

Anlaß zu Skepsis gibt auch der Versuch, die Folgeschäden in Symptomen und Prozenten auszudrücken. So nennt eine ebenfalls im Freiburger Forschungsbericht vorgestellte Untersuchung von Bouhoutsos et al. (1983) als Konsequenzen auf sexuelle Übergriffe: «34 % negative Effekte auf die Persönlichkeit der Patientinnen, 29 % negative Gefühle der Patientin gegenüber dem Therapeuten, 26 % Verschlechterung der Partnerbeziehungen und der sexuellen Beziehungen der Betroffenen, 16 % positive Effekte.»[22] Bei Pope und Vetter (1991) werden in «mindestens 80 % der Fälle ... schwere Schädigungen» konstatiert. «Von 17 % gaben die behandelnden Folgetherapeuten an, sie wären inzwischen vollständig geheilt.»[23] Diese Angaben scheinen sehr interpretationsbedürftig zu sein. Wer bestimmt, was positiv oder negativ, was eine schwere Schädigung oder vollständige Heilung ist?

In der vom Institut für Posttraumatologie selbst durchgeführten Untersuchung von Fischer-Becker et al. geben 68,3 % der befragten Patientinnen ihren Zustand nach dem sexuellen Kontakt mit Therapeuten als verschlechtert an, 11,7 % als gleichgeblieben und 6,7 % als gebessert.[24] Von einer Untergruppe dieser letztgenannten 6,7 % nehmen die Untersucher und Untersucherinnen an, daß diese die Bedeutung des Vorfalls wohl verdränge: «Typischerweise geben diese Untersuchungsteilnehmerinnen an, verstärkt unter Gefühlen von Demütigung, Schuld und Scham zu leiden, sind aber außerstande, diese Gefühle mit dem Vorfall in Verbindung zu bringen.»[25] Werden hier nicht die befragten Frauen entmündigt und einem Muster, wie es tpyischerweise zu sein hat, untergeordnet? Sind sie wirklich außerstande, diesen Zusammenhang herzustellen, oder stören sie die kausalen Vorannahmen der Untersucher?

Manche Therapeuten, die sich auf sexuelle Verhältnisse mit Patientinnen eingelassen haben, heben die positiven Konsequenzen für das Selbstwertgefühl der Frauen hervor. Der exkulpatorische Charakter solcher Einschätzungen ist unverkennbar. Dennoch sollte man festhalten, daß in dieser Einschätzung eine *kleine* Gruppe der von Fischer-Becker et al. befragten Frauen[26] mit den Aussagen von Therapeuten übereinstimmen, die eine amerikanische Studie[27] auswertet. Die subjektive Erfahrung kann positiv erlebt werden, auch wenn der sexuelle Kontakt im therapeutischen Rahmen problematisch war bzw. sich im nachhinein als problematisch herausgestellt hat.

Damit bewegen wir uns auf einem heiklen Terrain, denn ich möchte keinesfalls das Leiden der von Therapeuten mißbrauchten Frauen durch diese Überlegungen rechtfertigen. Auch geht es nicht darum, sexuelle Kontakte in Therapien zu befürworten. Allerdings ist es sinnvoll, diese Möglichkeit der subjektiven Erfahrung einzuräumen. Jemand sollte sagen können: «Es hat mir Spaß gemacht, auch wenn dadurch später viel Leid entstand.» Darin liegt noch ein anderer Aspekt, der schon verschiedentlich zur Sprache kam: Eine Patientin muß verführen dürfen. Wenn eine therapeutische Situation dann entgleitet, ist der Automatismus der Schuldzuschreibung unangemessen.

Spaltungsmechanismen sind der gewohnte Verarbeitungsmodus, und eine Zusammenschau der Gesamtszene wird als anstrengend erlebt und – im Zusammenhang mit so heiklen Themen wie sexuellem Mißbrauch oder Inzest – als unmoralisch und verharmlosend dargestellt.

Moralische Spaltungen verleiten Täter zu Verharmlosung, Opfer zur Verleugnung oder Schuldübernahme. Viele Patientinnen entlasten den Täter und nehmen alle Schuld auf sich – eine verhängnisvolle Variante von Allmachtsphantasien. Und manchen Therapeuten mag der Hinweis auf die Verführungskünste oder die Bedürftigkeit der Patientin davor schützen, die eigene innere Abhängigkeit und die äußere Verantwortung wahrzunehmen.

BESTRAFUNG DER TÄTER?

Manche geschädigte Frau sieht in juristischen Schritten eine Möglichkeit. Das kann eine notwendige Konsequenz sein, und doch birgt dieser Weg eine bestimmte Gefahr, die es abzuwägen gilt: Denkbar ist, daß in einer rechtlichen Auseinandersetzung Racheimpulse die Oberhand gewinnen und dabei die «guten» inneren Beziehungsanteile mitzerstört werden.

Ich möchte diese Befürchtung erklären: Wenn Frauen durch eine anfängliche Idealisierung des Therapeuten ihr beschädigtes Selbstwertgefühl zu heilen versuchen, sind fast alle wertvollen Aspekte zunächst in die andere Person (den Therapeuten) hineinverlagert. Dieser Versuch, eine unerlöste frühe Beziehung doch noch zu einem gelingenden Abschluß zu führen, d. h. über Identifizierung an die eigene Großartigkeit und das eigene Begehren zu kommen, ist als therapeutische Inszenierung legitim. Wenn dieser Versuch erneut mißlingt, bleibt die Verurteilung des einst begehrten, geliebten, verführten Täters im Opfer-Täter-Kreislauf verfangen. Gleichzeitig werden die wertgeschätzten (ausgelagerten eigenen) inneren Anteile zerstört, und das, was über die Projektion, die eine Sehnsuchtsgeste ist, zusammenwachsen sollte, fällt noch weiter auseinander.

Fischer-Becker et al. gehen in dem Freiburger Forschungsbericht davon aus, daß über die Hälfte ihrer Probandinnen bereits in Kindheit oder Jugend sexuell mißbraucht wurde. Das läßt vermuten, daß diesen Frauen mit einer Bestrafung des Täters wenig geholfen wäre, denn das innere Thema Abhängigkeit ist damit keineswegs erledigt und wird sich vermutlich weitere Inszenierungen suchen. Wichtiger scheint mir eine Auseinandersetzung mit dem Opferstatus. Denn das Dilemma des Opfers ist, daß die traumatische Szene so lange wiedergesucht werden wird, bis die verborgenen, abgespaltenen, verleugneten und verdrängten eigenen Gefühle gefunden und wieder integriert werden können. Aufgrund ihres gebrochenen Selbstwertgefühls ist es mißbrauchten Frauen oft gerade nicht möglich, mit Therapeutinnen zu arbeiten, und sie werden vermutlich (wieder) gerade jene Männer als Therapeuten suchen, die auf ihr Thema ansprechbar – oder anders formuliert, verführbar – sind. Denn das Verführenkönnen ist als einst erfahrene Bestätigung das Pendant zur erlebten Demütigung.

Der destruktive Kreislauf kann nur durchbrochen werden, wenn die Beteiligung und Bereitschaft, in solche Situationen hineinzugeraten, erkannt werden. Dies setzt ein Schuldbewußtsein – nicht moralische Schuldgefühle – auf seiten des Therapeuten und der Patientin/des Patienten voraus. Die Beanspruchung des Opferstatus kann zum Machtspiel um die Manipulation von Schuldgefühlen werden und das System moralischer Kriegsführung zementieren. Der Opferstatus ist umkämpft, weil er mit Unschuld, Hilflosigkeit und Gutsein verbunden wird.

Doch nur wenn die eigene Beteiligung am Status quo erkannt wird, lassen sich Mißbrauchsstrukturen auflösen. Selbstverantwortung bedeutet weder, sich in phantasierter Allmacht für alles verantwortlich zu fühlen (nur nicht für sich!), noch sich selbst als Opfer der Verhältnisse zu betrachten. In diesem Sinn könnte ein Verständnis für den Täter – nicht das Gutheißen seiner Tat – letztlich auch dem Opfer bei der Verarbeitung hilfreich werden. Wenn Racheimpulse die Oberhand behalten, ist ein wirklicher Abschied auch für die Patientin nicht möglich, sie bleibt gebunden. Das ist der Preis, den eine Patientin zahlt, wenn es um Sieg und Triumph geht. Nur kurzfristig kann man moralisch von der Verteufelung des Täters profitieren. Langfristig scheint es lohnender, die eigene Handlungsfreiheit unabhängig von Strafe und Rache zu gewinnen.

MACHTSTRUKTUREN DURCH DEN VERZICHT AUF DIE OPFERROLLE AUFLÖSEN

Die Frauen, die über Mißbrauch in Therapiebeziehungen berichten, sind tief verletzt. Da liegt es nahe, eine moralische Grenze zwischen Täter (böse) und Opfer (gut) zu ziehen. Doch eine solche Trennung wird, wie ich an diesem Buch zu zeigen versuche, dem komplexen Beziehungsgeschehen nicht gerecht. Auch demonstrative Empörung kann der eigenen moralischen Entlastung und Angstbewältigung dienen und provoziert die Täter zur moralischen Distanzierung, Bagatellisierung und zur Verschiebung der Schuld auf die Opfer.

Mit diesen Überlegungen soll keineswegs das Leid, das vor allem vielen Frauen – auch in Therapien – geschehen ist, geleugnet oder verharmlost werden. Noch halte ich es für angemessen, die Schuldfrage einfach umzukehren – wie das vielerorts im Hinblick auf den sexuellen Mißbrauch geschieht. Doch ‹Opfer› ist ein ambivalenter und schillernder Begriff, und mir liegt daran, eine Mythologisierung des Opferseins zu hinterfragen. Es gibt viele Möglichkeiten, mit diesem Status sich selbst zu versklaven. Letztlich schwächt der Opferstatus und vereitelt den Zugang zu den eigenen Ressourcen.

Die Begriffe Täter und Opfer bezeichnen scheinbar eindeutig bestimmte Verhaltensweisen (Gewalttat) oder Erlebensweisen (Mißhandlung). Sie markieren aber *auch* – vielleicht unbewußt gewählte – Rollen innerhalb eines Kommunikations- oder Beziehungsmusters. Dieser zweite Aspekt ist zentral, wenn es um die Auflösung dieser polarisierenden Erlebensweisen geht. Solange Patientinnen weiterhin Opfersein und Gutsein in ihrer Phantasie verbinden und Therapeuten dem männlichen Bild von Groß- und Aktivsein zu entsprechen suchen, wird der Kreislauf destruktiver Autonomie weiterhin Situationen produzieren, in denen keiner wirklich spüren darf, was er/sie spürt. Die Beanspruchung des Opfer-Status schafft polarisierende Erlebensweisen mit Schuldzuschreibungen.

Sowohl die Opfer- als auch die Täterrolle sind «Flucht-Ichs», sie benutzen sich gegenseitig, um nicht wirklich und vollständig in der Realität sein zu müssen. Viele Täter waren einst selbst Opfer. Dann geschieht eine vermeintliche Bewältigung als oft zwanghafte Reinszenierung mit verkehrten Rollen, was verdeutlicht, daß Täter und Opfer auch psychisch aufeinander bezogene Systeme bilden. Die Rollen sind Bewältigungsstrategien für eine innere Konfliktspannung und ein Versuch, die in sich unerträglichen Gefühle nicht spüren zu müssen.

Bei beiden Beziehungsmustern ist die Balance zwischen verinnerlichtem Selbstwertgefühl, Macht- und Verantwortungsgefühlen gestört. Diese Rollen verführen dazu, in die seelischen (oder physischen) Räume anderer einzudringen, wenn auch mit unterschiedlichen Absichten. Weder Opfer noch Täter scheinen zu eindeutigen Grenzziehungen fähig, noch diese beim anderen zu akzeptieren. Scheinkontakte, in denen ein Teil des Selbst ängstlich und um jeden Preis vermieden wird, bedeuten aber einen Angriff auf das eigene Selbst und die Beziehung und schaffen einen Kontext für Funktionalisierung und Mißbrauch.

In Therapien besteht die Gefahr, daß der Patient nur von einer Rolle zur nächsten wandert, daß sich ein Opfer von der drückenden Last der eigenen Schuldübernahme befreit, indem er nun die Schuld auf den Täter schiebt. Verantwortungsübernahme für Patienten hieße zum einen, die Allmachtsvorstellung aufzugeben, die Ursache allen Übels zu sein, und zum anderen, Beziehungskonstellationen, die von Entwertungen und Gewaltanwendung bestimmt sind, zu meiden oder zu verlassen.

Die Täter-Opfer-Verquickung zeigt sich auch darin, daß Frauen nach sexuellen Übergriffen häufig ein Gefühl von Seelen- oder Selbstverlust empfinden. Die Macht der Täter in ihrem Inneren ist so groß, daß sie sich oft noch lange mit diesem identifizieren und sich selbst als wertlos und schlecht erleben. Schuld- und Schamgefühle drängen unbewußt dazu, die Szene immer zu wiederholen, um sie letztendlich zu einem anderen Ende führen zu können.

Ich möchte unbedingt dafür plädieren, das eigene Unbehagen ernst zu nehmen und die Fähigkeit zu trainieren, nein oder stopp zu sagen, Pausen und Verzögerungen einzulegen. Mehrere Patientinnen und Patienten, die in diesem Buch zu Wort gekommen sind, äußern unklare Empfindungen bereits am Anfang der Therapie. Es ist wichtig, diese Wahrnehmungen nicht zu übergehen. Das ist ein Schritt in die Selbstverantwortung, auch wenn diese «gekaufte» Beziehung dazu verführt, Verantwortung zu delegieren und dem Therapeuten Expertenmacht zuzuschreiben. Selbstverantwortung hat mit Achtsamkeit für sich zu tun.

Die Bereitschaft, auf Unterwerfung zu verzichten, und die Weigerung, eine Opferrolle zu übernehmen, kann entscheidend zur Auflösung von Machtkonstellationen beitragen. Die Auflösung des Opferstatus hat ihre tiefere Bedeutung darin, sich aus der Fremdbestimmtheit zu lösen. Wenn ich mir selbst auf die Schliche komme und weiß, wie ich selbst mich und andere manipuliere, werde ich vermutlich schneller Manipulationen anderer erkennen. Wenn jemand seine eigenen Grenzen nicht spürt, ist es schwer zu merken, daß jemand anders diese überschreitet. Dann ist es unmöglich, nein zu sagen, gerade wenn die Grenzüberschreitung mit Freundlichkeiten verknüpft ist. Die enorme Verantwortung des Therapeuten besteht darin, für diese Grenzen zu sensibilisieren und eher skeptisch zu werden, wenn jemand immer zustimmt.

THERAPIE UND DIE PARADOXIEN DER VERÄNDERUNG

«Du darfst so bleiben, wie du bist»[28]: All unsere Masken, Symptome, Charakterzüge haben uns bislang unser Überleben gesichert, sie gehören zu uns. Therapie, die einfach verändern will und das so Gewordene nicht anerkennt, ist ein massiver Eingriff in die persönliche Identität. Für den Patienten bedeuten dann vorhandene Veränderungswünsche: Ich bin nicht richtig, ich stimme eben doch nicht! Therapie wird dann zur weiteren Kränkung trotz der besten Heilungsabsichten. Man sollte daher die eigenen Wünsche mal sorgfältig prüfen: Wofür stehen sie und was verbirgt sich dahinter? Änderungswünsche können Vermeidungscharakter haben und dazu dienen, unangenehme Gefühle (der Ohnmacht, Hilflosigkeit) nicht spüren zu müssen.

In den in diesem Buch vorgestellten Geschichten wollen zwar alle Patienten die Dinge anders haben, als sie sind, aber niemand äußert direkt, sich selbst ändern zu wollen. Nur wenige Patienten sprechen überhaupt von Änderungswünschen. Das Motiv, eine Therapie zu suchen, sind eher Zustände des Unwohlseins, der Depression, der Beziehungslosigkeit. Bewertet oder verurteilt der Therapeut bestimmte Eigenschaften oder Verhaltensweisen, wird der Patient versuchen, sich diesen Wertungen und der Sprache des Therapeuten anzupassen.

Lediglich ein Patient, Kurt, geht mit ganz klaren Änderungswünschen zu seinem Analytiker in der Erwartung, daß dieser als Experte ihm helfen wird, und er beklagt enttäuscht, daß er keine Veränderung «erfahren» hat. In diesem Fall hat der Patient die Verantwortung an den Analytiker abgegeben. Oft kommen Patienten mit einem Veränderungswunsch in die Therapie, etwas weg- oder ungeschehen zu machen, so wie man halt ein Medikament gegen Kopfschmerzen einnimmt ohne große Nebenwirkungen. Diese Haltung schafft eine enorme Mißbrauchsanfälligkeit und die Bereitschaft, funktionalisiert zu werden und den Therapeuten zu funktionalisieren. Wenn ein Therapeut nun versucht, die Wünsche des Patienten zu erfüllen, um die Praxis voll zu haben oder weil er sich selbst seiner Rolle unsicher oder ein «hilfloser Helfer» ist, wird er sich vermutlich funktionalisieren lassen.

Die Psyche weiß wahrscheinlich recht gut, «warum sie sich gegen Veränderungen sperrt. Die Aufgabe der Therapie liegt darin, nicht das Unveränderliche ändern zu wollen, sondern das eine vom anderen zu trennen.»[29]

Man weiß, daß das Aufbrechen sogenannter Widerstände, z. B. mit konfrontativen oder körpertherapeutischen Methoden, Patienten in die Psychose treiben kann. Symptome und Probleme werden sich kaum willentlich ändern lassen, wenn wir nicht verstehen, wozu sie uns gut und nützlich sind. Das, was wir bekämpfen, bekommt gerade dadurch ein ungeheures Gewicht und wird sich verstärken. Nur wenn Trauer, Abhängigkeit, Bedürftigkeit sein dürfen, werden sie sich wandeln, andernfalls können sie sich chronifizieren. Der Realität ins Auge zu sehen schafft Freiheit zum Handeln und Raum für neue Wahrnehmung.

Veränderungen können passieren, wenn ein Patient sich angenommen fühlt, wenn er so sein darf, wie er ist und dennoch bzw. gerade darin eine andere Beziehungserfahrung machen kann. Viele Symptome, Masken und abwehrende Reaktionen sind vermutlich Antworten darauf, daß sich jemand nicht verstanden und nicht akzeptiert fühlt.

Veränderung unterliegt einem Paradox: Wenn ich aufhöre, sie unbedingt zu wollen, kann sie passieren. Nur was sein darf, kann sich verändern, und oft genügt es schon, sich in der Situation bewußt zu erleben. Was sich verändern *soll*, erzeugt Widerstand. Veränderung geschieht durch Akzeptieren. Das «widerspricht unseren vertrauten Denkmustern, daß Veränderungen ohne bewußtes Wollen, ohne Bemühen geschehen können», ja «daß jeder Veränderungsdruck eine Veränderung erschwert».[30]

Sowohl Therapeuten als auch Patienten geraten im Blick auf den

Therapieerfolg und die Effektivität nur allzu rasch unter Veränderungsdruck. In mehreren Darstellungen von Therapeuten zeichnet sich ab, daß die Therapieziele der Therapeuten offenbar andere sind als die der Patienten. Therapeuten fordern die Ablösung, während ihre Klienten gerade ihre Abhängigkeit entdecken, oder sie wünschen Abhängigkeit, wo Patienten in ihren erwachsenen Seiten gesehen werden möchten. Für solche Divergenzen gibt es zahlreiche Beispiele. Die Ziele von Therapeuten wurzeln in theoretischen Konzepten des jeweiligen Verfahrens. Je eindeutiger das Ziel der Therapie gefaßt ist, «desto größer die Gefahr, den Klienten dorthin bringen zu wollen»[31].

Techniken, Methoden und theoretische Konzepte sind Außenorientierungen, wohl dazu geeignet, die eigenen Prämissen zu ordnen. Sie werden – ähnlich wie Diagnosen – dann zu Fremdkörpern im therapeutischen Prozeß, wenn sie als normierende Vorstellungen den Blick für das reale Beziehungsgeschehen verstellen. Überspitzt formuliert: wenn der Therapeut nicht auf den Menschen mit individuellen Nöten und Wünschen, sondern auf bestimmte Sollforderungen reagiert.

WIE GESCHIEHT VERÄNDERUNG?

Oft entstehen Probleme durch den Vergleich mit anderen Schicksalen und gemessen an dem Glücksanspruch, den unsere Gesellschaft als «Jeder ist seines Glückes Schmied» weiterhin vermittelt. Die chassidische Geschichte vom Sorgenbaum erzählt, wie die jammernden und klagenden Juden vom Rabbi aufgefordert werden, ihre Sorgen auf einen Zettel zu schreiben und an einen Baum zu hängen. Nachdem alle um den Baum herumgewandert sind und die Zettel der anderen gelesen haben, fordert der Rabbi sie auf, sich den Zettel mit der Sorge vom Baum zu nehmen, die ihnen am leichtesten erscheint. Alle schauen noch einmal sehr sorgfältig, und letztendlich nimmt jeder den eigenen Zettel wieder an sich.

Sich selbst ähnlicher zu werden heißt auch, um die Vorteile unserer Gewohnheiten und Probleme zu wissen und bewußt ja oder nein sagen zu können. Änderungswünsche spiegeln oft den nichtgelebten abgespaltenen anderen Pol. Je mehr Gegensätze und Widersprüchlichkeiten ich in mir vereinen kann, desto unbedeutender werden auch Feindbilder, Ideale, Tabus und unsere Wertungen über die Dinge. Die entscheidende Frage ist: Wollen wir wirklich das, was uns bislang Überleben und Sicherheit gegeben hat, ändern, loslassen, aufgeben? Die Psyche weiß, warum sie bestimmte Änderungen nicht will. Das, «was ich mir vornehmen muß, will ich nicht wirklich, denn sonst müßte ich es mir ja nicht vornehmen»[32].

Es ist die Wahl zwischen Risiko und Risiko: Wir können nur authentisch sein, demnach gibt es kein *falsches* Selbst. Selbst in unseren Verhinderungen und unserer Maskenhaftigkeit sind wir in einer uns eigenen Weise authentisch. Wir werden uns ändern, wenn der Leidensdruck groß genug ist. Thea Bauriedl unterscheidet zwei Arten des Leidens: Leidet eine Person unter sich selbst, kann dieses Leiden durchaus lösend und reinigend auch in Beziehungen wirken. Bei einem entfremdeten Leiden leidet man nur am anderen und bekämpft diesen als Feind. Verhaltensweisen und Materielles werden gegeneinander aufgerechnet, die Gefühle sind verstellt. Wenn die Schuldfrage gestellt wird und die damit verbundenen Ausstoßungsvorgänge einsetzen, ist eine Beziehung fixiert.[33] Schuldvorwürfe und die Forderung nach Gerechtigkeit dominieren und verhindern, daß die eigene Angst und Beteiligung gespürt werden können.

Wenn man die Schuldfrage nicht mehr stellt, ist das keineswegs gleichbedeutend mit Verantwortungslosigkeit. Vielmehr gilt es, dort Verantwortung zu übernehmen, wo wir sie sonst im Verweis auf die Umstände gerne leugnen. Doch ist es mühsam und anstrengend, Projektionen zurückzunehmen, oft auch regelrecht belastend, denn Schuldvorwürfe an andere wirken entlastend. Die Kehrseite einer unklaren Selbstverantwortung zeigt sich, wenn Opfer sich schuldig fühlen, daß etwas entgleitet, was aber gar nicht in ihrer Kompetenz liegt.

Die Sehnsucht nach Ganzheit, Harmonie und Einklang sind urmenschlich. Doch kann Erkenntnis unter Umständen sehr schmerzhaft sein, wenn wir nämlich die Pole oder Bereiche, die wir bislang nicht in uns selbst spüren wollten, die uns möglicherweise unbekannt sind und nur als Störendes im Gegenüber erschienen, als eigene anerkennen. Ganzheit bedeutet, auch unser Leid und unseren Schmerz anzunehmen, anzuerkennen, was ist. Ganzheit ist Gegensatzintegration: das aus dem Erleben Ausgeschlossene (wieder) zu spüren, auch wenn es ungeliebt ist. C. G. Jung nennt das die Integration des Schattens.

In therapeutischen Beziehungen liegt die Verantwortung für die spezifische Situation beim Therapeuten, und dennoch ist eine Patientin oder ein Patient nicht zur Unterwerfung gezwungen. Die Frage stellt sich gerade bei manchen Frauen, die sich extrem leidvollen therapeutischen Situationen über z. T. sehr lange Zeiträume aussetzen. Warum bleiben sie in Situationen, die ihnen nicht guttun? Wenn jemand für diesen Schritt die Eigenverantwortung übernimmt, ist das ein Schritt aus der Opferrolle heraus. Wer sich abgrenzen kann, verläßt die Opferrolle.

Heilung passiert immer von innen, therapeutische Situationen können allenfalls unterstützen. Hilfe von außen bleibt wirkungslos, wenn nicht eine innere Bereitschaft vorhanden ist, diese Unterstützung zuzulassen. Es mag glückliche Momente geben, in denen jemand von außen genau die Unterstützung anbieten kann, die ich brauche, um den nächsten Schritt zu tun. Wer Heilung außen durch andere sucht, gerät leicht in die Fänge von Gurutherapeuten und esoterischen Erlösungsversprechungen. Eine gelingende Therapie verspricht nicht unbedingt Trost, Wohlbefinden oder ein glückliches Leben, befähigt aber zur Selbstregulation und zu einem besseren Umgang mit unseren Konflikten und Ambivalenzen.

Nach Stierlin sollte der Therapeut ein Experte und Anwalt der Ambivalenzen sein.[34] Ein guter Therapeut wird zum Leitbildspiegel[35], in dem der Patient sich selbst und seine unterschiedlichen Seiten und Beziehungsangebote erfahren kann, ohne bewertet, verurteilt oder vereinnahmt zu werden. Der Therapeut wird dann zum Katalysator für die Selbstheilungskräfte im Patienten, ohne willkürlich Veränderung herstellen zu müssen. Wenn die eigene Kompetenz der Patienten genügend entwickelt und anerkannt wird, kann das Bedürfnis nach äußerer Autorität eher schwinden. Entscheidend ist, ob ein Therapeut mit Entwertungen angemessen umgehen kann, also ein belastbares stabiles Gegenüber ist.

Viele Therapiesuchende erwarten heute, in der Therapie und beim Therapeuten Halt und Heilung zu finden, weil es kaum Institutionen und Orte gibt, die diese Sehnsucht befriedigen. Einerseits ist dies ein sehr verständliches Bedürfnis, doch läßt es sich leicht mißbrauchen. Denn «es gibt keine Erlösung aus dem Alltäglichen und keine endgültige Lösung von Ängsten, Konflikten und Widersprüchen. Ziel von Therapie muß vielmehr sein, diese als Bestandteil des Lebens anzunehmen und mit ihnen kreativ umgehen zu lernen.»[36] Heilungsversprechen, wie sie in Kleinanzeigen und Werbebroschüren gemacht werden, führen in Gurutherapien und in die Abhängigkeit. Dort ist für Trennung und Selbstwerdung als Therapieziel kein Raum. Dann «wird der Klient zum Esel, die Therapie zur Karotte und der Therapeut zum Mann hinter dem Vorhang, der alle Stränge in der Hand hält»[37]. Eigenverantwortlichkeit und Selbstheilungskräfte lassen sich nur entwickeln, wenn man resistent wird gegenüber äußeren Heilsversprechungen.

Esoterische Paradiesversprechen verschönern oftmals unser selbstgeschaffenes Gefängnis. Die Vielzahl und Buntheit der Angebote suggerieren: Erleuchtung ist machbar und im Supermarkt zu haben. Doch Versöhnung der Gegensätze bedeutet, die Suche nach dem äußeren Paradies, d. h. einer konfliktfreien Existenz, aufzugeben. Das Paradies ist innen, wenn und weil die Widersprüche sich nicht mehr bekämpfen. Loslassen kann ich nur, was zu mir gehört, was ich erobert habe.

BEI SICH BEGINNEN, ABER NICHT BEI SICH STEHENBLEIBEN

Sich selbst zum Thema werden kann bereichernd und in Krisenzeiten notwendig sein. Daneben gibt es Situationen, in denen die Beschäftigung mit sich selbst Störungen hervorrufen kann. Überbewußtheit und Benennen können den Zauber der Spontaneität brechen und im unmittelbaren Erleben bremsen. Dafür liefert Kleists Marionettentheater ein anschauliches Beispiel. Viele Patienten, die jahrelang in Therapie waren, können ihre Leidens- und Neurosengeschichte minutiös beschreiben und fühlen sich dennoch nicht anders. Dies war unter anderem ein Grund für das zunehmende Interesse an der Unmittelbarkeit der Körpertherapien. Es ist ein Unterschied, ob man sich selbst als leidend betrachtet oder einen tiefen Schmerz wirklich spürt und ausdrückt – darin liegen verschiedene Erlebensqualitäten. Das bloße Reden kann sich vom Gefühlserleben der Situation abspalten.

Prüfstein ist, welche praktischen Konsequenzen Selbstbetrachtungen im Alltag zeigen: ob sie lediglich zu einer erweiterten Form der Egozentrik führen oder unser Eingebundensein in Beziehungen und Kontexte erfahrbar werden lassen? Niemand blüht auf, wenn er sich selbst zum alleinigen Untersuchungsgegenstand macht, das geht vielmehr erst dann, wenn er sich wieder selbst vergessen kann für eine Sache oder um eines anderen Menschen willen. Und dies kann auch das Ziel eines spirituell verstandenen Weges sein. Therapie, die nur die eigene Person und die persönliche Leidensgeschichte zum Zentrum hat, bleibt im Egokult gefangen. Verantwortung für sich selbst zu übernehmen bedeutet, die eigenen Werte und das eigene Leid anerkennen, aber relativieren zu können. Wenn wir durch unsere Besonderheit und Einzigartigkeit hindurch das allgemeine, auch andere Betreffende sehen können, sind unsere Sorgen und Leiden dann Teil eines allgemeinen Leids, das alle Menschen, wenn auch unterschiedlich, erfahren.

WIE KANN THERAPIE GELINGEN?

In mehreren Beispielen des zweiten Kapitels wurde deutlich, wie aus mangelnder Kenntnis des Therapieverfahrens Schwierigkeiten und aus nicht gestellten bzw. ungeklärten Fragen Probleme entstehen. Da in Krisenzeiten vermutlich vielen die Kraft fehlt, sich durch den Dschungel der therapeutischen Angebote durchzuarbeiten, ist es ratsam, sich vorher zu informieren und zu orientieren.

Letztlich ist es aber nicht das Verfahren oder die Methode, die eine Therapie erfolgreich macht, sondern der wesentliche Faktor allen therapeutischen Geschehens ist – und darin sind sich so unterschiedliche Kritiker wie Eva Jaeggi und Klaus Grawe einig – immer die konkrete therapeutische Beziehung.

Die Verfahren sind verschiedene Facetten, in denen sich diese therapeutische Beziehung bricht, die ihr ein spezifisches Aussehen geben. Die Praxis lebt jedoch – das zeigen die Ergebnisse meiner wissenschaftlichen Arbeit[38] – von Verfahrenserweiterungen. Im Alltagshandeln gibt es offenbar viele Berührungspunkte zwischen den verschiedenen Therapieschulen. Viele Dinge scheinen in den Berufsalltag integrierbar, von denen die offizielle Lehrmeinung noch nichts weiß. Man könnte überspitzt behaupten, daß es so viele Methoden gibt wie Therapeuten und daß eine gelungene Integration im Therapeuten selbst sein bestes Handwerkszeug ist. Ich habe selbst Vorzüge und Begrenzungen mehrerer psychotherapeutischer Verfahren kennengelernt und dies als Bereicherung und Perspektivenerweiterung empfunden. Durch die theoretischen Widersprüche hindurch habe ich Verbindendes spüren können, das in der berufspolitischen Ausgrenzung überdeckt wird. Die offiziellen Grenzziehungen gegenüber anderen Verfahren dienen oft mehr der eigenen Identitäts- und Ressourcensicherung als den Patienten; die Psyche funktioniert nicht nach Schulmeinung.

Dennoch prägen und unterscheiden bestimmte grundsätzliche Vorannahmen (z. B. Berührung und Körper einbeziehen, nur über

Sprache kommunizieren, vergangenheits- oder zukunftsorientiert, verhaltenstherapeutisch oder spirituell orientiert zu arbeiten) einzelne Verfahren. Jede Therapierichtung orientiert sich an einem bestimmten Menschenbild und bestimmten Vorstellungen, wie der «gesunde» Mensch zu sein habe: autonom und selbstbestimmt (Gestalt), individuiert (Jung), lieben und arbeiten können (Freud), Ich-Stärke gewinnen (neuere psychoanalytisch orientierte Richtungen), zu seinen nicht gelebten Möglichkeiten Zugang finden (systemische Therapie). So unterschiedlich die Therapiemethoden vorgehen, so ähnlich ist das Ziel, nämlich die Integration von bislang unvereinbar scheinenden Persönlichkeitsaspekten. Im Methodenstreit geht schnell unter, daß die gefundenen «Wahrheiten» keine Absolutheit beanspruchen können.

Jede Methode bricht sich im konkreten Beziehungsangebot und den individuellen Möglichkeiten eines Therapeuten. Schon an den Beispielen dieses Buches zeigt sich, wie unterschiedlich z. B. Psychoanalysen aussehen oder Gestalttherapien verstanden werden können.

THERAPEUTISCHE ETHIK

Es gibt kein Richtig und Falsch unabhängig von unseren persönlichen Wertungen, die natürlich durch unsere Erfahrungen und gesellschaftlichen Konventionen mitbestimmt sind. Ein Therapeut kann nur versuchen, im Bewußtsein seiner Begrenztheit und Fehlbarkeit möglichst wahrhaftig zu sein, aufrichtig in seinen Gefühlen und Beziehungsangeboten und sorgfältig wahrzunehmen und zu reflektieren.

Oft wird Supervision als Allheilmittel angesehen, und möglicherweise können zwei Blickwinkel auf ein Beziehungsgeschehen größere Klarheit verschaffen. Solange jedoch Patienten dabei kein Mitspracherecht haben, halte ich den «Superblick» für nicht unproblematisch. Wie leicht entsteht hier eine Bündnisbildung gegen schwierige Patienten oder eine moralische Entlastung, es doch «richtig» gemacht zu haben. Supervision kann als ein ethisches Feigenblatt benutzt werden. Supervision kann aber auch eine große Hilfe sein, wenn Gefühle und Wertungen des Therapeuten zutage gefördert werden, die seinen Handlungen und möglichen Verstrikkungen zugrunde liegen. Doch auch die Verstehensweisen eines Supervisors beruhen stets auf dessen eigenen Erfahrungen und Erlebensweisen.

Störungen und Mängel in der therapeutischen Situation werden dann allzuleicht der Neurose des Patienten angelastet, wenn es an echter Dialogbereitschaft fehlt, in der ein realer Austausch von Wahrnehmungen zwischen Patient und Therapeut möglich ist.

Das Eingeständnis der eigenen Fehlbarkeit und Begrenztheit ist vermutlich die beste Prävention und schützt vor gefährlichen Perfektionsansprüchen und Allmachtsphantasien. Unsicherheiten des Therapeuten können einen fruchtbaren Dialog eröffnen, sie bedeuten nicht zwangsläufig, handlungsunfähig oder orientierungslos zu sein.

Gewalt, Manipulation und das Ausnutzen von Abhängigkeit sind aufs schärfste zu verurteilen. Diesen Problemen wird aber mit ethischen Vorschriften allein nicht beizukommen sein. Vielmehr braucht es eine tiefe Bereitschaft, die eigene subjektive Verantwortung anzuerkennen und die eigenen Wertsetzungen zu relativieren und zugleich die Wahrnehmungen des Patienten als gleichberechtigt anzuerkennen.

Der Ausstieg aus Machtstrukturen setzt ein Interesse an unserer inneren Unfreiheit und dafür voraus, wie wir uns durch Gewohnheiten und vermeintliche Selbstverständlichkeiten selber knechten und unterdrücken. Wo liegt unsere eigene Beteiligung an äußeren Konflikten? Auf Schuldzuschreibungen verzichten können dekonstruiert den Machtmythos. Das bedeutet eine äußerst unbequeme, aber radikale Verantwortungsübernahme für die eigenen Gedanken, Gefühle und Beziehungsangebote, auch für meine Mitbeteiligung an Situationen, in denen ich mich als Opfer erlebe. Gleichzeitig führt es zu einem Eingeständnis von Schuld auf einer tieferen Ebene als der «neurotischer» Schuldgefühle.

Therapeutische Ethik zeigt sich eben in der Bereitschaft, andere Sichtweisen – nicht nur als Feindbild – zur Kenntnis zu nehmen, sich verunsichern zu lassen und gegebenenfalls die eigenen Grenzziehungen zu erweitern. Auch scheint mir sinnvoll, die eigene Analyse als prinzipiell nie abgeschlossen zu betrachten und sich als Therapeut immer wieder der abhängigen Patientenposition «auszusetzen», nicht zuletzt, um die mit dieser Position verbundenen Gefühle nicht zu vergessen. Die eigene Erfahrung in mehreren Therapiebeziehungen und -methoden könnte helfen, den eigenen Standort und die eigene Wertegenese beharrlich erneut zu reflektieren und möglicherweise zu mehr Toleranz zu finden.

EFFIZIENZ UND WIRKUNGSFORSCHUNG

Die wissenschaftlichen und therapeutischen Glaubenskriege um die richtige Lehre, den richtigen Weg, die richtige Methode sind – als Kampf um Ressourcen – «Spiele» um die Macht. Klaus Grawe, einer der maßgeblichen Psychotherapieforscher, hat in seiner vieldiskutierten empirischen Untersuchung[39] eine große Anzahl von Verfahren auf ihre Wirkungsweise hin untersucht. Er bescheinigt nicht nur Kurzzeittherapien, sondern auch einzelnen Verfahren besondere Wirksamkeit und setzt auf curricular vermittelbare Methodenintegration. Demgegenüber kommt eine in den USA veröffentlichte Wirksamkeitsstudie der Verbraucherorganisation Consumers Union zu Ergebnissen, die Grawes Einschätzungen deutlich widersprechen. Es handelt sich um die bislang größte Studie zur Beurteilung der Wirksamkeit von Psychotherapien[40]: Keiner Psychotherapiemethode wird besondere Wirksamkeit und damit ein Vorzug gegenüber anderen Verfahren attestiert. Langzeittherapien (länger als zwei Jahre) werden positiv und wirksamer als Kurzzeittherapien eingeschätzt. Die Hilfsangebote von Psychologen, Psychiatern und Sozialarbeitern unterscheiden sich nicht hinsichtlich ihrer Effektivität. Wenn die Krankenkassen die Therapiedauer begrenzen, verschlechtern sich die Ergebnisse, während die größte Effektivität dann erzielt wird, wenn Patienten ihre Therapeuten aussuchen können.[41]

Diese sich widersprechenden Aussagen verstärken die Skepsis gegenüber einer wissenschaftlichen «Objektivität» und gegenüber unserer Zahlengläubigkeit, sie verdeutlichen auch, wie schwierig, wenn nicht unmöglich es ist, sich der Spezifik des therapeutischen Geschehens mit quantitativen Forschungsmethoden zu nähern.

Die Frage nach Wirksamkeit und Effizienz, d. h. die Frage nach Bewirkenkönnen, ist eine Machtfrage. Sogar Beziehungen sollen gemacht werden mit Hilfe eines «spezifischen Know-how, das in der Therapieausbildung vermittelt werden muß»[42]. Ob Beziehungen aber erfahren oder unter Gesichtspunkten der Effektivität gemacht werden, steht für grundlegend verschiedene therapeutische Haltungen. Unter dem Druck der Krankenkassen ist ein unvoreingenommener Dialog kaum noch möglich.

Zunehmend wird Psychotherapie zum Dienstleistungssektor, und die Ersetzung der Begriffe Patient und Klient durch «Kunde» scheint konsequent. Eine Ausrichtung an Rentabilitätsgesichtspunkten – in dieser Absicht hat Grawe das Konzept einer «Allgemeinen Psychotherapie» vorgestellt – erinnert unangenehm an die historische Funktionalisierung der Psychotherapie durch Politik. «Der kulturkritisch-aufklärerische Impetus der Psychoanalyse (wurde) als jüdisch denunziert, während das technokratisch handhabbare und mediozentrierte psychoanalytische Wissen für die angestrebte ‹deutsche› Einheitspsychotherapie möglichst effizient übernommen werden sollte.»[43]

Die Gefahr der technokratischen Vereinnahmung ist gegeben, nicht zuletzt durch die Orientierung an einem naturwissenschaftlichen Ursache-Wirkung-Denken. Unter Funktionsgesichtspunkten ist Leiden etwas Krankhaftes, und die Symptombeseitigung rückt in den Vordergrund. Im Kampf der Schulen um Wirksamkeitsnachweise manifestiert sich die Stigmatisierung der Therapiesuchenden.

5. KAPITEL

WAS HEISST ES, SYSTEMISCH ZU DENKEN?

Für interessierte Leserinnen und Leser möchte ich hier einige grundlegende Bezugspunkte ansprechen, die mich beim Schreiben geleitet haben.

Bis zum Ende des 19. Jahrhunderts war das wissenschaftliche Denken stark durch mechanische und naturwissenschaftlich orientierte Annahmen und kausale Schlußfolgerungen bestimmt. Die Gesetze der Newtonschen Mechanik prägten auch Psychiatrie und Psychotherapie. So ist z. B. Freuds Begrifflichkeit durch Modelle der Physik und Mechanik beeinflußt: Verdrängung, Widerstand. Heute bestimmen zunehmend Modelle der Kybernetik und Systemtheorie auch die Wahrnehmung und Beschreibung psychischer und sozialer Prozesse: Regelkreise, Rekursivität, Vernetzung. Zirkuläre Beschreibungen sind das zentrale Merkmal systemischen Denkens. Sie bilden einen Gegensatz zu traditionellen naturwissenschaftlichen Erklärungsansätzen, in denen jede Erscheinung kausal auf eine Ursache zurückgeführt wird. Das lineare Ursache-Wirkung-Denken ist kulturell verwurzelt. Im psychosozialen Zusammenhang wird die Frage nach der Ursache oftmals mit Schuld gleichgesetzt.

Das systemische Denken löst sich von vorgeblich absoluten Wertvorstellungen (normal, verrückt). Es gibt keine Wahrheit an sich, kein Richtig und Falsch unabhängig von der aktuellen Beziehung. Es rückt die Frage nach dem Wie und Wieviel davon in den Vordergrund. Das Individuum und seine soziale Umwelt stehen in einer wechselseitigen und dynamischen Beziehung zueinander.

Als die eigentlichen Begründer der systemischen Therapie gelten Gregory Bateson und seine Arbeitsgruppe in Palo Alto. Bateson begann in den sechziger Jahren im Rahmen der Beschäftigung mit Schizophrenie kybernetische und ökosystemische Denkmodelle auf die Beschreibung psychosozialer Phänomene anzuwenden. Die Arbeit dieser Forschergruppe hat dafür sensibilisiert, daß das Individuum nicht getrennt von dem umgebenden System zu betrachten ist. Die Mitglieder eines Familiensystems, aber auch vielfältige andere Gruppen/Systeme oder professionelle Helfer (z. B. Therapeuten) können auf die eine oder andere Weise dazu beitragen, daß sich viel, wenig oder nichts ändert. Beziehungsmuster und -regeln erhalten sich durch die Kommunikation und Bestätigung unter den Beziehungspartnern. Diese Einsichten haben eine enorme Relevanz für die psychotherapeutische Praxis.

In Batesons Doppelbindungstheorie (double-bind) wird zum erstenmal ein Symptom auf ein familiales Kommunikationsmuster zurückgeführt. «Double-binds ... sind Ausdruck und Folge eines kontextuellen Verwirrspiels. Es werden auf unterschiedlichen Kommunikationsebenen, z. B. einer verbalen und einer nichtverbalen Ebene, widersprüchliche Botschaften gegeben, ohne daß deutlich würde, welche Botschaft oder welcher Kontext Vorrang hat.»[1] Im systemischen Denken werden Symptome als nichtpathologisch, sondern als Funktion von komplexen Systemen verstanden. Sie bedeuten nicht nur Einschränkung, sondern gelten auch als Lösungsmöglichkeit einer problematischen Situation.

Durch ein verändertes Verständnis des Symptoms richtet sich Therapie nicht mehr darauf, die Persönlichkeit des Symptomträgers, sondern die Interaktionsmuster innerhalb des relevanten Systems zu verändern, dies kann das innere Familiensystem eines einzelnen oder auch eine Gruppe sein. Man schaut also über die Symptome und individuellen Klagen auf das Problemsystem und seine Spielregeln.

KYBERNETIK ZWEITER ORDNUNG UND DER RADIKALE KONSTRUKTIVISMUS

Die frühe Systemtheorie folgte einem positivistischen Wissenschaftsideal objektiver Erkenntnis. Zwischen Beobachter (Wissenschaftler, Forscher, Therapeut) und dem beobachteten System (z. B. Klient, Familie) wurde streng unterschieden. Die Kybernetik zweiter Ordnung hat genau diese Interaktion zwischen Beobachter und beobachtetem Objekt/System zum Erkenntnisgegenstand. Jeder Beobachter, der eine Aussage über ein Objekt macht, macht immer eine Aussage über sich selbst und seine Beziehung zum Erkenntnisgegenstand, die durch Biologie, Kultur und unsere Sprachgewohnheiten maßgeblich beeinflußt wird. Die Bedingungen, unter denen jemand eine Aussage trifft, müssen immer mitreflektiert werden. Alle Beschreibungen entstehen kontextabhängig, d. h. abhängig von einem bestimmten Hintergrund (politisch, ökologisch, sozial, historisch). Sowohl das beobachtete Problemsystem als auch die Wahrnehmungen des Therapeuten sind in derartige Kontexte eingebettet. «Sensibilisierung für Kontexte»[2] heißt, sich für das jeweilige zwischenmenschliche Feld und dessen Umwelt und für die dort vorherrschenden Spielweisen zu interessieren. Die zur Beobachtung und Klassifizierung von Phänomenen herangezogenen Kriterien sind nicht Merkmale eines der Interaktionspartner (z. B. Patient), sondern entspringen der wertenden Unterscheidung des Beobachters (z. B. Therapeut). Diagnosen sagen also mehr aus über den Wahrnehmenden und dessen Wertesystem. So muß der Therapeut sich als Mitgestalter des therapeutischen Geschehens sehen, und zwar nicht mechanisch als Verursacher (Heiler) oder Empfänger (für die Gegenübertragung). Er ist auf vielfältige Weise in das Interaktionsgeschehen involviert; bedeutsam werden die Fragen: Wie bin ich in dieser Beziehung anwesend? Was ist mein Anteil daran, daß dieses oder jenes in den Vordergrund des Erlebens treten kann? Was ist mein Beitrag zur Atmosphäre?

Wir können in unserer Erfahrung nicht grundsätzlich unterscheiden zwischen Wahrnehmung und Illusion. Daraus folgt, daß keine Aussage/Diagnose/Erkenntnis einen Anspruch auf Wahrheit oder Objektivität erheben kann. Maturana spricht deshalb von «Objektivität in Parenthese» oder in Klammern.[3] Statt dessen ist der Ausgangspunkt, von dem eine Aussage gemacht wird, interessant, und möglicherweise kann im Diskurs eine Verständigung, ein Konsens oder ein sozialer Einigungsprozeß erzielt werden.

Nach Bateson geht es um das Einführen von Unterschieden, die einen Unterschied machen. Dem kommt vor allem im Zusammenhang mit Sprache eine große Bedeutung zu («Der Name ist nicht die benannte Sache»[4]). Hinter allen sprachlichen Benennungen und Unterscheidungen eines Menschen stehen Bewertungen und Motive, die (Un-)Erwünschtes aus- und abgrenzen. Es ist eine Form des In-Beziehung-Setzens zwischen Beobachter und Umwelt.

Wenn wir die Unterscheidung zwischen Sache und Namen durcheinanderbringen und die Beziehung für den Inhalt halten, die Speise mit der Speisekarte verwechseln, entstehen Schwierigkeiten. Nach Simon ist es von großer Bedeutung für die therapeutische Praxis, daß diese Ebenen der Unterscheidung auseinandergehalten werden können[5]:

Beschreiben heißt, ein bestimmtes Phänomen von anderen möglichst interpretations- und bewertungsfrei zu unterscheiden. Bei Interaktionen gibt es vermutlich ebenso viele Beschreibungen wie Teilnehmer. Jeder trifft eine spezielle Auswahl, es gibt keine Einheitswirklichkeit, jede Beschreibung ist perspektivgebunden.

Erklärungen versuchen kausale Bezüge, Entwicklungslinien, Zusammenhänge herzustellen. Auch hier gibt es stets mehr als nur eine Erklärungsmöglichkeit, was sich die Technik des Umdeutens zunutze macht.

Bewerten kann mit sprachlichen Mitteln, aber auch indirekt verdeckt (Auslassungen, Tonfall, Mimik) erfolgen. Letztendlich geht es in jeder Therapie um Bewertungsänderungen, die andere Wahrnehmungs- und Handlungsmöglichkeiten schaffen sollen.

Im Alltagssprachgebrauch vermischen sich Beschreiben, Erklären und Bewerten. In der therapeutischen Praxis wird eine solche Vermischung jedoch sehr problematisch.

Werden Patienten bestimmte Eigenschaften zugeschrieben, oder werden sie mit diagnostischen Etiketten versehen (z. B. Borderliner, Psychotiker, Depression, Neurose), so blenden wir Kontexte (Teile der System-Umwelt-Interaktion) aus. Für die betroffenen Personen produziert das meist enorme Schwierigkeiten, sie werden diese Etiketten schwer wieder los. Oftmals steht die Bewertung (normal/auffällig) am Beginn und löst das Suchen nach einer Erklärung aus. Diese Erklärung (etwa schlimme Kindheit, pure Bosheit, Krankheit) verändert wiederum die Bewertung (schuldig/unschuldig, Opfer/Täter).

SELBSTORGANISATION VON INNEN

Weitere Anstöße erhielt das systemische Denken in der Therapie von dem chilenischen Forscher Humberto Maturana und seiner Theorie der autopoietischen Systeme. Nach Maturana läßt sich der Prozeß des Lebens als eine spezifische Form der Selbstorganisation beschreiben, den er Autopoiese nennt (griech. autos = Selbst; poiein = machen). Durch seine Forschungen über das Nervensystem kam Maturana zu der Erkenntnis, daß Lebewesen autonom sind – ein Netzwerk interagierender Komponenten –, die nur das aus ihrer Umwelt aufnehmen, was ihrer eigenen inneren Struktur entspricht. Sie stellen ihre Identitätsgrenzen selbst her und erhalten sie aufrecht. Was auf den außenstehenden Beobachter wie ein unveränderter Zustand wirkt, ist das Ergebnis ständiger Veränderung, denn Stabilität ist das Ergebnis einer charakteristischen Dynamik. Eine dynamische Identität braucht immer wieder die Herausforderung an der Grenze zwischen Fremdem und Eigenem.

Zwar verhalten sich Menschen geschichtsabhängig und den aktuellen Erfordernissen entsprechend – d. h., die aktuelle Struktur ist aus einer früheren hervorgegangen –, aber keineswegs nach klassischen Ursache-Wirkung-Kriterien. Anders als Dinge oder Gegenstände (Nicht-Lebewesen) lassen sich Lebewesen nicht determinieren, nicht von außen ursächlich beeinflussen. Wir können nie sicher sein, wie eine Information beim Gegenüber ankommt, dies hängt allein von dessen augenblicklicher innerer Struktur ab.

Zwar haben wir immer wieder das Gefühl, als ob unsere Umwelt doch in Wenn-dann-Kategorien funktioniert und unsere Mitmenschen determinierbar, kontrollierbar und beherrschbar sind. Aber es ist lediglich der Beobachter, der diese Verknüpfungen herstellt und eine zeitliche Perspektive unterlegt bzw. eine kausale Erklärung für seine Bewertung sucht.

Wohl können wir durch unsere Interaktion und äußere Anlässe so gestört werden, daß massive Veränderungsprozesse ausgelöst werden. Äußere Ereignisse und Einflüsse können unser Verhalten wohl modulieren und auslösen, aber nicht steuern. Wie sich jemand nach massiven Verunsicherungen verhält, ist nicht vorhersagbar. Störungen sind Anlässe, nicht Ursachen. Auch wenn wir mit Sachzwängen und objektiven Gegebenheiten argumentieren, ist das, was wir als Realität erfahren, weitgehend durch unsere Wahrnehmung bestimmt und durch unser Handeln und Denken produziert.

Wenn aber äußere Einflüsse uns nicht steuern, sondern lediglich modulieren und stören können, dann sind wir frei, unsere eigene Wirklichkeit zu schaffen, und dadurch ethisch verantwortlich. Unsere Wirklichkeitsentwürfe sind zwar verschieden, aber doch alle gleichberechtigt und gleichermaßen gültig. Niemand kann einen privilegierten Zugang zur Wahrheit oder Objektivität beanspruchen. Wir können uns nicht mehr auf Sachzwänge berufen und der Kindheit, den Umständen oder den anderen die Schuld zuschieben. In der Regel können wir nicht wählen, was uns geschieht, aber wie wir damit umgehen, dafür gibt es breite Spielräume. Wenn ich mich in Machtbeziehungen verwickle, ganz gleich, ob in die Ohnmachts- oder Machtposition, wähle ich diese polare Seinsform, sie kommt nicht schicksalhaft über mich.

Dieses geänderte Wissenschaftsparadigma hat weitreichende Konsequenzen für zahlreiche Grundannahmen im therapeutischen Bereich. Die folgenden Überlegungen orientieren sich in weiten Teilen an Thea Bauriedl und Fritz Simon.

WAS FOLGT DARAUS FÜR DIE THERAPIE?

■ Menschen sind nicht gezielt und direkt von außen veränderbar. Nicht bestimmte Interventionen führen zu einem angebbaren Verhalten oder Ziel. Lebewesen sind keine «trivialen Maschinen», die sich direkt von außen manipulieren lassen. Therapieerfolge – was immer das sein mag – sind keinesfalls Ergebnis therapeutischer Strategien, sondern das Ergebnis einer veränderten Interaktionsdynamik zwischen Körper, Seele und Umwelt.

Ein Therapeut kann allenfalls eine Atmosphäre herstellen und als Mensch so präsent sein, daß beim Klienten eine Bereitschaft zur Veränderung entsteht. Das heißt, durchaus nicht untätig oder wirkungslos zu sein. Respekt vor der Fähigkeit zur Selbstregulation des Patienten und dessen Autonomie erfordert eine therapeutische Haltung, die nicht eingreift. Jemand von seinem Leiden befreien zu wollen ist schon bei körperlichen Schmerzen unmöglich. Heilung geschieht immer von sich aus und von innen, Hilfe von außen kann allenfalls unterstützen und Verletzungen – ganz gleich welcher Art – lassen sich nicht wegmanipulieren. Dennoch ist der Therapeut für das, was er im Kontakt auslöst und bei sich auslösen läßt, verantwortlich – nicht jedoch für das, was im Patienten geschieht.

■ Wenn es keine objektive Wahrheit und keine absoluten Normen von richtig und falsch gibt, brauchen wir eine «psychosoziale Relativitätstheorie»[6]. Wenn meine Wirklichkeitskonstruktion nicht die absolute Wirklichkeit ist, kann es im intersubjektiven Bereich nur darum gehen, daß wir unsere Identitäten und Realitäten in ihrer Verschiedenheit gegenseitig tolerieren. Macht tritt in zwischenmenschlichen Beziehungen nur dort auf, wo ein Individuum oder eine Gruppe den alleinigen Besitz der «Wahrheit» oder einen Zugang zur Objektivität beansprucht.

Aus Wahrheitsanmaßungen können die Unterdrückung, die Vergewaltigung und gar die Auslöschung anderer entstehen. Sie bedeuten in der therapeutischen Situation eine gefährliche Polarisierung im Macht-Ohnmacht-Gefälle.

- Für die konventionelle Unterscheidung zwischen gesund und krank, normal und pathologisch gibt es keine eindeutigen objektiven Kriterien. Sie hängen von kulturspezifischen und historischen, auch gesundheitspolitischen Standards ab. Auch kann Kranksein durchaus gesunde Aspekte haben, insofern es auf einen entfremdeten mißlichen Allgemeinzustand der Person hinweist. Ein symptomfreies Funktionieren hingegen muß durchaus kein Zeichen für Lebendigkeit oder Gesundheit in einem umfassenderen Sinn sein.
- Psychische Phänomene lassen sich nicht von außen beobachten; sie sind nur der Selbstbeobachtung zugänglich. Jeder Versuch, einen anderen Menschen zu verstehen, kann zur Grenzverletzung und zum Übergriff werden, denn beobachtbar sind nur die eigenen psychischen Vorgänge. Das Verstehen eines anderen tastet sich an dem entlang, was ich von mir selbst kenne, braucht aber den Dialog. Denn ob Empathie und Verstehen gelingen, kann einzig der entscheiden, in den Einfühlung versucht wird.

Aus diesen Überlegungen ergeben sich weitreichende Konsequenzen für Grundannahmen und Begriffe, die zum psychotherapeutischen Standard gehören.

DIAGNOSEN

Der Diagnoseleitfaden (Diagnostic and Statistical Manual of Mental Disorders) der Amerikanischen Psychiatrischen Gesellschaft ist der Versuch, für Indikation und Bewertung in der Psychotherapie einen verbindlichen Leitfaden zu schaffen. Diagnostik und Symptomatologie scheinen unter Fachkollegen unverzichtbar. Obwohl die im DSM niedergelegten Diagnosen als allgemein anerkannte und wie quasiobjektive Kriterien zur Unterscheidung von normalem und pathologischem Verhalten benutzt werden, liegen auch dieser Expertenübereinkunft Motive und Wertungen zugrunde, die in einen bestimmten gesellschaftlich-politischen Kontext eingebunden sind. Realitäts- und Wahrheitsanspruch diagnostischer Beschreibungen stellen eine verdinglichende Machtanmaßung dar. Leicht wird den geronnenen Denkmustern eine größere Bedeutung zugeschrieben als dem tatsächlichen Beziehungserleben. Wenn ein Mensch als Borderliner oder Narzißt bezeichnet wird, läßt dies schnell vergessen, daß jener Mensch aus mehr besteht als aus dieser Diagnose und seinem (?) Problem. Sicherlich gibt es ein legitimes Bedürfnis unter Professionellen, Phänomene zu ordnen und klassifizierbar zu machen. Doch wenn jemand von Narzißten, Schizophrenen, Charaktergestörten redet, findet eine verdinglichende Reduzierung statt, die sich vom «Gallenstein auf Zimmer 5» im klinischen Medizinersprachgebrauch nicht unterscheidet.

SYMPTOME

Wenn das beobachtbare Verhalten nicht mehr nachvollziehbar ist und keine Erklärung möglich ist, werden Phänomene als Symptome bezeichnet und mit einer klinischen Diagnose belegt. «Symptome lassen sich ganz allgemein als beobachtbare Ereignisse, Prozesse oder Zustände definieren, die als Zeichen für andere, nichtbeobachtbare Ereignisse, Prozesse oder Zustände ... gedeutet werden.»[8]

Sie werden als abweichend vom «normalen», als selbstverständlich geltenden Verhalten gewertet, doch nicht jedes abweichende Verhalten wird als störend empfunden oder pathologisiert.

Die eigenen Werte, die Art ihres Blickes und die Voraussetzungen ihrer Wahrnehmung bestimmen, was verschiedene Menschen in einem Gegenüber zu erkennen meinen. Es gibt keine Phänomene an sich, und kein Phänomen an sich ist Symptom. Was als krank, als Symptom oder als pathologisch zu gelten hat, ist sozial definiert, kommunikativ festgelegt und soziale Konvention. Keineswegs drückt sich darin ein Merkmal der beobachteten Phänomene oder Menschen aus.

Werden psychische Zustände als Symptome identifiziert, ist dies ein Beispiel für die Vermischung von Beschreibung, Erklärung und Bewertung. «In dieser Klassifizierung wird nicht nur ein Phänomen beschrieben, sondern es wird auch erklärt (z.B. als seelische Störung) und meist negativ bewertet (als störend, anormal, pathologisch). Die implizite Erklärung suggeriert ein Täter-Opfer-Schema; die Verursachung wird außerhalb des sozialen Systems – im Organismus oder in der Psyche gesucht.»[9]

Liegt der Fokus der Aufmerksamkeit jedoch auf den selbstorganisierenden Prozessen eines Lebewesens, so lassen sich Symptombildungen auch als Selbstheilungsmechanismen verstehen. Eine systemtheoretische Betrachtungsweise sieht in dem, was als Symptom, abweichendes oder problematisches Verhalten bezeichnet wird, durchaus eine kommunikative Dimension. Die so klassifizierten Phänomene enthalten Hinweise auf eine durch die innere oder äußere Umwelt ausgelöste Störung (Perturbation). Symptome gelten als ein Beziehungsangebot und als der Versuch, ein gestörtes Gleichgewicht in der Individuum-Umwelt-Interaktion auszubalancieren. Sie haben selbsterhaltende Funktion, obwohl die Störung dem Symptomträger angelastet wird, ist es ja meist die Umwelt, die sich gestört fühlt. So ist Bettnässen ein Symptom mit deutlichem Signalcharakter. Eine Therapeutin übersetzte es mit «Weinen durch die Blase».

Weder aus dem Verschwinden noch aus einer Chronifizierung von Symptomen kann auf deren Ursache geschlossen werden. Oftmals können Symptome aufgegeben werden, wenn ihre Bedeutung verstanden oder ein verändertes Beziehungserleben möglich wird.

Steht die Symptombeseitigung im Vordergrund des therapeutischen Geschehens, konstituiert dies automatisch eine Macht-Unterwerfungsbeziehung, indem der Therapeut versucht, einzugreifen und den Patienten zu behandeln. Leicht wird dann geglaubt, daß der Therapeut etwas verändert oder «wegtherapiert» hat, obwohl die Veränderung einzig im Patienten geschehen kann.

Eine Funktionalisierung des therapeutischen Tuns in der Person des Therapeuten, orientiert an bestimmten zu erreichenden Normierungsvorgaben (Symptomfreiheit), hält die Fremdbestimmtheit des Patienten aufrecht, selbst wenn sie vermeintlich heilt. Thea Bauriedl formuliert, daß Symptome von selbst verschwinden, wenn der in ihnen verschlüsselte Gefühlsgehalt erlebt wird.

WIDERSTAND

In der Newtonschen Mechanik meint Widerstand die Vorstellung einer Kraft, die sich einer anderen Kraft widersetzt. Psychoanalytisch verstanden kommt diese Kraft in verschiedenen Abwehrmechanismen, aber auch in dem, was Übertragung genannt wird, zum Ausdruck. Sowohl das Festhalten an einem Symptom als auch dessen Verschwinden können als Widerstand gedeutet werden. Meist wird Widerstand aber nur beim einen Partner, nämlich dem Analysanden, diagnostiziert. Ob etwas Abwehr oder Widerstand genannt wird, liegt an der subjektiven Bewertung und Außenperspektive des klassifizierenden Analytikers.

Widerstand und Macht gehören zusammen, und oft ist das, was Widerstand genannt wird, für Patienten die einzig verfügbare Form, nein zu sagen und sich gegen Deutungen und dogmatische Wahrheiten zu wehren, zumal, wenn Abwehr und Widerstand mit moralischen Werten und Schuldzuweisungen («du willst ja nicht, du blockierst») vermischt werden. Widerstand kann auf mehreren Ebenen diagnostiziert werden: gegen Veränderung überhaupt, gegen Deutungen, gegen Methoden, gegen den Therapeuten. Doch kein Verhalten ist per se dysfunktional oder pathologisch, es kann in bestimmten Kontexten eine wichtige Überlebensstrategie sein. Stierlin zitiert zwei anders orientierte Verstehensmöglichkeiten: Es gibt keinen Widerstand, es gibt nur (mehr oder weniger) inkompetente Therapeuten (Mara Selvini Palazzoli). Widerstand nennen wir das Kooperationsangebot des Klienten (Steve de Shazer[10]). Ähnlich dachte Ferenczi, als er schrieb, daß die Widerstände im Therapeuten und nicht im Patienten zu suchen seien.[11]

WIEDERHOLUNGSZWANG UND TRAUMATHEORIEN

Wiederholungszwang ist ein psychoanalytischer Schlüsselbegriff, der besagt, daß das Verdrängte vergangener Konflikte in Träumen, Symptomen und unbewußten Verhaltensweisen wiederkehre. Dies ist gleichzeitig die Grundlage des Übertragungskonzeptes, daß nämlich Erfahrungen aus früheren Situationen sich in der analytischen Situation neu inszenieren und auf die Person des Analytikers übertragen werden.

Lebewesen schaffen und erhalten ihre eigenen Strukturen selbst und sorgen auch dafür, daß ihre Identitätsgrenzen aufrechterhalten werden. Dieses geschieht keineswegs automatisch, sondern bedarf der ständigen aktiven Erneuerung. Was als Stabilität erscheint, ist das Ergebnis fortwährender Wiederholungen. Unsere Gewohnheiten sind geronnene Spielregeln und Erwartungen und sorgen dafür, daß sich unsere Verhaltensmuster und Vorannahmen alltäglich bestätigen. Bateson behauptet, daß unser Charakter durch wiederholt erlebte Konstellationen und Kontexte und nicht so sehr durch einzelne traumatische Erlebnisse bestimmt wird. Die ständige Wiederholung bestimmter Konstellationen hat selbstbestätigenden Charakter und sorgt dafür, daß sich bestimmte Verhaltens- und Erlebensweisen als Gewohnheiten seit der Kindheit durch ein ganzes Leben zu ziehen scheinen. Doch läßt sich aus singulären Ereignissen und einzelnen Kindheitserlebnissen nicht das heutige Verhalten erklären, wie es in den Traumatheorien angenommen wird. In Konzepten, die eine «frühe Störung» oder ein frühes Defizit annehmen, wird von der Möglichkeit abstrahiert, daß sich Lebewesen/Menschen autonom, d. h. durch ihre eigenen inneren Prozesse und Strukturen bestimmt, verhalten.[12]

DAS UNBEWUSSTE

Hypothesen über das Unbewußte können weder intersubjektiv überprüft noch widerlegt werden. Daher bekommen die Äußerungen des Therapeuten über das Unbewußte leicht den Charakter von objektiven Wahrheiten. Die Annahme des Unbewußten verändert Beziehungen und kann für Machtspiele benutzt werden. Für Simon erwächst die Idee des Unbewußten «aus dem Unterschied zwischen der Selbstwahrnehmung des Analytikers und des Analysanden»[13], die sich aber einer intersubjektiven Verständigung entzieht. Leicht dient der Verweis auf Unbewußtes dazu, unliebsame Gefühle und Themen in einen virtuellen Raum zu schieben und damit möglicherweise einen zwischenmenschlichen Konflikt zu entschärfen.

Doch auch, wenn das nicht beachtet wird, besteht die Gefahr von Manipulation. Diese geschieht meist unbewußt und auf der Grundlage eines von beiden Partnern geteilten Abwehr- und Normensystems. Machtbeziehungen sind oftmals unbewußte Inszenierungen. Thea Bauriedl bezeichnet mit dem gemeinsamen Unbewußten die aus dem beiderseitigen bewußten Erleben ausgeschlossenen Tabus. In diesem Verständnis bedeutet der Begriff «weniger ‹nicht gewußt› als ‹nicht direkt erlebt›»[14]. Damit öffnet sich ein Weg für intersubjektive Verständigung.

KONFLIKTE UND AMBIVALENZEN

Konflikte und Ambivalenzen zwischen gegensätzlichen Impulsen lassen sich nicht vermeiden, Ambivalenzen an sich sind nicht pathologisch, doch schwer auszuhalten. Sie bringen eine Unsicherheit mit, von der sich viele Menschen überfordert fühlen. Um Sicherheit zu finden, Angst und Überlastung zu vermeiden, fixieren wir oftmals eine innerpsychische Norm und benutzen diese zur Abwehr unerwünschter Gefühle. Doch wenn einer der beiden Spannungspole abgespalten und vom Gesamterleben des Individuums dissoziiert wird, gestaltet sich das Erleben nach Entweder-oder-Gesichtspunkten. Konflikte und Ambivalenzen werden nicht mehr als widerstreitende Kräfte und Bedürfnisse in der Person wahrgenommen und können deshalb als unterschiedliche Werte auch nicht mehr bewußt unterschieden oder negiert werden.

Derartige Einseitigkeiten, daß ich mich z. B. nur noch schwach erlebe, wird mich nach einer Person suchen lassen, die den nicht gespürten Pol (Stärke) für mich lebt. Das schafft jedoch nicht nur eine Beziehungsstarre, sondern auch eine enorme Abhängigkeit von einem Gegenüber, das den anderen Pol übernimmt und verkörpert. Ich brauche den anderen als Schattenfigur für meine eigenen nichtgespürten Anteile. Komplementäre Beziehungen, bei denen die individuellen Ambivalenzspannungen ineinandergreifen, reduzieren und verhindern Kontaktprozesse. Eine solche Beziehungsstörung zeigt sich z. B., wenn der Therapeut immer «gut» und wissend, der Patient immer der Hilflose ist. Doch stellt auch die manipulative Selbsteinschätzung eines Partners ein manipulatives Beziehungsangebot für den anderen dar, weil sie Schuldgefühle vermittelt und meist vermitteln soll.

Eine Beziehung aufzunehmen bedeutet eine Chance zur Relativierung des eigenen Standortes. Einen eigenen Standpunkt zu vertreten, eigene Grenzen zu setzen und sich nicht verwenden zu lassen schafft klare Kontaktmöglichkeiten. Kontakt und eine dynamische Grenzziehung werden dann möglich, wenn die Kommunikationspartner in ausgewogener innerer Balance zwischen ihren Ambivalenzen sind. Jeder kann die Gegensatzspannung in sich selbst erleben und sich dadurch unabhängig vom anderen bewegen. Andernfalls wird der andere, der meinen ausgelagerten Aspekt verkörpert, kontrolliert werden. Die Grenzziehung wird starr ausfallen, da in Begegnungen der ausgelagerte abgespaltene eigene Anteil abgewehrt werden muß. So bekämpft der abhängige Partner die Macht des Überlegenen, obwohl und weil er ihm diese Macht selbst zugeschrieben hat. Es geht dann nicht mehr um das Erleben von Gefühlen, sondern um moralische Berechtigung und Machtkampf und das Hin- und Herschieben von Schuld.

Wenn die Grenzen zwischen den Beziehungspartnern unklar sind, gestaltet sich der Beziehungsmodus nach Entweder-oder-Prinzipien. Wie in der zweiwertigen Logik gilt dann die Regel: «Was nicht voneinander unterschieden werden kann, schließt sich gegenseitig aus.»[15] Wenn jemand sein Selbstbild an einer konflikt- und ambivalenzfreien Logik orientiert, geht die Fähigkeit verloren, im intra- und intersubjektiven Spannungsfeld zu unterscheiden und zu entscheiden.

Psychosomatischen und psychischen Krankheitsbildern liegt zumeist Angst vor dem Ausgeschlossenwerden oder Getrenntsein bzw. vor der Vereinnahmung zugrunde. Beide Drohungen sind meist aneinander gekoppelt und verteilen sich oft auf die Beziehungspartner. Aufgrund der Ungetrenntheit erlebt ein Partner die Angst vor dem Vereinnahmtwerden so heftig, *weil* der andere so unter der Angst vor dem Verlassenwerden leidet. Fast alle psychischen Konflikte spielen sich in der Polarität zwischen Autonomie und Abhängigkeit, Abgrenzung und Bindung, Individuation und Bezogenheit ab.

Manchmal wird die Krankheit zu einem imaginären Interaktionspartner und entlastet den Symptomträger, Verantwortung für seine Verhaltensweisen und den Zustand seines Körpers zu übernehmen. Doch wenn bestimmte Verhaltensweisen als Symptom oder Krankheit und nicht mehr als Handlung angesehen werden, ist der Betreffende auch nicht mehr schuld an dem, was er tut, er ist Opfer. Wenn als einzig «handelndes Subjekt» die Krankheit übriggeblieben ist, «nahezu allmächtig, unberechenbar und nur wenig beeinflußbar, ist derjenige, der unter ihr leidet – dazu ‹passend› – ohnmächtig hilflos und handlungsunfähig».[16]

BEZOGENE INDIVIDUATION

Helm Stierlin vergleicht unsere individualisierte Erlebnisgesellschaft mit einem gigantischen Kiosk, der zu passivem Konsum auf allen Ebenen einlädt. Optionenfülle und Kontextüberflutung machen es schwierig für den einzelnen, seine eigenen Wichtigkeiten herauszufinden und mit den inneren Ambivalenzen umzugehen. Es bedarf aber einer ganz bestimmten Art des Selbst, um mit dieser Herausforderung umzugehen, Grenzen zu ziehen, auszuwählen und Möglichkeiten zu ergreifen.

Der Begriff des Selbst wird in verschiedenen Bedeutungen und Zusammenhängen benutzt. Bateson hat den Begriff als sprachliche Konstruktion bezeichnet.

Das Selbst setzt seine Grenzen selbst, diese sind nicht von außen vorgegeben und auch nicht statisch, sondern durch unsere Beziehungen zu dauernden Veränderungen herausgefordert. Jede Beziehung ruft in mir andere Möglichkeiten und Bereitschaften wach, spricht etwas anderes in mir an und läßt mich anders erleben. Obwohl ich stets dieselbe Person bleibe, kann ich mich nicht aus mir allein heraus definieren, sondern nur innerhalb einer allseitigen Abhängigkeit von Personen und Prozessen. Schon unsere frühesten Erfahrungen können sich nur im Zusammenhang mit anderen Menschen entfalten. Daniel Stern hat das Bild vom völlig abhängigen und hilflosen inkompetenten Säugling durch seine

Forschungen widerlegt. Er beschreibt den Säugling als erstaunlich kompetent und unterscheidungsfähig, wenn er in einen Dialog, ins Beziehungsgeschehen, eingebunden ist.[17]

Nur wenn das Selbst sich immer wieder neu anregen, stören (perturbieren) und an seinen Grenzen herausfordern läßt, kann ein Gefühl von Identität entstehen. Die eigenen Definitionen und Grenzen sind Ergebnis einer ständigen Wandlung, selbst Gewohnheiten müssen immer wieder neu bestätigt werden. Wir brauchen unsere Umwelt und die Herausforderung durch andere, um unsere Identität stets neu zu erfahren und zu schaffen.

Lebendigkeit bedeutet Wandel und Erneuerung, Stabilität resultiert aus der Fähigkeit, Spannungen und die sie begleitenden widersprüchlichen Gefühle auszuhalten.

In der postmodernen Gesellschaft brauchen wir ein spezielles Selbst, das Konfliktspannungen erträgt und widerstreitende Tendenzen integrieren kann. Helm Stierlin vergleicht das Selbst mit einem funktionierenden inneren Parlament, das aus unterschiedlichen Persönlichkeitsaspekten besteht. Persönliche Konflikte werden als Kampf um verschiedene Werte erlebt. Wie in politischen Parlamenten kann dieser Konflikt auf demokratische Weise ausgetragen werden, indem alle Fraktionen zu Wort kommen. Es können aber auch wie in einer Diktatur einzelne Teile unterdrückt werden, die sich dann nur noch in Symptomen melden können.

Wenn in der Therapie diesen unterdrückten inneren Stimmen Gehör verschafft wird, besteht die Chance, Ressourcen des Individuums zu befreien. Das Unbewußte als das nicht Gespürte oder nicht Gehörte wird so zu einer Schatzkammer für innere und äußere Versöhnungsmöglichkeiten.

Individualität ist abhängig von sozialen Kontexten und davon, wie wir mit diesen Störungen von außen umgehen. Diesen Zusammenhang nennt Stierlin «bezogene Individuation» oder «Ko-Individuation». Darin drückt sich auch das enge Verwobensein von Abgrenzung und Bezogenheit aus. Ich bin weder völlig frei – das ist eine idealistische Fiktion –, noch bin ich Opfer der Umstände oder meiner Geschichte. Autonomie und Abhängigkeit stehen in einer paradoxen Beziehung: Wenn ich meine Abhängigkeit von der psychosozialen Umwelt anerkenne, gewinne ich die eigene Autonomie und Unabhängigkeit. Wenn ich die eigene Unabhängigkeit betone, bin ich völlig abhängig von der Nichtveränderung meiner Umwelt.

DIE MACHTMETAPHER

Die Diskussion um Machtmißbrauch in Therapien findet bislang vorwiegend in Fachkreisen statt. In den letzten Jahren zentriert sich die Macht-Diskussion um eine Aussage Batesons, die sogenannte Machtmetapher[18]. Bateson bezeichnet Macht als mächtigen Mythos, der für diejenigen sehr gefährlich sei, die an diesen Mythos glauben. Erst dadurch wird das Thema Macht und Ohnmacht in zwischenmenschlichen Beziehungen bedeutsam. Batesons These löste eine vehemente und kontroverse Diskussion aus. Eine These lautete: Wenn Macht nur eine Konstruktion oder eine Metapher ist, kann man sie fallenlassen und damit das Problem erledigen.

Es ist ein Lehrstück über den Scheincharakter unserer Sprache, daß wir meinen, mit Sprachschöpfungen Dinge in die Welt zu setzen, und an ihre Existenz glauben, also die Landkarte mit der Landschaft verwechseln. Doch wenn wir den Bauplan vernichten, bleibt das Haus dennoch erhalten. Wichtig scheint mir der psychodynamische Aspekt des Machtgeschehens, die Tatsache, daß wir von innen her bereit sind, uns an Macht-Ohnmacht-Strukturen zu orientieren. Auf dieser Grundlage kann eine nicht benannte Machtausübung äußerst wirkungsvoll sein. So schildert George Orwells Roman «1984» eine Gesellschaft, in der die Herrschenden ihre Macht dazu nutzen, «alle semantischen Hinweise auf das Vorhandensein von Macht und Unterdrückung zu eliminieren»[19].

Batesons These ist vielmehr als Anregung zu verstehen, nicht blind einer polaren Weltsicht zu verfallen und den mächtigen Mythos der Macht zu dekonstruieren. Das bedeutet keinesfalls, die Augen vor realer Ungleichheit, Hierarchie und Unterdrückung zu verschließen. Vielmehr gilt es, diese bewußt wahrzunehmen und für den Umgang mit asymmetrischen Situationen eine eigene Haltung zu finden, sich diese nicht verordnen zu lassen. Bateson leugnet nicht, daß es Macht gibt, verweist jedoch darauf, daß wir Machtstrukturen immer wieder gemeinsam herstellen, indem wir in Machtbegriffen denken.

Einige Therapeuten betonen den positiven Aspekt von Macht, der in der Ursprungsbedeutung enthalten ist: etwas vermögen, bewirken, bewegen, verändern können, Seinsmacht. Doch Macht ist kein Tatbestand an sich, keine physikalische Größe, unabhängig vom Beziehungsgeschehen. Ein solches Verständnis verschleiert leicht einen dahinterliegenden Machtanspruch.

Dennoch bin ich ohne Machtanspruch, d. h. ohne den Anspruch, jemand zu instruieren und zu beeinflussen, nicht wirkungslos. Doch Eigenverantwortung kann ich nur für mich und die von mir mitgestaltete Situation übernehmen, nicht für das, was im anderen passiert.

Klienten kommen meistens in die Therapie in dem Glauben, daß der Therapeut die Macht habe, ihre Probleme zu lösen. Damit schreiben sie dem Therapeuten eine Machtposition zu. Und natürlich glauben auch Therapeuten gerne, daß sie die Macht haben, zu heilen.

Die ontologische Gleichheit aller Menschen und ihre grundlegende Fähigkeit zur Selbstregulation anzuerkennen «ist eine zentrale ethische Prämisse in der Beschäftigung mit der Frage der Macht»[20]. Diese Frage ist jedoch nicht auf der ontologischen Ebene zu lösen, sie braucht einen moralisch-praktischen Diskurs – auch in der Therapie.

ANMERKUNGEN

1. KAPITEL

1 Der Spiegel 30/1994, Gaukler oder Heiler. Was kann Psychotherapie? S. 76
2 Der Spiegel 30/1994, S. 82
3 Burkhart und Kohli, zit. nach Stierlin 1994, S. 34
4 Simon 1995, S. 34
5 Auch die Definition von Max Weber verdeutlicht Macht als Beziehungsgeschehen, abhängig von gegebenen Situationen und Chancen und unabhängig von der Zustimmung des Gegenübers: «Macht bedeutet jede Chance, innerhalb einer sozialen Beziehung den eigenen Willen *auch gegen Widerstreben* durchzusetzen, gleichviel, worauf diese Chance beruht.» Weber, Max 1964, S. 38, Hervorhebung von mir
6 Simon 1995, S. 22
7 Siehe Dreitzel, Hans-Peter/Jaeggi, Eva 1987, S. 63
8 ebd., S. 64
9 Stierlin 1994, S. 30
10 Boothe, Brigitte 1996, S. 7
11 Der Spiegel 30/1994, S. 82
12 Siehe Bauriedl 1984, S. 195 ff
13 Der Spiegel 30/1994, S. 77
14 Masson, Jeffrey, M. 1991, S. 7 und 303
15 Wirbel, Ute 1987, S. 411
16 v. Schlippe 1995, S. 235
17 Eine ausführliche Darstellung der Geschichte der Abstinenzverstöße findet sich bei Krutzenbichler, H. Sebastian/Essers, Hans 1991
18 Rutschky, Katharina 1996, S. 164 und Tavris, Carol 1994, S. 20–30

19 Portele, G. Heik 1989, S. 222
20 Bauriedl 1984, S. 52
21 Stierlin, Helm 1971, S. 86

2. KAPITEL

1 Für Freud orientieren sich die Widerstände an früheren Abwehrformen gegen Schmerz und Unlust. Das Ich schütze sich mit einem Widerstand gegen das analytische Durcharbeiten und die damit verbundenen Ängste.
2 Petermann 1988
3 Kohut 1976, S. 45
4 Petermann 1992, S. 61
5 Willi 1975, S. 59
6 Moeller 1988, S. 138
7 Schmidt-Lellek 1995, S. 187
8 Benjamin 1992, S. 826
9 Benjamin 1990, S. 78
10 Bauriedl 1984, S. 52
11 Bauriedl 1984, S. 53
12 Staemmler 1989, S. 75
13 Winnicott 1988, S. 182ff
14 Bauriedl 1994, S. 65
15 Hillmann 1992, S. 31
16 Otte 1995, S. 148/149
17 Vgl. Otte 1995, S. 147
18 Otte 1995, S. 149
19 Vgl. Otte 1995, S. 152
20 Siehe Smith 1990, S. 253, zitiert und übersetzt von Staemmler 1995, S. 67
21 Siehe Petzold 1989, S. 73
22 Zit. nach Loftus 1995, S. 203
23 Bass/Davis 1993^{5}, S. 73
24 Loftus zitiert ein Modell von Fredrickson, Loftus 1995, S. 214
25 Stierlin 1994, S. 97

26 Mc Claran 1996
27 Tavris 1994
28 Siehe Loftus 1995, S. 84
29 Nuber 1996, S. 170

3. KAPITEL

1 Chu 1988, S. 25
2 Siehe Portele 1992, S. 208/209
3 Dreitzel/Jaeggi 1987, S. 65
4 Schmidbauer 1985, S. 12
5 ebd., S. 15
6 ebd., S. 14
7 Siehe Antons, Klaus 1987, S. 36
8 Grawe 1994, S. 85
9 Der Spiegel 30/1994, S. 82
10 Vgl. Roth 1993, S. 17
11 Schmidt-Lellek 1995, S. 178
12 ebd., S. 171
13 Hillman/Ventura 1993, S. 123
14 Walter, Ursula 1990.
15 Perls/Hefferline/Goodman 1981, S. 11
16 Kreisman/Straus 1989, S. 244
17 ebd., S. 245
18 Siehe Rohde-Dachser 1989, S. 26
19 Kreisman/Straus 1989, S. 246
20 Rohde-Dachser 1989, S. 84
21 Rohde-Dachser 1989, S. 107; 131 ff
22 Simon 1993, S. 102/103
23 Simon 1993, S. 217
24 Herr W. erklärt projektive Identifizierung folgendermaßen: Ein abgewehrter Impuls wird in einem anderen Menschen untergebracht und in der Weise kontrolliert, daß der andere sich jetzt auch so verhalten muß.
25 Eine Situation, in der widersprüchliche Handlungsaufforderungen

gesendet werden, «der nur gehorcht werden kann, indem man nicht gehorcht». Simon 1993, S. 213

26 Bauriedl 1984, S. 37ff

27 Vgl. Thürmer-Rohr 1989, S. 6

28 Lerner 1991, S. 92

29 Siehe Schachtel 1991, S. 256

30 Klöß-Rotmann 1992, S. 121, siehe auch Schachtel 1991, S. 263

31 Siehe Klöß-Rotmann 1992, S. 116

32 Siehe Klöß-Rotmann 1992, S. 117

33 Siehe Fischer-Becker 1995, S. 198

34 Ott, Ursula 1996, S. 25

35 Gornik 1991, S. 288/289

36 Siehe Freud 1915/1969, S. 313

37 ebd.

38 Wirtz 1991, S. 31

39 Siehe Cremerius 1988, S. 177

40 ebd., S. 188

41 Freud 1940/1972, S. 101

42 Bauriedl 1984, S. 52

43 Bauriedl 1984, S. 138

44 Herr S. meint das Buch von Hensch/Teckentrup (Hrsg.) 1993. Schreie lautlos: Mißbraucht in Therapien. Freiburg i. Br.

45 Gartrell et al. 1986

46 Siehe Fischer-Becker/Fischer/Heyne/Jerouschek 1995, S. 62ff

47 ebd., S. 66

48 Eine ausführliche Datenanalyse findet sich in meiner Dissertation (Hafke 1996, S. 200ff)

49 An dieser Stelle sei auf die Bücher von Tilmann Moser verwiesen, der sich mit missionarisch anmutendem Eifer für diese Thematik engagiert.

50 Ich möchte hier nur aus der Vielzahl der Ansätze auf Alexander Lowen, John Pierrakos, Gerda und Mona Lisa Boyesen hinweisen.

51 Ferenczi 1932

4. KAPITEL

1 Watzlawick 1974, S. 84
2 Eidenschink 1996, S. 14
3 ebd., S. 15
4 Stern, Daniel 1992, S. 217
5 Hillman/Ventura 1993, S. 18 (Hervorhebung von mir)
6 ebd., S. 84
7 Siehe Bauriedl 1984, S. 165
8 Laplanche/Pontalis 1973, S. 436
9 Siehe Benjamin 1992, S. 826
10 Stern 1992, S. 262
11 Staemmler 1995, S. 33
12 ebd., S. 37
13 Balint 1970, S. 134
14 Staemmler 1995, S. 71
15 Zit. b. Fischer-Becker et al. 1995, S. 90
16 Siehe Fischer-Becker et al. 1995, S. 98
17 Siehe Richter-Apelt 1996; ferner Richter-Appelt/Tiefensee 1996, S. 367–378
18 Hillman/Ventura 1993, S. 221
19 Für hilfesuchende Therapeuten gibt es eine ähnliche Gefahr, nämlich, daß falsche Kumpanei unter Berufskollegen alles «Böse» bei der verführerischen Patientin auslagert. Ein beredtes Beispiel hierfür ist der von Hensch/Teckentrup dokumentierte Hamburger Fall. Der Lehranalytiker von Dr. S. P., bei dem er Rat sucht, deckt ihm in seinem Fehlverhalten den Rücken und schiebt in einem Dreiergespräch die alleinige Schuld an der Verstrickung der Patientin zu (s. Hensch/Teckentrup 1995, S. 55 und 63)
20 Fischer-Becker et al. 1995, S. 86 ff
21 ebd., S. 89
22 ebd., S. 87
23 ebd., S. 89
24 ebd., S. 91
25 ebd., S. 92
26 Fischer-Becker et al. 1995, S. 94

27 Herman/Gartrell/Olarte/Feldstein & Localio 1987, S. 164–169
28 Siehe Eidenschink 1992
29 Hillman/Ventura 1993, S. 20
30 Eidenschink 1992, S. 40
31 ebd., S. 41
32 Hellinger 1996, S. 105
33 Bauriedl 1984, S. 126
34 Stierlin 1995, S. 37
35 Schellenbaum 1987, S. 209
36 Schmidt-Lellek 1995, S. 185
37 Muller 1992, S. 42
38 Siehe Hafke 1996
39 Grawe et al. 1994
40 Mackenthun 1997
41 Seligman 1995, S. 965 ff. Ferner sind die Ergebnisse ausführlich kommentiert in Psychotherapie Forum Supplement, Vol. 4 1996, S. 2–6
42 Grawe et al. 1994, S. 366
43 Nitzschke 1996, S. 38

5. KAPITEL

1 Stierlin 1994, S. 81
2 Stierlin 1994, S. 73
3 Siehe Maturana in Krüll, Maturana, Luhmann 1987, S. 16 f.
4 Siehe Bateson 1982, S. 40
5 Siehe Simon 1995, S. 17 ff
6 Moeller 1988, S. 166
7 Diagnostic and Statistical Manual of Mental Disorders
8 Simon 1995, S. 22
9 Simon 1995, S. 66
10 Stierlin 1994, S. 74
11 Ferenczi 1984, S. 319
12 Simon 1994, S. 61 ff.
13 Simon 1994, S. 74

14 Bauriedl 1984, S. 155

15 Bauriedl 1996, S. 17

16 Simon 1993, S. 375 ff. Er nennt als Resultat seiner Familienforschungen drei idealtypische Kommunikationsmuster, die in der Therapie mit spezifischen Einladungen an den Therapeuten einhergehen.

17 Vortrag auf dem 8. Weltkongreß für Musiktherapie am 19. 7. 1996 in Hamburg

18 «Die ‹Macht› selbst korrumpiert nicht so sehr wie der Mythos der Macht» (Bateson 1982, S. 272). «Macht korrumpiert diejenigen sehr schnell, die an sie glauben, und gerade sie sind es, die am meisten danach streben» (Bateson 1981, S. 624).
Macht als «quasi-physikalische Metapher» (Bateson 1982, S. 272) verdiene kein großes Vertrauen, ja sie sei als soziales Konstrukt gefährlich und deshalb aufzugeben.

19 Levold 1995, S. 39

20 Levold 1995, S. 41

LITERATUR

Alpert, Judith (Hrsg.) (1991). *Psychoanalyse der Frau jenseits von Freud.* Berlin, Heidelberg, New York

Antons, Klaus (1987). «Die private Misere der Helfer». In: *Psychologie heute* Jg. 14, H. 3, S. 36–45

Balint, Michael (1970). *Therapeutische Aspekte der Regression.* Stuttgart

Bass, Ellen/Davis, Laura (1993[5]). *Trotz allem. Wege zur Selbstheilung für sexuell mißbrauchte Frauen.* Berlin

Bateson, Gregory (1981). *Ökologie des Geistes.* Frankfurt/M.

Bateson, Gregory (1982). *Geist und Natur.* Frankfurt/M.

Bauriedl, Thea (1984). *Beziehungsanalyse. Das dialektisch-emanzipatorische Prinzip der Psychoanalyse und seine Konsequenzen für die psychoanalytische Familientherapie.* Frankfurt/M.

Bauriedl, Thea (1994). «Der ‹politische Mensch› und das wahre Selbst». In: Buchheim, P./Cierpka, M./Seifert, Th. (Hrsg.) (1994). *Neue Lebensformen – Zeitkrankheiten – und Psychotherapie.* Berlin, Heidelberg, New York, S. 62–77

Bauriedl, Thea (1996). *Leben in Beziehungen. Von der Notwendigkeit, Grenzen zu finden.* Freiburg i. Br. (Herder)

Benjamin, Jessica (1990). *Die Fesseln der Liebe: Psychoanalyse, Feminismus und das Problem der Macht.* Basel, Frankfurt/M.

Benjamin, Jessica (1992). «Vater und Tochter: Identifizierung mit Differenz. Ein Beitrag zur Geschlechter-Heterodoxie». In: *Psyche* Jg. 46, H. 9, S. 821–846

Benjamin, Jessica (1993). *Phantasie und Geschlecht: Psychoanalytische Studien über Idealisierung, Anerkennung und Differenz.* Basel

Berger, M./Wiese, J. (Hrsg.) (1996). *Geschlecht und Gewalt.* Zürich, Göttingen

Boothe, Brigitte (1996). «Weibliche Scham und männliche Machtgelüste: Verführung auf der Couch.» In: Berger, M./Wiese, J. (Hrsg.) (1996), a.a.O., S. 5–28

Bradshaw, John (1992). *Das Kind in uns. Wie finde ich zu mir selbst?* München

Chu, Victor (1988). «Das Underdog-Phänomen. Über die Ängste von Psychotherapeuten». In: *Gestalttherapie* Jg. 2, H. 1, S. 19–30

Cremerius, Johannes (1988). «Abstinenz – Maxime und Realität». In: Anonyma (1988). *Verführung auf der Couch. Eine Niederschrift.* Freiburg

Dreitzel, Hans-Peter/Jaeggi, Eva (1987). «Psychotherapie: Plädoyer für kreative Vielfalt». In: *Psychologie heute* 2/1987, S. 60–69

Eidenschink, Klaus und Heike (1992). «‹Du darfst so bleiben, wie du bist!› Zur therapeutischen Haltung und der Paradoxie der Veränderung». In: *Gestalttherapie* Jg. 6, H. 1, S. 39–45

Eidenschink, Klaus (1996). *Wie abhängig darf der Klient vom Therapeuten werden?* Unveröffentlichtes Manuskript. Als Referat gehalten auf den Münchener Gestalttagen 1996

Ferenczi, Sandor (1932). «Die Sprachverwirrung zwischen den Erwachsenen und dem Kind». Abgedruckt in: Masson, Jeffrey M. (1984). *Was hat man dir, du armes Kind getan?* Reinbek, S. 317–330

Fischer-Becker, Monika/Fischer, Gottfried/Heyne, Claudia/Jerouschek, Günther (1995). *Forschungsbericht «Sexuelle Übergriffe in Psychotherapie und Psychiatrie».* Freiburg

Freud, Sigmund (1915). *Bemerkungen über die Übertragungsliebe.* In: GW Bd. X. Frankfurt/M. (5. Aufl.), S. 305–322

Freud, Sigmund (1930). *Das Unbehagen in der Kultur.* In: GW Bd. XIV. Frankfurt/M. (5. Aufl.), S. 419–506

Gartrell, Nanette/Hermann, Judith/Olarte, Silvia/Feldstein, Michael/Localio, J. D. (1986). «Psychiatrist-Patient Sexual Contact: Results of a National Survey», *I: Prevalence.* Am J Psychiatry 143: 9, 1126–1131

«Gaukler oder Heiler. Was kann Psychotherapie?». In: *Der Spiegel* 30/1994

Grawe, Klaus/Donati, Ruth/Bernauer, Friederike (1994). *Psychotherapie im Wandel. Von der Konfession zur Profession.* Göttingen, Bern, Toronto, Seattle (2. Aufl.)

Gornik, Lisa K. (1991). «Die Entwicklung eines neuen Narrativs: Therapeutin und männlicher Patient». In: Alpert, Judith (Hrsg.) (1991), a. a. O., S. 269–298

Hafke, Christel (1996). *Macht, Ohnmacht und Machtmißbrauch in therapeutischen Beziehungen*. Opladen

Hellinger, Gert/ten Hövel (1996). *Anerkennen, was ist. Gespräche über Verstrickung und Lösung*. München

Hensch, Traute/Teckentrup, Gabriele (Hrsg.) (1993). *Schreie lautlos: Mißbraucht in Therapien*. Freiburg i. Br.

Herman, J./Gartrell, N./Olarte, S./Feldstein, M. & Localio, R. (1987). *Psychiatrist-patient Sexual Contact: Result on an National Survey, II: Psychiatrists' Attitudes*. Am J Psychiatry, 144, 164–169

Heyne, Claudia (1991). *Tatort Couch. Sexueller Mißbrauch in der Therapie – Ursachen, Fakten, Folgen und Möglichkeiten der Verarbeitung*. Zürich

Hillman, James (1992). «Der Kindheitskult entkräftigt und entmündigt uns». In: *Psychologie heute* 12/1992, S. 28–31

Hillman, James/Vetura, Michael (1993). *Hundert Jahre Psychotherapie – und der Welt geht's immer schlechter*. Solothurn und Düsseldorf

Jaeggi, Eva (1995). *Zu heilen die zerstoßnen Herzen. Die Hauptrichtungen der Psychotherapie und ihre Menschenbilder*. Reinbek

Klöss-Rotmann, Lisbeth (1992). «Geschlechtstypische Übertragungs- und Gegenübertragungsphänomene». In: *Praxis der Psychotherapie und Psychosomatik* Jg. 37, S. 113–123

Kohut, Heinz (1976). *Narzißmus*. Frankfurt/M.

Kreisman, Jerold J./Straus, Hal (1992). *Ich hasse dich – verlaß mich nicht. Die schwarzweiße Welt der Borderline-Persönlichkeit*. München

Krüll, Marianne/Luhmann, Niklas/Maturana, Humberto (1987). «Grundkonzepte der Theorie autopoietischer Systeme». In: *Zeitschrift für systemische Therapie* Jg. 5, H. 1, S. 4–25

Laplanche, J./Pontalis, J.-B. (1973). *Das Vokabular der Psychoanalyse* Bd. 1 und 2. Frankfurt/M.

Lautmann, Rüdiger (1996). «Mißbrauch. Über Moralpolitik». In: *Merkur* Jg. 50, H. 9/10, S. 865–879

Lerner, Harriet G. (1991). *Das mißdeutete Geschlecht. Falsche Bilder von Weiblichkeit in Psychoanalyse und Therapie.* Zürich

Levold, Tom (1995). «Die Therapie der Macht und die Macht der Therapie. Über die Wirklichkeit des Sozialen». In: Schmidt-Lellek u. a. 1995, a. a. O., S. 25–42

Loftus, Elizabeth/Ketcham, Katherine (1995). *Die therapierte Erinnerung. Vom Mythos der Verdrängung bei Anklagen wegen sexuellen Mißbrauchs.* Hamburg

Mackenthun, Gerald (1997). «Länger hilft besser. Untersuchung zur Psychotherapie bringt Dogmen ins Wanken». In: *Frankfurter Rundschau* 18. 1. 1997

Masson, Jeffrey M. (1984). *Was hat man dir, du armes Kind getan? Sigmund Freuds Unterdrückung der Verführungstheorie.* Reinbek

Maturana, Humberto R. (1982). *Erkennen: Die Organisation und Verkörperung von Wirklichkeit.* Braunschweig, Wiesbaden

Mc Claran, Robbie (1996). «Das Hirn ist kein Tiefkühlfach». In: *Die Woche* 1. 3. 1996

Miller, Alice (1979). *Das Drama des begabten Kindes.* Frankfurt/M.

Missildine, Hugh W. (1991[9]). *In dir lebt das Kind, das du warst.* Stuttgart

Moeller, Michael L. (1988). *Die Liebe ist ein Kind der Freiheit.* Reinbek

Moser, Tilmann (1992). *Vorsicht Berührung. Über Sexualisierung, Spaltung, NS-Erbe und Stasi-Angst.* Frankfurt/M.

Müller, Lutz (1985). *Das tapfere Schneiderlein. List als Lebenskunst.* Zürich

Muller, Edward (1992). «Über therapeutischen Mißbrauch». In: Hoffmann-Axthelm, Dagmar (Hrsg.) (1992). *Verführung in Kindheit und Psychotherapie.* Oldenburg

Nitschke, Bernd (1996). «Der ewige Krieg um Freud. Geschmähte Wissenschaft: 100 Jahre Psychoanalyse sind 100 Jahre Psychoanalyse-Kritik». In: *Die Zeit* Nr. 29, 12. 7. 1996, S. 37/38

Nuber, Ursula (1996). *Der Mythos vom frühen Trauma. Über Macht und Einfluß der Kindheit.* Frankfurt/M.

Ott, Ursula (1996). «Kunstfehler Nähe». In: *Die Woche* Nr. 3, 12. 1. 1996, S. 25

Otte, Hilka (1995). «Eltern-Macht in der Therapie? Das Beziehungsdilemma der Nach-Beelterung». In: Schmidt-Lellek u.a. (1995), a.a.O., Köln, S. 147–170

Perls, Frederick S./Hefferline, Ralf F./Goodman, Paul (1981). *Gestalttherapie. Lebensfreude und Persönlichkeitsentfaltung.* Stuttgart

Petermann, Frank (1988). «Zur Dynamik narzißtischer Beziehungsstruktur». In: *Gestalttherapie* Jg. 2, H. 1, S. 31–42

Petermann, Frank (1992). «Idealität, Narzißmus, Homosexualität». In: *Gestalttherapie* Jg. 6, H. 1, S. 61–92

Petzold, Hilarion (1989). «Die ‹vier Wege der Heilung› in der Integrativen Therapie – Teil II: Praxeologische Grundkonzepte, dargestellt an Beispielen aus der Integrativen Bewegungstherapie». In: *Integrative Therapie* 1, Jg. 15, S. 42–96

Pope, Kenneth S./Bouhoutsos, J.C. (1992). *Als hätte ich mit einem Gott geschlafen. Sexuelle Beziehung zwischen Therapeuten und Patienten.* Hamburg

Portele, Gerhard Heik (1992). *Der Mensch ist kein Wägelchen. Gestaltpsychologie – Gestalttherapie – Selbstorganisation – Konstruktivismus.* Köln

Richter-Appelt, Hertha (1996). *Zur Sexualität junger Erwachsener mit Mißbrauchs- und Mißhandlungserfahrungen.* Vortrag auf der Tagung «Verführung–Trauma–Mißbrauch 1986–1996» am 29./30. November 1996 in Hamburg. Persönliche Mitschrift

Richter-Appelt, Hertha/Tiefensee, Jutta (1996). «Soziale und familiäre Gegebenheiten bei körperlichen Mißhandlungen und sexuellen Mißbrauchserfahrungen in der Kindheit aus der Sicht junger Erwachsener. Ausgewählte Ergebnisse einer Hamburger Studie». In: *Psychotherapie, Psychosomatik und medizinische Psychologie* 46, S. 367–378

Rohde-Dachser, Christa (1989). *Das Borderline-Syndrom.* Bern, Stuttgart

Roth, Jörg Kaspar (1993). «Neue Lebensformen: Herausforderung für Psychotherapeuten». In: *Psychologie heute* Jg. 20, H. 8, S. 16/17

Rutschky, Katharina (1996). «Ein Brief von Katharina Rutschky». In: Berger, M./Wiese, J. (Hrsg.) (1996), a.a.O., S. 161–168

Schachtel, Zeborah (1991). «Der ‹unmögliche Beruf› – aus der Geschlechtsperspektive». In: Albert, Judith (Hrsg.) (1991), a. a. O., S. 249–268

Schellenbaum, Peter (1987). *Abschied von der Selbstzerstörung.* Stuttgart

Schmidbauer, Wolfgang (1985[3]). *Die hilflosen Helfer. Über die seelische Problematik der helfenden Berufe.* Reinbek

Schmidt-Lellek, Christoph J./Heimannsberg, Barbara (Hrsg.) (1995). *Macht und Machtmißbrauch in der Psychotherapie.* Köln

Schmidt-Lellek, Christoph J. (1995). «Narzißtischer Machtmißbrauch in der Psychotherapie». In: Schmidt-Lellek, Christoph J./Heimannsberg, Barbara (Hrsg.) (1995), a. a. O., S. 171–194

Schneider, Gunda (1992). *Noch immer weint das Kind in mir. Eine Geschichte von Mißbrauch, Gewalt und neuer Hoffnung.* Freiburg, Basel, Wien

Seligman, Martin E. P. (1995). «The Effectiveness of Psychotherapy. The Consumer Reports Study». In: *American Psychologist* Vol. 50, No. 12, 965–974

Simon, Fritz B. (1993). *Unterschiede, die einen Unterschied machen.* Berlin, Heidelberg

Simon, Fritz B. (1994). «Die Form der Psyche. Psychoanalyse und Systemtheorie». In: *Psyche* Jg. 48, H. 1, S. 50–79

Simon, Fritz B. (1995). «Die andere Seite der Gesundheit. Ansätze einer systemischen Krankheits- und Therapietheorie». Heidelberg

Staemmler, Frank-M. (1989). «‹Etiketten sind für Flaschen, nicht für Menschen›. Anmerkungen zur Diagnostik-Diskussion». In: *Gestalttherapie* Jg. 3, H. 1, S. 71–77

Staemmler, Frank-M. (1995). *Zur Theorie regressiver Prozesse in der Gestalttherapie. Über Zeitperspektive, Entwicklungsmodell und die Sehnsucht nach Verständnis.* Gestalt-Publikationen, Heft 21, Würzburg

Stern, Daniel N. (1992). *Die Lebenserfahrung des Säuglings.* Stuttgart

Stierlin, Helm (1971). *Das Tun des Einen ist das Tun des Anderen.* Frankfurt/M.

Stierlin, Helm (1994). *Ich und die anderen. Psychotherapie in einer sich wandelnden Gesellschaft.* Stuttgart

Stierlin, Helm (1995). «Wer immer nur über die Kindheit spricht, entpolitisiert». In: *Psychologie heute* H. 1, S. 46–49

Tavris, Carol (1994). «Der Streit um die Erinnerung». In: *Psychologie heute* Jg. 21, H. 6, S. 20–30

Teckentrup, Gabriele (1996). «Tabus faszinieren immer». In: *die tageszeitung* 24. 10. 1996, S. 15

Thürmer-Rohr, Christina (1989). «Frauen in Gewaltverhältnissen: Opfer und Mittäterinnen». In: *Zeitschrift für Sexualforschung* H. 2, S. 1–13

v. Schlippe, Arist (1995). *Therapie zwischen Begegnung und Macht. Eine persönliche Auseinandersetzung mit familientherapeutischen Überlegungen zur Macht.* In: Schmidt-Lellek, Christoph (1995), a. a. O., S. 229–238

Walter, Ursula (1990). *Verführung und Entfremdung. Wo Es war, kann nicht Ich werden. Von der Zerstörbarkeit der Wünsche im psychoanalytischen Prozeß.* Unveröffentlichtes Manuskript. Vortrag im Rahmen des Psychoanalytischen Seminars Basel am 14. 9. 1990

Watzlawick, Paul (1974). *Lösungen. Zur Theorie und Praxis menschlichen Handelns.* Bern, Stuttgart, Wien

Watzlawick, Paul (1986). *Vom Schlechten des Guten oder Hekates Lösungen.* München

Weber, Max (1964). *Wirtschaft und Gesellschaft.* Tübingen

Willi, Jürg (1975). *Die Zweierbeziehung.* Reinbek

Winnicott, Donald W. (1988). *Reifungsprozesse und fördernde Umwelt.* München

Wirbel, Ute (1987). «Verletzungen in der Therapie». In: *Integrative Therapie* Jg. 13, H. 4, S. 407–423

Wirtz, Ursula (1991). «Zentrale Begriffe für das Verständnis des Problems». In: Heyne, Claudia (1991), a. a. O., S. 29–52

Wirtz, Ursula (1992[5]). *Seelenmord. Inzest und Therapie.* Zürich 1989